拿取经当回事儿

太乙仙工 著

壹嘉出版

书名：拿取经当回事儿
作者：太乙仙工
出版人：刘雁
装帧设计：壹嘉出版
开本：150×230mm
定价：US$ 14.99
出版：壹嘉出版
网址：http://www.1plusbooks.com
电邮：1plus@1plusbooks.com
美国·旧金山·2016

目　录

下 篇

前 言

一

笔者关注"取经"起因于两个问题——据说唐僧求取的是真经，那么什么是真经？那些经又起到怎样的作用？说到真经，想必是最真最好的经，一定也适用于我，既然唐僧已经取来，在我学习和成长过程中理应密切接触，工作和生活中也应时刻不离。然而仔细想来，实际情况远非如此，我就很想知道，是不是社会轻视了唐僧所取的经？如若不然，是不是那些经不够真，的确用不着放在心上？我应如何判断？拿取经当回事，就是汗意到"求取真经"的说法，自觉将真经当作自我生命的关键指引，以此来观察取经故事，从而看到截然不同的景象，这是本书写作的基本前提。

对《西游记》发生兴趣时笔者已近不惑之年，之前对人生和世界怀有些许困惑，此时因何为真经而产生疑问，困惑更明确了。带着问题，我阅读了许多可能解说真经的书本，《西游记》自不必提，还包括谢文郁、潘知常、刘小枫、史铁生等人的著作；有些国外作品令我受益匪浅，作者包括托马斯·哈代、帕斯捷尔纳克、陀斯妥耶夫斯基和齐克果等；由于这段时间常去教会参加查经，接触到一些《圣经》章节，对《约翰福音》格外重视；另外已读过多遍的《论语》又常拿出来翻翻。相关著作构成了我琢磨取经的资料和灵感来源。阅读过程中我也写些文字，将新接受的观点和自己的认识融汇到一起，同时产生新疑问，再做探索，多年下来，汇集了些文章，先前已集结成《生命之杯》一书（署名忆河），通过壹嘉出版社出版，本书继续同样话题。

写作《生命之杯》系列文章时，我所把握的要点是个人如何获罪，源自潘知常在《王国维——独上高楼》中提到的观点，"从获罪到救赎是个漫长的过程"。既然过程漫长，就不能轻言救赎，先深入理解罪以及个人如何获罪显得非常必要。因受刘小枫的影响，我将"罪"理解为个体精神生命与生俱来的欠然，"获罪"则是因欠然而承受的困苦。《生命之杯》讲到获罪有这样一些表现：

- 个体是从至深幸福割裂出来的，天然处于分离破碎状态；

- 个体是彻底的被遗弃者，既被有限遗弃，也被无限遗弃；既被人遗弃，也被神遗弃。

- 历史长河中有太多卑污，由此而来的责任，个人既推卸不掉，又承担不起；

- 个体是有限时空中的囚徒，却还用各式观念给自己绑上重重枷锁，造成捆绑、扭曲等等新罪过；

- 对于存在之罪，抗辩，无效，放弃抗辩，罪上加罪；

- 无辜之时没有意识到面向无限的自我，意识到自我有限之后便不再无辜；

- 孤立是自我存在的必然处境，自我必定处于非我的环境中；

- 生命被投掷在特定的环境中，却没有预设非执行不可的标准，也就不知道哪里被扭曲了，哪里不正常；

- 自我在否定中站立，在肯定中消散；

• 精神生命在不安中站立，安稳中枯萎；

……

对生存欠然和获罪有所认识，才明白刘小枫何以认为个人必须打断与族类价值的关系，而与神建立牢固联系（《拯救与逍遥》1：7）。然而我也看到，打断与世界的联系之后，孤零零的个人面向孤零零的神，幸福和趣味再难找寻，个人无以自处。这种状况当然不是我所期待的，如何走出困境就成为写完《生命之杯》后面临的艰巨任务，非常幸运，重新审视《西游记》，似乎找见了出路，进展和结论就集结在本书之中。

二

本书能够写成，一个关键灵感来自刘小枫在《圣灵降临的叙事》中提到的问题——耶稣是谁？经由书中论述，我大致认为存在两种答案（原文没太看懂，只好承认是"大致认为"），一种是将耶稣当作客观人物，因而只是神话、历史人物或信仰者头脑中的幻影，另一种从个体主观出发，将耶稣当作自我意识中的组成部分，他就是"神性个体显身为另一世界（上帝的灵国）在世界历史中的象征"，或者说是"神圣个体性的灵国象征"。从个体主观出发是个非常特别的视角，通过观察人物的作为来了解观察者自身的精神处境，此时的观察既面向客观，也面向主观，依赖的主要方法不再是理性分析和推导，而是象征。我借用这一视角，询问"孙悟空是谁？"，答案当然是"孙悟空是个象征"，那么象征什么？到《西游记》中去找，于是找见领会西游故事特别内涵的主要思路。

孙悟空形象的来源已有多种解释，历史的、地理的、传说的，考虑到象征，我认为他是从唐僧心头剥离出来的心智、智能、智慧，从他的别号"心猿"看，他确实对应取经人的那颗心。由此出发，原著就呈现出别样面貌，原来故事发生的地点并不在东土和天竺之间，而在取经人的内心里；一路上频繁遇见的妖魔鬼怪也都不是现实中的生物，而是人心里的不良思想情绪；孙悟空拥有上天入地的特异本领，他的作为其实是心智运动的表现；离了心智的唐僧成了脑瘫，常表现得痴傻呆愚……本书就是沿着这般思路，发掘出一个又一个隐含寓意。

循着象征操作的思路，并且考虑到真经，最重要的发现应属主人公的真实作为（这里"主人公"是指唐僧与孙悟空合在一起所对应的那个思维主体）。一直以来"唐僧"都和"取经"联系在一起，"孙悟空"则是"唐僧"在旅行过程中的帮手或打手，然而若将取经和真经纳入考虑范围，人物作为须要重新看待。

传统上取经的对立面是妖魔鬼怪，他们总是阻扰取经人，但在审慎看待真经之后情况起了变化，妖魔鬼怪不过是些偶然因素，真正起决定性作用的是真经，即取到了真经，取经将转换为修行，而若承认真经不在手中，只好继续取经。如果将取经当作一种意识，其对立面就是修行意识，中间隔着真经。修行意识将已知的某种理论当作真经，凡事都有确定判断依据，行动起来也有明确准则。既然这里在谈论取经，就必须摒弃修行意识，承认自己不掌握最终道理，也不先入为见地判断事物，行动起来也就没有确定无疑的准则。

取经得以发生，首要前提应是真经尚未拿到手，否则取经就没有必要。故事发生在主人公内心里，面向的就不会是实物经书，而是相关的思想理念，可是前提规定了主人公不知道真经所规定的思想理念，他将如何思考就成为问题。那么原著如何处理这一难题？直观看来，不知道某样东西而又很想得到时，心里必定产生好奇、困惑、怀疑、向往、迟疑等情绪，可是查看原著中提示思想主旨的众多诗文，找不见丝毫困惑怀疑的意思，反而将各种耳熟能详的论断当作最真道理并且笃信不疑，对于如何行动也非常确定，于是只好得出结论，原著做了件明修栈道暗渡陈仓的事情，主人公名义上是取经，实际上正依照已知的经文修行。

三

原著没关心取经，本书只好另辟下篇来讨论什么才可能是真正的取经，分别从思维方式和思考对象两方面入手。

思维方式上，本书比较了理性和象征两种思维（也分别称作线性和非线性思维），认为象征方式才适合用来取经。

理性虽然对于维护明智的生活非常重要，但也存在欠缺，潘知常在《我爱故我在·生命的悲悯——奥斯维辛之后不写诗是野蛮的》中讲到，理性主义的魔法使人类妄图超越自己的邪恶、丑陋、必死、软弱，把握抽象、普遍、绝对、本质，成就高尚、纯洁、神圣、不朽，不料却堕入虚伪和野蛮的泥沼；刘小枫在《拯救与逍遥》中讲解了希腊哲学的逻各斯、理式、知识论等引入基督思想后，圣经的神义论如何转变为宇宙本体论，与人的孤苦灵魂相遇并倾听哀告的上帝如何蜕变为自然宇宙论的或理智论的上帝，由此截断了使人获得救赎的通道。人的精神生命不能依傍理性，我在《生命之杯》中通过分析文学人物的精神处境也找见例证——阿Q的种种乖谬作为都是为争取尊严，途径是过度运用理性，严重依赖相对价值；苔丝深爱的安吉尔接受了基于理性的"现代思想"，在面对苔丝的不幸命运时不仅没有提供帮助，反而给她制造了更深困苦。

既然理性精神问题多多，就需要寻求超越，直观上大致有几种熟知的方案，但也都包含缺陷：

- 非理性——理性本来就是用来克制非理性，回到非理性是倒退。
- 感性——凭借情感和直觉，本质上也是倒退。
- 坚决依从某种理念——将某种理念当真理并坚决依从，个体丧失批判和主动思考的能力，前景同样堪忧。

另外潘知常引入生命美学，刘小枫无比推崇圣爱，然而我都无法深入领会。读过一些禅宗公案，感觉里面也存在超越理性的努力，但我没有多做考虑。

既然寻求的是超越，所用方法应建立在理性基础上，就是说仍然依赖理性，但是运用的知识和判断含有超越成分。我在《生命之杯》一书中对此有所考虑，但很不够。小说《日瓦戈医生》主人公尤里的确拥有敏锐的感受能力，但是他的感受力另有来源，就是他所追从的基督精神，而基督精神如何与理性精神比较和对照，我没有找见思路（参见《生命之杯·拉拉的倾诉》）。在《生命之杯·生存·母亲》一节拿灵性与智慧做过对比，认为灵性才更值得人亲近，然而对于灵性有怎样的内容，也没做详细论述。

本书延续了对理性精神的质疑，找到象征思维作为超越方式。象征思维试图与终极价值（或称作真经、无限、神）建立联系，在现实中通过各种各样的途径，以象征方式表达精神生命。书中列举了诗、歌、劳作等例子，分别以现实逻辑和象征思维方式加以理解，看到在表面的不可理喻之下，其实正是精神生命在表达自身。象征思维因始终保持与终极价值的关联，在保持生命主体地位的同时，努力维护和促进生命的价值和尊严。以此为参照，方看到理性精神的缺失所在，主要是只能观察客观事物，使用相对价值做判断，以致不管多么鲜活的生命，放到理性手中都早晚成为死物。此外理性还经常为人推理出美妙前景，人的精神生命却在不恰当的推理下遭到扭曲和压抑，甚而遭受更严酷的迫害。本书指出《西游记》讲了一系列杀戮故事，孙悟空经常毫无必要地制造残忍，根源就在于过度依赖理性，对理性精神的根本欠缺毫无防范，以至拿残酷当有趣（参见第五十六节《修行干吗和残酷结缘？》）。

四

思维方式之外，本书在确认思考对象上也有所进展。《西游记》的当红主角是心猿孙悟空，通过研读史铁生的《病隙碎笔》，我给孙悟空找到一位孪生兄弟——心魂（也称为心流、心神、游魂或灵魂），感到他能够担纲取经的主角（需要明白，心猿孙悟空是修行的主角）。心猿躁动不宁、心比天高、激情满怀、勇往直前，相较而言，心魂的心性更复杂而激烈，显现为困顿、迷茫、奔突、祈告、恣肆、挣扎、荒诞、苦闷、绝境、投奔、不可捉摸、不甘就范、不拘一格（参见第四十九节《心魂特质管窥》）。心魂的诸般奇异特性源于他的独特处境，他是神的孩子，无限的一个碎片，也是真经在人心中的存留，他的所有作为都是在与至深幸福的分离中找寻自我，在破碎中成就自我。

心魂与无限相联，在现实中是个异在者，无可像者，要认识和把握心魂，寻常的理性和逻辑显得不够用了，必须用上象征思维。本书运用象征思维，从现实生活中看到心魂的多种运行轨迹——诗人通过抒发而使心魂现形，歌者在吟唱中让心魂表达自身，欣赏诗歌则是在倾听与感受中捕捉心魂的脉动（参见第十三章《拥抱心魂》）。

将心魂和象征思维结合在一起，最重要的成果是重新认识猪八戒形象。猪八戒是《西游记》一号男配角，也是头号丑角，然而每当我试图感受他的内心，总感到他的形象不必那么丑。有了象征思维作为观察工具，就知道八戒的丑是为了和唐僧的俊美构成反差，从不同方向映衬臆想中的真经之真。当主人公出家取经人还原为参修者，就知道唐僧外观的端正白皙意味着什么，那正是真经之美——既已认定了现有的理论是真经，参修者必须以自己的良好外观显示真经之真与美。猪八戒是世俗中人，而原著所推崇的理性思维不认为世俗生活包含真经成分，所以世俗生活是错的，丑的，随之而来，八戒也必须以无下限的丑陋来映射世俗生活的无意义。

引入心魂和象征思维后情形总算颠倒过来，心魂完全可以在世俗生活中显现出来，恰如埃克苏佩里在《要塞》中所说的，用炉子、水壶、金黄铜盘作为一道道边境线，使心魂在现实生活中获得自身眉目（参见

第四十五节《象征思维的一颗露珠》）。八戒在《西游记》第24章表达过自己的意愿，为了过好日子，情愿耕地、布种、建房、扫地，他的心魂恰在诸般劳作中显现出来，以象征的方式看，他的生命就通过劳作而展现心魂，最终与真经建立起联系，因而他的形象仍可说是美的。

以心魂作为取经的主人公，还解决了《生命之杯》遗留的一个难题。《生命之杯》专注于获罪，却因在罪（有限）的意识中沉陷太深，而使生命、幸福、信念、激情四分五裂，生存感觉处于极度危险境地。认识心魂后情形开始扭转。确认心魂的珍贵，心魂一方面与无限相联，一方面又必须在现实中落实自身，于是生命和生活就以心魂为核心重新建构起来，心魂的价值与尊严受到神（无限）的保证，现实生活则因心魂的存在及与神相关而获得意义，精神生命又能自如存活。

五

生存与生活终于以心魂的名义获得安顿，然而对于取经人而言这仅仅是开端，取经总是要一定程度地离开生活大潮，独自展开面向真经的探索之旅。因着心魂和象征的缘故，取经人不再像参修者那样对世俗生活抱敌对情绪，也不再将意识中的各种思想情绪当妖魔一一除灭，但是他不能就此而放松自己，必须找到与取经人身份相符的方式与真经建立联系。本书提出，个体能以多种方式拥抱心魂，进而面向真经（无限、神），包括借助诗歌的抒发、倾听与感受，展示心魂眉目的劳作，以及诉说给神的祈祷。取经人要确认自身的独特身份，就不能安于抒发、劳作或祈祷，而必须找见独属于自己的方式。另外取经人头衔的获得也是个难题，既不能从外部找依据，向自身发掘又面临无从判断的困境。至此，不安情绪开始进入视野，并被当作取经人心魂的主要眉目。

取经得以发生，必定是由不安开始的。取经人事先应了解这个世界，也全心认同生活环境赋予自己的身份和角色，但是只要他保有真诚，他就必定对现实中的阴暗面产生不满，想要找到更好的方式加以解决，心底的不安就发生了。不安将促使他去寻找，这种寻找就是取经。寻找如果恰如其分地指向意味着终极的真经（无限、神），他将发现得到最终结果是不可能的，个体势必受困于现实和有限。这种困顿感又造成不安，并且永远不能消除，于是取经人只能与不安感相伴始终。寻常的不安多是负面因素，取经中的不安却是正面因素，恰是取经人拥抱心魂的独特方式。不安给取经人心头造成负累，也因着不安，取经人始终与真经（无限、神）保持联络，因而取经人在不安中保持获罪感，同样在不安中获得救赎。

六

本书得以写成，需要长年的心无旁骛，当然离不开我的太太和女儿的长期支持和鼓励，这里要向她们表达深深的谢意。

本书写成后曾在网上发布。为了提高可读性，写作本书时尽量使用轻松语调，并且使用了一些网络语汇，如将"我"写作"偶"，"例子"写作"栗子"，"悲剧"和"喜剧"分别写作"杯具"和"洗具"。因网名为"太乙仙工"，文中很多地方都自称"仙工"，本书照旧。发布之初，因观点新颖而颇受瞩目，但是当话题深入，讨论个体与文化传统的争斗，取经意识与修行意识的对立，象征思维、心魂以及神，就再无反响，于是所有文字都无声沉入浩瀚的比特海洋。幸运的是我结识了刘雁女士，她本是国内出版界精英，来美国后创立壹嘉出版社，专为海外华人服务。先前出版《生命之杯》一书便是她大力襄助的结果，此次本书文字又有缘以书本方式完整面世，当然离不开她的关怀和帮助，在此深表感激。

尽管全文印行成书，对于它将迎来怎样的读者，笔者并不抱过高预期。原本以为真经与每个人有关，关注真经也是每个人的必要任务，然而有了网上发布经历，我知道真经（神）对人们实在太抽象，太疏远，也太陌生，以致无法提起兴趣。另一方面，或许这方面的言论和承诺已经太多，本书的出现无非是添加一个无知无畏者。好在写作本来主要是为完成自己的任务，由谁来读已超出我的关心范围。

我的初衷是借助阅读和写作来训练自己明晰的审辨力，表现为听到一句有关世界和人生的话语，能够看出论断的出发点在哪里，判断的依据是什么，凭借了怎样的思考方式，能达到怎样的目的，限制又在哪儿。本书便是我针对取经故事的审辨结果，谬误在所难免，惟愿没有在歧途上走得太远。

《西游记》和其中塑造的人物形象都属国之瑰宝，我无意贬低，但是只要承认真经不是某个群体的私有物品，我就有权就自己对真经的理解发表意见，况且我的确是认真的。孙悟空上路求学时已认定，世上多的是名利学问，而他想要的是身命学问（见《西游记》第1回）。他的求学本来很有意义，然而到头来所认定的真经不仅将生活视为无意义（表现为将世俗生活和人物塑造成猪八戒形象），而且将生命视为无意义（体现在"清清净净绝尘埃"和"扫退万缘归寂灭"等诗文中）。我的找寻通过心魂和象征思维，为生活和生命找见了意义，为此而感到不枉此行。但是必须明白取经是件没有尽头的任务，如果心思停留在这里，生活势必回到吃了睡睡了吃的循环，又显现为猪八戒形象，尤需警诫。再往前还能看见什么，需要机缘，也需要能力，我无法确知。同时也暗暗盼望有人怀着不安再次上路，找见有关真经的消息。

太乙仙工
2016年9月于硅谷

上 篇

第一章 取经人奔哪儿去？

一 取经何以要当回事？

有关《西游记》的文章已经不少，俺也来讲，好像话题不够新鲜，惭愧惭愧。不过请稍微担待一下，听俺解释。

拿取经当回事，就是拿真经当回事，本书都要以"取经"和"真经"为核心来展开。这话似有反讽之意，好像原著没拿真经当回事似的。翻到第98回，明明写着"现付去唐朝《涅槃经》四百卷，《菩萨经》三百六十卷，《卷空藏经》二十卷，《首楞严经》三十卷……"，总账清清楚楚，说明真经已受到足够重视。

仙工讲取经，不是要指摘原著，而是顺着"取经"的思路琢磨自个儿的事情。打个比方，市面上出了部畅销小说《赴宴记》，通篇讲主人公赴宴路上经历了多少曲折，直至终了才就位，面对一大桌美味幸福无比。大伙儿读着挺高兴，搁二十年前仙工读也会大感满足，可是现在不行了，对曲折故事勾不起兴趣，对美味倒更上心，所以一见着题目，就琢磨那顿宴席是个什么名目，有哪些花色，吃起来味道如何，吃完后又如何回味。要是故事讲上一百回，最后只是把各样菜式点了个名，仙工就觉得不过瘾，宁愿另外琢磨这顿宴席的吃法。明白了吧，仙工要讲的取经首先是为满足自己的胃口，见着"求取真经"，顺风扯帆，当真考虑真经到底是个什么经。原著的确列出了真经的卷目，但那只是个菜单，不是菜式本身，更像是一部漫长连续剧临谢幕才端出来的道具，还很可能是塑料做的，而仙工想要的是自个儿能品尝和体会的真味。

对"何为真经"之类的问题上了心，自然要用异样眼光看待取经故事。唐僧如果只说去求取佛经，那就由他去，仙工想关注就关注，不想关注就不关注，因为天底下好经文多的是，仙工精力有限，关注不过来，而且即便想搂搂，也因判断力不佳，只能撞着哪个是哪个。但是他口口声声要去求取真经，俺就不能不另眼相看，因为既然是真经，必定是最真的那个，无论搁哪个时代，放到哪种年龄、性别、身份、地位的人身上都有效，对仙工当然同样有效，这么说来唐僧要取的经就与俺有关，俺必须打起精神，关心他将取到怎样的经。

比方说吧，照俺的理解，一加一是等于二的，要是唐长老取完经回来说一加一等于一点五，或者二点五，这很要紧，俺的工资向来以一加一等于二为基本算式来计算，算式没搞对，回到家是要受领导埋怨的。还有更糟糕的，唐僧取完经回来，万一借着真经的名义把一加一论证为二点五，并声称凡得不到这一结论的都是二百五，仙工和广大观众岂不莫名其妙挨了咒？

有人可能要说，小人吧你，人家好心好意不远万里取回来真经，你不念就算了，还担心人家的暗咒。俺承认自个儿心态有扭曲的嫌疑，但是要找理由也很容易，类似"不信什么就下地狱"的说法，相信大伙儿都不陌生，那就是自以为掌握了真理之后的心声。原著中也有相似事例。就拿猪八戒来说，这几百年没少受取笑，但若当真存在八戒那么个人，征询他本人的意见，他能乐意吗？仙工觉着他那些事跟对真经的理解密切相关，等对真经有所认识，就知道他受了多大的冤枉。

总之，唐僧师父取回的如果只是佛经，他爱咋说都随意，仙工没空搭理。但若他取回的的确是真经，情况就大不一样，仙工想不在意都不行，因为真经天然把俺包含进去了，相应的好多不中听的言语急着往俺耳朵里钻，俺再也不能置若枉闻。这么一想仙工就紧张，不由得瞪大眼睛，看他准备取回来什么样的经。

取经非同小可，这就摸索故事的脉络，详细探查唐僧师徒所要求取的是怎样的真经。

二 无底洞难题

当唐僧信誓旦旦地宣称："偶要求取真经"，隐然在说："偶现有的认识以及与此相关的生活都不真，一切都有待取到真经后重新评估"。他掉头走了，剩仙工在这儿心里瞎咕咚，连他老人家都没掌握真经，俺就更不是，那可咋办？再想一下，他要是取回佛经，或者儒经、《圣经》，拿来对现有事物指手画脚，而别人并不同意，没关系，大家可以各执一辞，各讲各的理。但是他要取的偏偏是真经，感觉上是种元知识，是最真的，也是最终的知识，现有的知识和它不在一个档次上，没法相互比较，长老他岂不掌握了终极批判武器，而我等只能处于被动挨批的地位？套用毛主席的一句话，"真经阵地咱不去占领，别人就会占领"，取经故事既然涉及到真经，就不能仅当娱乐，必须慎重对待。

同志们哪，有人要脱离群众，通过真经掌握话语权，咱们赶紧把他拉回来，不让他独个儿占有真经。如果此计不成，那就紧密关注，让群众不脱离取经人，最后大伙儿共同占有真经，到时候长老他再想指手画脚就不容易啦，哈哈！

唐僧师父或许是不小心说走了嘴，把佛经说成真经，但是既然说出来，他就不会再收回——"求取真经"，多妙的说法，用元知识一下子把所有人、所有事都揽进兜里，责任很重，荣耀更大，走起路来当然劲头十足。此时要是退回去只提佛经，取回来的经有多大效用可以再商量，摆两天再读不要紧，他肯定越想越灰心，腿越抬越吃力，更别提走那么远的路。"真经"原来是杆大旗，旗幡招展，正义威武，相对来说路途艰险算个啥，妖魔挡道顶个球，拿到真经才是最有意义的事情，所以唐僧师父即便不想取经，俺们也要拱着他出发，西行之旅马上开始，事儿揍这么定了。

唐僧长老的事儿定下来，仙工却又碰见新的难题。既然说到真经，凭什么认为那就是，"给个理由先"（至尊宝的声音）。这个问题是碰巧从一本书上读到的。谢文郁的《失魂与还魂》论到什么是真理，真理和真经看上去很相似，仙工就借着他的思路来揣摩真经。书里讲到海德格尔提出的一个说法，要说某个道理是真理，需要有个标准来做判断，可是标准本身的真实性有待质疑，于是对于标准是否为真需要另外一个标准做参照。同样道理，另外那个标准也不是天然就正确，仍然需要新的标准做依据，如此类推，可以无穷追究下去，就像落进无底洞，称作"无底洞难题"。

这就用"孙大圣是英雄"作为初始判断，来追踪判断的依据，看看无底洞是啥样儿。

判断A：孙大圣是英雄。

询问：凭什么说他是英雄？

标准B：他是降妖除怪的能手。

询问：为什么他是降妖除怪的能手？

标准C：他有一身的本事，妖怪都怕他。

询问：为什么他有一身的本事而别人没有？

标准D：他天赋异秉。

询问：他怎么就天赋异秉了？

标准E：他是从一块不寻常的石头里生出来的。

询问：孕育他的那块石头怎么个不寻常法？

标准F：那石头承受了日精月华。

询问：每一块露在外面的石头都遭受了日晒雨淋，凭什么他那块承受的就是日精月华？

标准G：那是块天产仙石。

询问：那石头仙在什么地方，含铁量超多还是放射性更强？

标准H：那是传说，没提含铁量或放射性。

询问：传说也要有根据，只要是世上存在的东西，就应测一测，量一量……

有些问题好像吹毛求疵，但是涉及到真经，多来点儿吹毛求疵是必要的，毕竟真经对每个人都很要紧，不能让什么人随便号称掌握了真经。本文将一再提到无底洞难题，同时也反复强调，取经是在真经还没拿到手的情况下展开的，遇见事情不能随便下结论。

《西游记》一上来，观音和唐僧就认定待取的是真经，却没就那些经何以为真给个说明，仙工就像饿汉闻见香味，随即展开自己的一通搜索。凑巧原著也提到无底洞，第81回，女妖将唐僧摄入陷空山无底洞，不过唐僧见着妖精紧张得不行，根本没想要做点思辨。

关于真理的无底洞难题深不见底，对于取经，同样面临真经何以为真的无底深渊，把这个问题放在心上，"取经"就很可以当回事来重新说道。

画张图总结一下。

				判断A
				标准B
			标准C	
				标准D
			标准E	
				标准F
			标准G	
				标准H

现实中看到一排砖，一定能找见支撑的另一排，再往下，早晚找见地基。谈论取经，不能先入为见地认为某些道理就是真经，而应寻找支撑真经的切实地基。可是往下去搜，将发现意想中的地基始终望不见，这可怎么办？嘿嘿，"取经"就是要对付这事。

三 内心世界

有一年重播连续剧《西游记》，仙工正在上高中，看到和尚们路过的地方西域风格越来越浓，就纳闷，书上好像没提西域啊，导演想的似乎过于周到了。西行路上经过的重要地点，高昌、龟兹、疏勒、莎车，原著一概没提，火焰山倒是有，但那是人们从书里搬进现实的。最典型的例子是第88回，取经僧众来到天竺国玉华县，街市繁华自不必说，而且"观其声音相貌，与中华无异"。都已到印度了，县府名称居然跟东土一个风格，当地人连长相、语言、风俗都跟东土无异，太说不过去了，是不？就当是作者手边没互联网，不了解天竺地界是啥景象，好歹弄个怪异点的名字，譬如"奔波儿霸"、"霸波儿奔"，糊弄过去也成啊，作者却明着说这地界跟中华无异，教人怎么接受？

对末尾产生疑惑，再把怀疑的目光投向西行起始处，可斟酌的地方越瞅越多。第13回，唐僧初离长安，看他经过哪些地方。不用翻书，咱也能说出河西走廊的几个地名，武威、张掖、酒泉、敦煌，还有著名的阳关、玉门关，个个承载着厚重历史。可是书里都没出现，反而抛出两个陌生地点，

> 师徒们（唐僧和两个仆从）行了数日，到了巩州城……夜住晓行，两三日，又至河州卫。

河州卫是明代才出现的建制，巩州则有两个，一个设置于唐代，位于四川珙县，宋代以后设置的巩州位于甘肃陇西县（都是网上查到的）。这么生僻的地名作者都找得出来，不可能不知道张掖、酒泉等地方，说明他对西行路上的地理状况不是不了解，但就是不照实写。

那么作者想写什么？这就引出仙工阅读《西游记》的一个感受，套用最近非常流行的说法，就是"任性"，作者好像特别任性。唐僧取经有历

史上的原型，大致情况都清楚，观众对取经不免心存先入之见，然而取经故事就是不按观众预想的进行，该到龟兹的时候，取经人偏偏去了乌鸡国（无稽之国？），离了大唐国境十来年，见到的却还是东土城镇和民众，这又不是去越南，况且越南话唐僧也听不懂。

类似的任性随处可见，再举个例子。唐僧领受任务，上路取经发生在贞观十三年，"岁在乙巳"，这年唐僧二十七岁。如果问唐僧出生在哪一年，人人都举手，答道"贞观负十四年"，错，应该说"贞观前十四年"。验证一下。唐僧出生这一年发生了很多事，他爹进京赶考，高中状元，而这一年是皇帝改元贞观之后，"已登极十三年"。没搞错，这不还是贞观十三年？！反复校验，明确无误，旁边"岁在乙巳"标志显眼着呐。故事又任性了！显然原著是在挑战观众的基本观念，所以对付这部作品不能用平常认识，而要转换思维，以邪门儿思路对付邪门儿故事。

故事发生的时间和地点都不合寻常逻辑，再仔细搜搜，到处透着诡异。唐僧来到大唐国界，迎面撞见一座大山，"高接青霄，崔巍险峻"（13回），看上去景色不错哈。但是论到山名，问题就来了，这山唤作五行山，就是金木水火土的综合，是不是很怪？就算一座山叫啥名字都可以，下面还压着孙悟空呢，没点儿特别能镇住那位闹翻天的主？不用问，这山出现得蹊跷。

再往下更奇特。唐僧救孙悟空出山，收纳为徒，转天遇见六个强盗。强盗的名字很有意思，分别是眼看喜、耳听怒、鼻嗅爱、舌尝思、意见欲、身本忧。看到这一串工整匀称的名字，仙工马上想起另外一串绰号，从刘兰芳演播的评书《岳飞传》里听来的，是大坏蛋秦桧家里的八个小坏蛋，叫做长尾巴狗、短尾巴狼、铁笊篱、不漏汤、钟不响、铁铃铛、独头儿蒜、一包脓。这些绰号明显是在贬人，但要追究下去，除了打听到来源以及与人物性格特征的关系，不会有更多内容。唐僧师徒所遇见的那些位可不一样，不能简单看作强盗，而要根据佛教经义产生说不尽的解释。

佛教将眼、耳、鼻、舌、身、意称为六根，由六根产生的色、声、香、味、触、法称为六尘，六根和六尘蒙蔽人的心思，是阻碍人过智慧生活的魔障，因而将六根、六尘联合产生的作用称为六贼，应予以警诫，甚至剔除。六根和六尘都是精神领域的东西，六贼也只是比喻的说法，唐僧师徒竟然亲眼看见了，他们简直不在人间。说对啦，他们就是在心里走路！这一回的标题是"心猿归正，六贼无踪"，心猿的大名是孙悟空，绰号瞅着和六贼一样，都不是现实中人。

唐僧虽说身处西行路上，所见是对应金木水火土的大山，所遇是对应六根、六尘的人心里的六贼，身边跟着个心猿，他分明走在心路上，再去考究他路过了河西走廊和西域的哪些地方，就跟故事原意背道而驰。由此仙工要得出结论，原著名义上讲唐僧往西天取经，故事发生的地点却只在人内心里，仙工将这地方称为内心世界，或者说精神世界，所有的故事都是思想观念中发生的事情。电视剧里唐僧越往西走，西域风情越浓，其实是想当然，而保持东土特色才更符合作品原意。

单由"五行山"、"六贼"和"心猿"就下结论，把取经故事发生的地点来个乾坤大挪移，是不是太草率？质疑得有理，但从现有证据，以及书中经常出现的五行生克、真心本性、神狂道昧、性海流沙等说法，可见不断上演的神魔大战决不是针对历史和世情的曲折反应，而展现的全是人内心里的，有关精神的内容。顺着这个思路读下去，将看到越来越多的新东西。

四 象征方法

要讲内心里的东西，直观做法是运用概念，指明目标的名称和含义，有哪些特征，如何表现，对人有哪些影响，得出怎样的训诫……这是论文的写法，只能吸引专业人士，要是《西游记》也这么写，并且写上一百回，肯定枯燥不堪，早就被忘在历史的黑窟窿里。《西游记》讲了数不清的道理，看上去仍然生动有趣，就是因为大量运用了比喻和象征。早就有人指出，取经的四个人物加上马匹分别对应五行中的金木水火土，这种对应就是比喻和象征。五行有个啥内涵仙工不懂，也不准备搞懂，而现在对"取经"和"真经"很感兴趣，仔细一翻，就从原有的象征里又找到蛮多新意。原著讲的是神话故事，神话区别于现实的不仅是飞行、变化、上天入地之类的离奇因素，关键还在于象征方法，通过象征来讲解人对世界和自我的认识，离开了象征，神话故事将褪变为奇幻、科幻或玄幻，读一读可以，但要没完没了地解读就不必了。

且从故事里捡个栗子，观摩一下象征是怎么起作用的。

第13回，唐僧带着两个仆从凌晨赶路，被寅将军率领的一班妖魔活捉，仆从都被吃掉，唐僧饱受惊吓，但是保住了性命。天亮后太白金星忽然现身，告诉唐僧妖怪的来历，并说"只因你的本性元明，所以（妖魔）吃不得你"。妖魔既然吃得了另两个，也应吃得了唐僧，但是唐僧仅凭抽象的"元明"本性而得保全，理解起来相当费劲。回顾妖魔作祟的场景，并考虑其象征意味，就能弄清唐僧的元明本性是怎么回事。

妖魔作祟的场面相当恐怖，

> 魔王领诺，即呼左右，将二从者剖腹剜心，剁碎其尸。将首级与心肝奉献二客，将四肢自食，其余骨肉，分给各妖。只听得咽啖之声，真似虎啖羊羔，霎时食尽。

"剖腹剜心、碎尸分食"，妖魔好残暴，怕怕。唐僧脱险后竟没跟金星提起诉讼，要求金星派天神捉拿妖魔，绳之以法，也没找官府投诉，写个证词什么的。诉讼、证词之类都是现实世界的东西，唐僧面对的是内心世界，他本人又是发了誓只向内心世界找说法的取经人，碰到天大的委屈，他也不会回到现实里来找对策。在他看来，妖魔是属于内心世界的对象，就像活在异度空间的外星人，现实世界的"杀人偿命"规则对他们不起作用。

唐僧回过神，收拾行李继续赶路，根本没想过给这桩遭遇立案，那两个仆从死得不明不白，是不是？为理解这段恐怖而又难以追究责任的故事，不妨换个环境再讲一遍。

话说某大学的一间宿舍里住着三个学生，其中一个名叫唐僧，另两位名字从略。因缘巧合，他们同时对取经发生兴趣，于是组成兴趣小组，设定了读书计划，规定每周讨论次数，预期达到何种目标。可是没过多久出现了变故，那两位同学接触到一种电脑游戏（星际争霸、红色警戒、仙剑奇侠传、英雄联盟，有的是游戏可供选择），深深地迷上了，每天一有空就戴上耳机，手按鼠标，对着屏幕紧张操作，还不断大呼小叫。此时唐僧同学志趣不改，依然坚持读书，却没人再和他讨论取经的事了。他仍旧时时捧本文史哲方面的书读得如醉如痴，偶尔抬头，听到那二位激烈敲击键盘和鼠标的声音，听来真的和妖魔吃人的声音非常相像。

这里出现的妖魔就是让那二位沉陷于游戏的痴迷，妖魔吃人的动静对应于游戏中的各种响动，分尸剖食的恐怖虽换作寻常的游戏行为，浪费了的时间和才华却不亚于人被吃后的惨重损失。此时再来讨论唐僧同学何以能够躲过妖魔逞凶，他的执着志趣就是原因，而这也正是他的"元明本性"。

故事里唐僧的两位侍从死得很惨，还原象征，现实中那俩人都还活得好好的，和唐僧同学打照面时还不忘得意地一笑，只是他们退出了取经，唐僧同学完全可以把他们看作取经道路上的"死人"。

如果原著直接引用术语讲解道理，文字将既教条又乏味，道理再深刻，读者必定是小众。使用象征方法后，精神要素变成鲜活人物，观念冲突演化为形体打斗，故事变得易读易懂，其乐无穷，当然更受欢迎。对取经故事的解读源源不绝，仙工也来凑热闹，然而要凑的是取经的热闹，更关心真经的内容，而对人物形象、情节线索之类不感兴趣，所以在仙工这儿，还原象征非常受重视，以让象征背后的精神要素和观念冲突返回前台，通过观察这些主题来了解取经成败。不过仙工要声明，原著故事纷繁复杂，运用象征手法后又极大丰富了内涵，要找出确实唯一的解释既不可能，也不必要，因而仙工只是提供一家之言，并打上标签，"供批判用"。

取经讲的是内心世界里的事情，运用了象征方法，内心世界和象征方法就是本文要点，也是仙工干活时的操作对象和惯用工具，相当于泥瓦匠左手持的砖和右手握的瓦刀，油漆匠眼前的椅子和手上的刷子（悄悄说一句，象征方法这把刷子真好用，作用远在理解取经故事之外）。

既然关注内心世界，就要时不时跟咱们身处的现实世界做对照，以明确两者间的主要区别。相应的，本书会经常提到"现实逻辑"，当作象征方法的对照，指出只可拿它来处理日常事务，但要对付取经就捉襟见肘，拿来认识真经更南辕北辙。

这就拿象征方法当主要工具，来解一解"贞观十三年"之谜。

平常讲到一件事，通常指现实中发生的事情，哪怕编故事，也要符合现实逻辑。譬如说到大学新生唐僧同学出生，是指他这人呱呱坠地这一自然事件，当然多半发生在十八年前。取经发生在内心里，相关事情都是精神事件，照用现实逻辑就不合适了，而要用上象征方法。

用象征的方式看，"取经人"已经不再指肉身的唐僧，而是正在执行取经任务的那段思维、那个大脑、那颗心。相应的，取经人的出生也要当作精神事件来看待。在他"出生"以前，他是个平常人，顶多是个高僧，哪怕戴上优秀、杰出或名满天下的帽子，他仍然跟取经搭不上关系。而在他"出生"之后，他才有了取经人的头衔，开始在自己内心里执行这桩艰巨任务。

肉身的人出生时是白板一张，除了吃奶什么也不会，这个出生只能算自然事件。名叫唐僧的取经人始终在内心世界里行事，他这颗心感受到真经的召唤，上路取经，于是一桩精神事件发生了，等于说取经人出生了。他的出生和他的上路取经指向同一件事，要定个时间点，当然都是贞观十三年，这才符合内心世界的固有逻辑。

通过将唐僧的出生和上路放在同一年，原著强调了故事发生的地点迥异于寻常，取经彻头彻尾是段精神旅程，同时也突出了象征方法对于领会故事的重要性。

论证结束，欢迎拍砖（只接受象征的）。

第二章　仙魔是干啥的？

一　仙佛分档

取经人们一路上跟各种各样的仙魔打交道，包括土地神、山神、河神、城隍等地方基层干部，隐居各处的镇元大仙、东华帝君等高级神仙，天宫的太白金星、太上老君等大仙，散居各山头的四大菩萨，还有灵山的大佛、金刚，四海龙王，另外地府的阎君和判官曾露过脸，各地知名或不知名的野仙也很多，如牛魔王和他一家子，碧波潭的龙王一家，瀛岛三星，再然后，就是地面上不可计数的大小妖魔。这样一大批千奇百怪的神、仙、佛、魔构成了取经故事的角色主体，对他们的状况要先有个大致了解，才知道取经人们所处的基本环境。

仙、佛太多，挨个儿详细盘察等于写辞典，本文只能忽略细节，通过给他们分类来产生大致印象，而能采取的分类标准又有若干：

依所属系统，主要分为天宫系和灵山系，此外还有不受两系管辖的野仙和妖魔鬼怪。天宫系包含了从地府、地面基层到天宫的体制内所有神仙。灵山系在各地有菩萨，在灵山有大佛和金刚，此外还有大批罗汉、优婆罗、优婆夷充当背景群众。

依居住位置，可分为地府，海底、河、井等水下，地面（又可细分为山野和城市），天上，广泛程度赛过细菌。

依现实中有无原型，并考虑到原型的物种，可主要分为四种：

自然神，由自然物体和现象演化而来，包括司风的风婆婆、巽郎君，管云的推云童子、布雾郎君，还有雷公电母什么的。地方土地神、城隍、河神、山神也都算作这种神。太白金星对应离太阳第二近的金星，手托仙桃的老寿星对应南极老人星，也都属于这种神，不过他俩"进化"得很高级，已经很难看出原身了。

传说神，来自传说，如王母娘娘是由传说搬进原著的大神。

生物神，由动植物演化而来，如二十八星宿的原身全是动物，要是让他们变回原型，马上组成一座小型动物园，荆棘岭的众仙是植物，分别是桧、柏、松、竹和丹枫。

由人升格为神也算作生物神，但是特称为仙。太上老君原是春秋时期的老子，二郎神来自都江堰总设计师李冰的二公子（也有说是灌江口的杨二郎），所以虽挂着神的号，其实是个仙。佛祖原身是释迦牟尼，也可归为仙类，不过还是称他为佛更恰当，否则好像称诗人为专家，怎么看都别扭。

观念神，由观念具象化为神，如灵宝道君对应老子所论述的道，现实中没有任何对应物。菩萨原指大觉有情，揭谛意指去体验，也都是形象化了的观念。

分类方式虽多，但都嫌象征性考虑得不够，跟取经主旨联系不起来。依仙工的理解，仙、佛都是象征，对应某种观念，简单来说是观念中尊崇什么，就拜什么样的神。依据尊崇的目标另行分档，得到如下一张简化了的神、仙、佛图表：

区域	档位	称谓	典型角色	至尊
观念世界	真知	佛		佛祖
		菩萨	观音、金头揭谛	
		仙		太上老君
		神		灵宝道君
	德行（事功）	仙	二郎神、关帝	玉帝
		神	太白金星	
	异能（长久存在）	神	龙王、土地神、雷公	王母娘娘
				元始天尊
		凡人	唐僧	唐太宗
现实世界		历史人物	唐僧、关羽、释迦牟尼	
		自然现象	风、云、雷、电	
		传说人物	王母娘娘	

　　最下方是现实世界，神佛的原型都出自这里。上方是故事发生的地方，本应称作内心世界，因所遇仙佛如此众多，此内心就拓展为所有人的内心，准确地说是观念，因而要称这个大环境为观念世界。

　　众仙佛不管来自何方，能够在观念世界立住脚，自然要有看家本领，主要本领可分为异能、德行和真知三种。图中列了一位故事里没出现的人物，关帝，对仙佛看家本领的讲解就从这位入手。

　　关帝当然是指三国名将关羽。孙悟空被压到五行山下发生于王莽年间，关羽出世还得再过两百年，跟大圣比是新秀，然而等到大圣出山，新秀已经封帝了，上升得很快。河北和山西曾经每县每乡都有关帝庙，相对来说孙大圣虽然深受大众喜爱，却没见哪座庙供他，故事里倒是临时起了一座庙，供的还是取经的四位（参见通天河故事，第49回），可见孙悟空受崇拜的程度比起关帝尚有差距。

　　关帝在取经剧集里没出面，名字倒是被提到过，老者道："舍弟有个儿子，也是偏出，今年七岁了，取名唤做陈关保。"

行者问："何取此名？"

老者道："家下供养关圣爷爷，因在关爷之位下求得这个儿子，故名关保……"（47回）

俺以为大圣听到这儿要勃然大怒：姓关的是个什么东西，竟然也敢称圣！然而他什么也没说，很快转换了话题。

常被人们单独供在家里的有弥勒佛和观音，这关帝也享受同等待遇，心高气傲的孙大圣听了居然没说二话，可见他默认了关帝的地位。那么关帝有啥能耐让孙悟空心服？武力高强？虎牢关前刘关张联合出击都拿不下吕布，关帝的武力值仅抵得上吕布三分之一，在孙悟空面前更不值一提。用武力来衡量关帝明显不合适。他的强项在于品德超好，所谓义薄云天，孙大圣要是跟关帝拼义气值立马气短，所以还是闭口不提为妙。

德行成就了关帝，也成就了一批神仙，包括太白金星和二郎神。太白金星是众星领班，进退规规矩矩，深合维护良好秩序的愿望，于是他地位日显，当上天庭宰相（仙工是这么理解的）。能跟他做对比的是南极老人星，形象化为老寿星，只给人带来延年益寿的好处，德行上说不出特别来，只好跟福神、禄神搭伙到处混吃混喝（参见第24回，三星各吃了颗人参果，赚大了）。二郎神和他爹一起兴修水利，功在千秋，做个大神仙理所当然（李二郎建立的是事功，而事功能够转换为德行，孔子推崇管仲即出于这种原因）。如果说德行在金星和二郎神身上表现得比较模糊，在玉帝那里就很清楚，佛祖还专门夸过他，后面将专章讲解玉帝怎么个有德法。

明确玉帝等大仙高居尊位的原因，反过来就容易理解异能神们的不堪处境。

异能不单指刮风打雷那样的特异能力，也包括长久存在，例如一座山不因岁月流逝而改变，所以必对应一位超然存在的山神；一颗星星高居天顶，神秘异常，应当对应一位星宿；天地自创世即存在，更对应一位大神，尊号有了，就是元始天尊。早期传说中的诸神，例如王母，故事也予以保留，但是得和异能神们划归一类。

取经故事给人制造了深刻印象，这类年代久远、能力特异的神地位并不高。就说龙王吧，人间只有当了皇帝才能穿龙袍，龙简直是皇家专利商标。进入取经氛围，龙王只是天庭的编外部署，职责只有播雨，而且需要风、云、雷、电等神的密切合作，俨然是现代化生产线上的员工。天庭对播雨的品质把关还特别严，稍有差迟就可能掉脑袋（参见第9和41回），这龙王当的比富士康的年轻工人还不如。

异能神地位不高是由精神演变造成的。上古人类看啥都很神，封起神来从不手软，然而到后世，理性精神日益彰显，那些神脑袋上的辉光就渐渐淡去。孔子说"骥不称其力，称其德也"，将品德视为评判首要因素，即是理性精神大行其道的表征，相应的当然要另推一批神上位，于是玉帝、金星之类跟德行相关的神仙戴上大红花，容登灵霄殿，受到万众膜拜。与此同时异能神们纷纷退位，地位高的安置还算客气，王母领一拨神仙开垦蟠桃园，元始天尊明升暗降，去政协专门拉神仙开茶话会。土地神、山神专事基层，估计永生永世都望不到灵霄殿的门楼。风云雷电及龙王等虽然还能腾云驾雾，却无意间被塞进气象制造生产线，再苦再累都得干。

德行瞅着挺好，然而并不是理性精神的唯一最爱，真知也是一大关注要点。灵山就是以真知为出发点构建的观念系统，树立起一大批大佛和菩萨形象，与天宫分庭抗礼。观音法力广大，其核心能力其实是接近真知，称之为观音经（21回提到过）。唐僧和观音名义上是师徒关系，还原象征，却是个人和观音经的关系，后文将专门讲到。佛祖是佛法的首倡者，俨然是佛法的化身，地位当然至高无上。

应该说天宫原先已经包含了真知类神仙，一位是灵宝天尊，道的化身，另一位是太上老君，将道讲得最透的理论家。可惜天宫没好好看待真知，只把他们当普通的异能或有德神仙，时间一久，他们离开灵霄殿，一个去了人大，只在开大会时才露个脸，另一个去了科学院，潜心炼丹。将这两位边缘化，天宫是自废武功。天宫是个老系统，需要不断改造，改来改去，陈芝麻新谷子混到一起，改乱掉了。

图中还有一档指向凡人，来不及讲了，留待下一节再说。

故事里仙佛众多，真正崇拜的主要是三样——异能、德行和真知。神、仙、佛的地位对应着不同观念受人们重视的程度，这就是唐僧所处的"时代背景"。

唐僧高调奔灵山去，似乎真知集团已然胜出，然而不必仓促下结论，取经还有太多内容可予考虑，且待后文慢慢解说。

附加声明，笔者自称"仙工"，是不是想跟众仙佛比肩？当然不是，也没那妄想。仙工是搞工程的，虽然提笔论说取经，还是把这当件技术活，到处搬运基本原理，想办法整合到一块儿去。是个仙必定道亨高深，不食人间烟火，仙工这个"仙"却不为远离现实，而是从现实感受到太多困惑，倾向于到观念世界找原因。同时，仙工这个"仙"也意味着尽量认清和回避现实逻辑，努力运用象征方法，将取经故事还原出象征本意，从而解决自个儿的困惑，简而言之，这个"仙"是"象征"的代称。

六　凡人困境

人本身在仙佛分类图表里也占有一栏，可惜档位最低，要是把妖魔鬼怪也加进来，地位还得往下降。这就要问，到底发生了什么，使人处境如此可怜？

神、仙、佛各据其位，在于他们拥有特殊本领，要么能力异常，要么德行高超，要么接近真知，跟他们一对照，人有什么呢？嘛也木有，除了蜷在最底层，还能怎样？

说人什么本事也没有，马上遭到嗤笑，放眼望望，世上还有什么生物比人更能耐的？的确如此，然而这里讲的是观念里的人，不要和现实弄混了。在观念里头，狼虫虎豹全都不存在，有的主要是神、仙、菩萨、佛，这些都是人崇拜的对象。反过来说，人不崇拜自身，而是瞅见什么东西觉得神秘或高级，马上纳头拜倒，搞习惯了，自身自然掉到最底层。

这里讲到的人要分两种状况，一是作为群体和阶层的人，统称为凡人，另一是作为个人，有时称为个体。

个人的地位是可以改变的。一个人如果掌握了神异能力，他就成为神；要是德行超好，广受膜拜，他就升为仙；要是智慧超群，大彻大悟，就成了佛。取经路上的唐僧无能至极，来个妖魔就能调戏他一番，回头取经成功，他立马升级为佛，那些妖魔都将入不了他的法眼。

个体可以脱离凡人阶层，凡人这一群体却将持续存在，并因缺乏可受崇拜的特质而永远处于最底层。跟神、仙、佛比起来，凡人阶层的特征就很明显，不外是无异能、无德行、无真知，原来是一群三无的盲流。

凡人在三无之外还有一个糟糕特征，地位很不稳固……什么，都已经划到最底层了，还能往哪儿掉？当然是往妖魔那儿去呀！妖魔的情况马上就要讲到，这里仅需了解一点，妖魔总是要吃人的，人莫想安安心心当个凡人，难免哪天遭到妖魔的明算或暗算。妖魔和神佛都是观念中的存在，人即便被妖魔吃掉，身体还好好活着，好像并不可怕，只是吃完后人已不像原来的样子，而是和妖魔融为一体，也就是说，人变成了妖魔。就拿狮驼国来说（77回），一国的人都被妖魔吃掉了，全死了吗？没有，只是都中了邪魔，行事和妖魔一个德性。

既然妖魔专门和人做对，人就以牙还牙，磨练本事对抗妖魔，总可以吧？直观上可行，但要明白，九环刀、龙泉剑和三节棍全没用，妖魔不是现实存在，物质的东西伤不到他们。要对付他们，只能到观念中去学本事，呼风唤雨啦，画符念咒啦，都成。嗯，如果可行，马上就办。可是仔细想想，这是干吗呢，还不是修炼特异本领，等修成了，人还是人吗，已成神了。同样，道德修养一样可以对付妖魔，但是修成之后将成仙；精修佛法也能祛魔，而修成之后将成佛，总之已不是凡人。

这么一来就遭遇悖论，凡人如果安于做凡人，就没本事对付妖魔，早晚会被吃掉，变成妖魔；如果努力学习对抗妖魔的本领，就是奔着当神、仙或佛去，又做不成凡人。凡人这位子不得不坐，又维持不住，那可怎么办？嘿嘿，当然还是取经啦，通过取经来认识困境，也通过取经来超越困境。取经的确很重要。

七　妖魔特征

这就讲到魔了。魔在故事里作用极大，所以要多花些心思在他们身上。

魔也常称作妖或怪。应该说怪、妖、魔所指并不同：

怪只是偏离了正常，邪气不那么重；

妖是超出常识范围的现象，如果能弄明白其原理，它就不妖；

魔通常和恶结合在一起，能伤害人，相反如果人畜无害，魔不魔的就无所谓了。

拿这几个词用到人身上，含义也大不一样。怪是个客观判断，说"那人很怪"，是指那人不正常，但是跟我没关系。妖含有主观成分，说"那人妖里妖气"，指那人的精神气质与我不合，并且我不想被那种气质恶心到。魔有做恶的倾向，须要及时回避。

拿精灵古怪的黄蓉为例，江南七怪称她为小妖女，因为她跟郭靖相好，而七个老怪物一方面疼爱弟子，一方面不喜欢黄蓉的气质，所以用带有主观色彩的"妖"来称呼她，表明他们从心底里厌恶她。如果放在欧阳峰、杨康等人那儿，多半会用只含客观色彩的"小魔女"来形容她，因为他们不关心她的精神气质，而只看她是否于己有利，既然她常跟他们做对，又拿她没辙，当然认她为魔。

怪、妖和魔在取经故事里没啥区别，反正都不是好东西。后文将不再提怪，对妖和魔也不做区分，为行文方便，统称为妖魔。

先总结出妖魔的几项特征。

1.　以人为食。

妖魔的最大特征就是喜欢吃人，所以"妖魔"一向是贬义词，是极端伤生害命的危险分子。唐僧一出大唐国界，于乌漆麻黑的凌晨被寅将军带领的一干妖魔捉住，两个随从当着唐僧的面被吃掉，让唐僧，也让读者领教了妖魔的邪恶。往后唐僧频繁落入魔窟，见识了人油炒炼、人肉煎熬的食品（72回）、蒸人肉的笼屉（77回），剥人皮的亭子（86回），可见妖魔专以人为食，以祸害人为业，极端邪恶。

2. 形貌丑陋。

既然行为极其邪恶，妖魔的外观免不了也非常丑恶。黄袍怪虽是星宿下凡，长得却似"牛头夜叉"（28回），唬得唐僧慌忙暴走；独角兕大王原身是太上老君的青牛，下凡后"生得好不凶丑"（50回），找不出半点驯顺样子；赛太岁是观音菩萨的宠物，逃进山野后"口外獠牙排利刃，鬓边焦发放红烟"（70回），完全脱离了宠物范畴。其他的妖魔也大多没好面相，将人的形体和野兽面貌综合在一起，活脱脱就是半兽人，要想看他们的具体模样，可以参考有关西游的影视，电影《魔戒传奇》（也译作《指环王》）里面也有大量半兽人。

3. 身处山野，数量众多。

妖魔虽以人为食，却偏爱住在野外，特别是住在山洞里。取经人们穿过人群密集的市镇时较少遇到妖魔，钻进人烟稀少的荒山野地，反而更容易碰见。黄袍怪所住的是碗子山波月洞，金角、银角大王住平顶山莲花洞，蝎子精住毒敌山琵琶洞，多数戏份足的妖魔住哪座山哪个洞都交待得清清楚楚，就差标上门牌号码。

每一个本领高强的魔王手下都招纳了百十个小妖，到狮驼岭，大小妖魔更达四万八千之众，俨然是规模庞大的野战军。跟众妖魔比，取经人们实在势单力薄。

4. 欲望强烈，手段拙劣。

妖魔总是怀有强烈的占有欲，如黑风怪见到锦襕袈裟，卷了就走；

白骨精为拿住唐僧，三番变作人形；赛太岁为博取金圣宫娘娘的欢心，极尽谄媚之能事，甚至主动叫小妖去报告打败仗的消息，"你如今去说那里人马骁勇，必然胜我，且宽她一时之心"（70回）；狮驼岭的青毛狮子怪为守住到手的唐僧肉，"把唐僧抱住不放"（77回），很像小朋友紧抱可心的玩具。

妖魔占有欲虽强，手段却一般，也就是凭武力或宝贝跟孙悟空硬碰硬对战。例如白骨精，同样的手段使用三次，对手再笨也想得出对策；金角、银角大王揣着五样宝贝仍对付不了孙悟空，自己反而先后中招；赛太岁面对心爱的娘娘时憨得可以，对孙悟空耍的花招毫无警惕之心。相对而言，孙悟空经常表现出超凡的机灵，将自身的武器和手段灵活组合，运用到极致。

5. 不受法律保护。

不管哪个旮旯儿的妖魔，最大特点是跟法律无缘，杀人不偿命，被杀也活该。孙悟空杀人，唐僧通常反应强烈，严厉训斥和念几十遍紧箍咒都不够，还多次撵他走。唐僧在猎户刘伯钦家做客，见一座草亭挂着枪刀叉棒和数块血腥的虎皮，就嫌"凶险腌臜"（13回），可是往后孙悟空经常荡平魔窟，打得小妖尸首遍地，倍加血腥，唐僧却没什么反应，连句"阿弥陀佛"都不念。

妖魔通常由动物修炼成精，虽嗜吃人，被杀时同样有流血和惨叫。从阅读感受来说，杀妖魔和杀人效果一样，身处现场的唐僧竟然未见心情起过异动，足堪生疑，不知妖魔到底是怎样一种生物。

观音曾对孙悟空说："草寇虽是不良，到底是个人身，不该打死。比那妖禽怪兽、鬼魅精魔不同。那个打死，是你的功绩；这人身打死，还是你的不仁。"（57回），可见杀妖魔无须顾忌法律和道德。从这句话还可以总结出"见魔必除"的原则，往后将经常提到。

6. 身份可以转换。

故事里还有个广为人知的规矩，来一个怪物，是妖还是仙不好从外观和作为判定，而全看仙、佛界上层的意思，颁给你仙的资格你就是神仙，收你为徒你就得正果，偷偷下凡固然当了妖魔，主子出面说句话，妖魔眨眼还原为神仙。这么一来妖魔和仙佛的身份随时可以切换，妖魔干了再多坏事，能不能除掉就看有没有后台，有后台还能高升，若没后台，等着挨棍子吧。

7. 有时也干好事。

妖魔也不是千篇一律只干坏事，如车迟国的三个妖道，身为国师，为本地求来过不少雨水。这会儿如果加州政府招贤纳才，孙悟空和仁妖道都去应聘，妖道士更容易胜出，因为通天本领不如求雨来得痛快，而且他们还能常住，签个多年合约没问题。乌鸡国的妖道士替换了国王出来治世，把个国家治理得更太平，让人分不清国王跟妖道士比谁更好。

不管妖魔原先状况如何多样，取经人们一到，他们纷纷放弃安宁生活，主动与取经人为敌，然后接受金箍棒的无情捶打。取经故事的精彩很大程度上建立在妖魔跟取经人的冲突上，如果说是妖魔作祟才成就取经，恐怕并不过分。那么妖魔到底是怎样一种存在，使他们对取经产生如此重大的影响？这将是以下几节的主要内容，仙工将祭出法宝，还是拿象征说事，细论妖魔的象征性。

八 魔的象征

佛教是最讲慈悲的（大致不差吧？），连蝼蚁都舍不得伤，可是在求取佛经的路上，在虔诚的佛教徒身边，杀戮却似家常便饭，搞不懂取经故事何以这般悖谬。一心念佛的唐长老简直是出生入死的老革命，历尽磨难的取经也跟抛头颅洒热血的革命事业相差无几，幸好抛的是妖魔的头颅，洒的是妖魔的热血。还是那个问题，妖魔招谁惹谁了，要被举着取经幌子的佛徒们无情追杀？

仙工依然坚持自己的主要观点，取经故事讲的是内心世界的事情，所以也应将妖魔视为内心和精神世界的"生物"。

原著在章回的标题上多次揭示妖魔和精神的关系，如"邪魔侵正法"（30回），"外道迷真性"（33回），"情乱性从因爱欲，神昏心动遇魔头"（50回），"色邪淫戏唐三藏，性正修持不坏身"（55回），"缚魔归正乃修身"（62回），"姹女还归本性"（83回），妖魔所侵害的是正法、真性、本性，妖魔本身则是爱欲、神昏、色邪等不良精神倾向。

每一回的斗魔故事都复杂曲折，标题却给出完全不同的指引，指明跟妖魔的搏斗其实全发生在人内心里，是一种心绪跟另一种心绪的冲突，一类思想和另一类思想的战斗。以著名的盘丝洞故事为例，唐僧恍惚间被七个蜘蛛精捉住。那七个美丽的妖精，就算不能当下凡的仙女娶回家，留着也可以赏心悦目，结果都被孙悟空一通乱棍打死了，说来挺可惜的。从标题看，"盘丝洞七情迷本"（72回），原来妖精们是七情的化身，依照佛教的说法，七情分别是喜、怒、忧、思、悲、恐、惊七种情志变化，原来唐僧见到的不是仙女或妖精，而是自己心里头从来就有的各种情绪。唐僧借孙悟空之手把那些情绪都清除掉了，旁观者如仙工却为香消玉殒而叹惜，真是叹错了对象。

第73回，黄花观道士用药毒翻了唐僧和俩徒弟，那毒药非常来之不易，

> 山中百鸟粪，扫积上千斤。
>
> 是用铜锅煮，煎熬火候匀。
>
> 千斤熬一杓，一杓炼三分。
>
> 三分还要炒，再煅再重熏。
>
> 制成此毒药，贵似宝和珍。
>
> 如若尝他味，入口见阎君。

俺不明白，一个道士平日不好好打坐念经，费那心思熬毒药，心地要多么歹毒，又多么无聊！还是标题解了惑，"情因旧恨生灾毒"，此毒来源于心底，是长久郁积的情和恨。这种恨对大伙儿应不陌生。常听说有人幼年遭受虐待，长大了仍心理扭曲，有恨埋着呢。俗话说"君子报仇，十年不晚"，也是这种恨在起作用。原来黄花观妖道士不是某个具体的道士，而是徘徊在好些人心底的怨毒情绪。

第77回，三大魔头跟唐僧的三位徒弟对抗，战斗极其激烈，狮驼城简直是取经人们的斯大林格勒，然而一长段韵文刚写罢战斗场面，矛头马上指向精神方面：

> 六般体相六般兵，六样形骸六样情。
>
> 六恶六根缘六欲，六门六道赌输赢。
>
> 三十六宫春自在，六六形色恨有名。

要把六般体相、六样形骸、六恶、六根、六欲等交待清楚得写一大篇论文，然而那跟叮叮当当的战斗没啥关系。名义上故事在演述神魔对战，展现出来的是各种武器装备的比拼和作战技巧的运用，实质里却在讲解思想观念上的斗争，这种斗争不止发生于唐代和某个名叫狮驼国的地方，而就在人的心里，在生活的每一天，每时每刻。

唐僧说过，"心生，种种魔生；心灭，种种魔灭"（13回），这是明确地将"魔"归到"心"上，即魔是由人的心思和情绪生发出来的，是纯属于精神世界的事物。要消除魔障，刀枪等武器没办法对付，只能动用心思，清除各种邪念、恶念，使心思澄澈、思想纯净，才能截断妖魔生事的机会。

　　唐僧不忍见到杀人和残害动物，因为人和动物都活在现实世界，唐僧在用现实眼光看待人和动物的生命。进入内心，事物的运行规律和人的行为规则完全改变，虽然妖魔被杀也惨叫连连、鲜血迸溅，唐僧却只是冷静观看，不置一词，因为所谓"惨叫连连"和"鲜血迸溅"都是比喻的说法，无非表示妖魔所对应的情感或心理倾向也有抵抗，不愿轻易遭到除灭。

　　以前述大学宿舍里的三位同学为例，假如唐僧同学兼职辅导员，有意愿和职责帮助那二位游戏迷，一定果断拔掉插头，摘掉他们的耳机，要求他们拿起书本，专心思考哲学问题。那二位必定不情不愿，明着不打游戏，暗地里偷偷玩两局，或者跑到隔壁看别人打，用象征的方式看，那就是妖魔在顽抗和哀嚎。"妖魔"再哀嚎，唐僧同学也不会怜惜，因为既已认定了沉迷于游戏不好，就不会对迷恋游戏的妖魔保留恻隐之心。用这种方式来审视取经故事，就知道虽然杀妖魔和杀人效果相近，唐僧却以完全不同的眼光看待，一个是现实中的残杀，受害的是具体鲜活的肉体，另一个指向内心和精神，对付的不过是不良情感倾向。唐僧师父的眼光对头，咱们观众也得跟上，别再把象征的杀戮和现实联系得太紧密。

　　妖魔的特征里有一条是占有欲强烈，那么妖魔就是象征占有欲吗？大概不能做这么简单的对应。如果妖魔仅指占有欲，象征性就太单一，萝卜当杠使，不足以支撑《西游记》那么庞大的故事群和纷繁的思想宣导。还以大学宿舍的游戏迷为例，迷恋打游戏只是喜好，并不涉及占有欲。妖魔另有所指，而且指向的不是单一事物，需要就事论事予以分析。

取经故事看上去热热闹闹，经常让人不明所以，其实众妖魔不过是些雕画丑怪的木偶，牵动木偶的是思想情绪的细线，孙悟空挥舞的棍子是在实现某些理念，一如许多标题所揭示的："群魔欺本性，一体拜真如"（77回），"师狮授受同归一，盗道缠禅静九灵"（90回）。

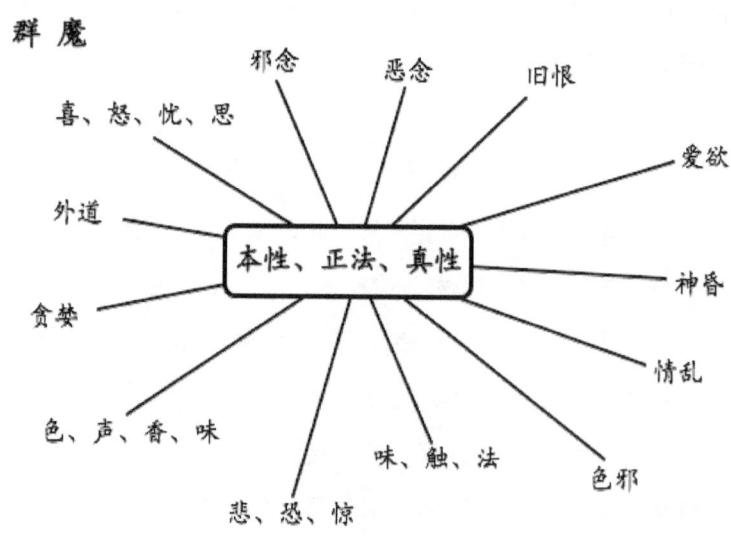

妖魔是人心里的各种不良思绪，形象地看，真性、本性的人被喜、怒、忧、思、外道、邪念、情乱、神昏等等妖魔重重包围了。取经人（斗兽人）任务艰巨。

九　魔性

　　人性、神性等词汇对大伙儿应不陌生，顺势可以说人身上也存在魔性，取经故事所反复提及的妖魔既然来自内心，实质就是魔性。本节把目光从原著移到现实，看看自个儿身上有哪些魔性。了解咱们自身的魔性很有意义，由此可以使取经故事跟实际生活联系起来，进而明确取经和真经这些事儿的确与我有关。

　　小人书无例外也曾是仙工的最爱，很多是有关历史和战争的，像《岳飞传》、《杨家将》、《隋唐演义》、《三国演义》。仙工对书上画的兵器非常着迷，剑、弩、弓、矛、戟，没事就照着描画。那时候的电影很多取材于革命战争，常见到各种热兵器，驳壳枪、卡宾枪、三八大盖、机关枪、迫击炮、榴弹炮，同样令仙工着迷。再后来有机会读画册，各种大型武器装备进入视野，坦克、战斗机、导弹、战舰，都观赏得津津有味。有时候仙工就犯惑，那些东西，从低碳的弓箭到最不省油的航母，形态差异极其巨大，仙工竟然都着迷，而且是一视同仁地着迷，为什么？

　　要说原因应该很明显，那些都是兵器，用来征战的，凡是跟征战有关的就让多数男孩感兴趣，仙工也不例外。到玩具商店去看看，男孩的玩具少不了刀、剑、坦克、飞机，喜欢兵器是男性的共性。

　　可以进一步引申，每个人，特别是男性，身上都带有征战的偏好，因而一见到兵器就喜欢，想要拿来试试。兵器都是用来杀人的，虽然拿到兵器不会马上用到人身上，但是与实际做恶已差不了几步。这种对兵器和征战的偏爱就是一种妖魔，准确地说是一种魔性。

　　可与兵器做对比的是刑具。绞首架、老虎凳、皮鞭、钉板，都是刑具。虽然同是伤害人的东西，仙工不仅不喜欢刑具，还非常厌恶。商店里兵器玩具很多，刑具几乎没有，说明不喜欢刑具也是人们的共性。论到原因，或许可以归结到基因上。人类进入有文字、有社会组织的阶段之前经历过上百万年的原始阶段，那时候人与人之间的斗争就是群殴，主要武器是拳头，要是能找见兵器，石头、木棍什么的，一定要拿在手上，马上战斗力倍增。百万年下来，对兵器的偏爱足够写进基因了。而刑具是文明社会才有的东西，至今最多五千年，基因还没改造到那一步，也希望永远没有那一步。

喜爱兵器是一种魔性，依照《西游记》里"见魔必除"的原则，咱们是不是应该立即断绝掉这种偏好？好像没有。现实是玩兵器可以（不管是玩具还是真家伙），但是不能用来杀人，否则就得吃官司。奥运会上仍保留标枪、射箭、射击、击剑等战斗项目，而且还堂而皇之地给冠军发奖杯，没见有人不适到赶紧拿起佛经或《圣经》来念，一个也没有，说明人是可以和魔性融洽相处的。魔性没那么可怕嘛，说不定哪天众魔被正了名，可以开个人魔欢乐和谐运动会，欢迎踊跃报名。

人心中的魔性，破坏欲也算一个。小朋友搭积木时很用心，毁坏的时候可不手软，稀里哗啦就给推平。直接下手搞破坏的机会很少，那就看别处的破坏如何进行，火灾、洪水、山体滑坡、大楼爆破、倒烟囱，都有看头。现代电影技术给制造破坏场景带来极大便利，地震、海啸、大火以至彗星撞地球，都能声形并茂地模拟，相关海报上少不了极力渲染武器的酷炫和破坏效果的惊人。城市的毁灭可以集中展示破坏场景，所以出现《金刚》、《世界末日》、《超人》、《天地大冲撞》、《后天》、《复仇者联盟》等片，纽约等城市在好莱坞的电影里不知道给毁过多少次了。

其他的魔性同样不胜枚举，好传小道消息应算上，羡慕、嫉妒、恨已经粘连到一起，俨然成就新的三结义。另外攀比心理算不算？死要面子活受罪是不是？刚愎自用和没主见是否都魔性十足？这么列数下去，自个儿身上要附满妖魔了，跟满身虱子似的，想着就头皮发麻。难怪唐僧那么霉，心路上妖魔当然多，老是遇见妖魔，说明他确实走在正道上。

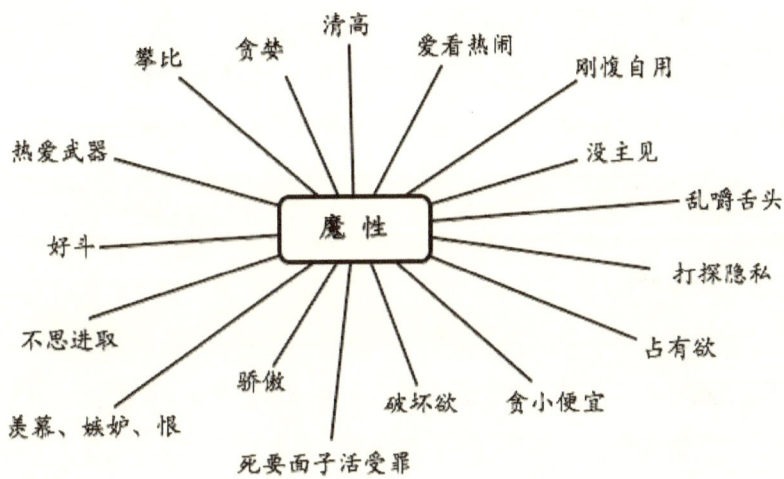

出门撞见鬼很难，进门遇见魔其实极容易，这是取经带来的重要认识。

十 经典魔影

想明白妖魔是指人内在的魔性，就知道妖魔横行是普遍现象，想躲也躲不开。不过妖魔毕竟不是好东西，所以看到孙悟空痛扁妖魔总觉着过瘾。维基百科上说，"佛教神话中的恶魔，指夺人性命，或阻碍善事的恶鬼神。也说任何能够阻扰修行的心理障碍，都可称为魔，如内心中的不安、愤怒、贪心等"，后一个解释跟《西游记》写的妖魔蛮符合的。

提到魔，也要考虑恶，平常这俩字儿结伴出现，就是常见的"恶魔"。罪恶是实际发生的，给人带来直接伤害，魔则潜藏在内心里，是促使罪恶发生的种种心理倾向。罪恶在前台，看得见，感受得到，魔性躲在后台，从内心里驱使人去做恶。取经故事把魔性直接推到前台，恶形恶色地跟取经人作对，写得太妙了，反而把人搞糊涂了，不知道妖魔是种什么类型的生物。魔跟恶是对好哥们儿，必然要站在反人民反人类的立场上，所以"见魔必除"是有道理的，除掉魔就可以消除罪恶的心理根源，人将不再受伤害，多好，运动会上还是不要出现妖魔的身影才好。但是果真如此就没事了吗？下面观察另一种魔性。

> 火神用黏土造出大地上第一个女人——潘多拉。众神很喜欢这个宝贝，送给她很多礼物，美丽、聪明、好奇心……但其中一件最危险的礼物是一个漂亮的魔盒。一旦这个魔盒被开启，各种精通混沌法力的邪灵将从里面跑出来危害世界。尽管众神告诫潘多拉千万不要打开盒子，但潘多拉最终没有听众神的劝诫，在强烈的好奇心驱使下，她最终打开了魔盒。尽管她及时关闭了魔盒，但是里面所有的灾难、瘟疫和祸害都飞了出来，……（摘自百度网站潘多拉词条）

美丽、聪明怎么能当有形的礼物送人？这明显是在用象征讲故事嘛。

从魔盒中释放的灾难、瘟疫、祸害都是伤害人的肇因，促使这些灾害流布的却是潘多拉心中强烈的好奇，所以好奇也是一种魔性。既已给好奇定了性，咱们可以轻易将好奇从心中驱逐出去吗？答案显然是否定的。如果没有好奇心，就没人知道螃蟹肉味道很不错。当然不吃螃蟹肉没什么大不了的，可是没有好奇心的驱使，神农就不会去尝百草，不了解百草的药性，很多人会因缺医少药而白白病死。好奇作为魔性，既可以害人，更可以救人，让人无法对它做简单处理。

常言道"好奇害死猫"，好奇的确会给人带来伤害，但是跟所带来的成果比实在微不足道，所以好奇这种魔性不仅不能消除，还要加倍呵护培养，比对待宠物更细心。

西方传说里还有一位年轻女子也被好奇给害了，就是据说是人类祖奶奶的夏娃。上帝交待了不要吃智慧树上的果子（智慧、树？观念和现实的东西结合在一起，显然也在讲象征故事啊！），夏娃没经受住蛇的引诱，摘下来吃了。后来的事情大家都知道，夏娃连同她老公亚当被上帝赶出伊甸园，当了流民。这事里面包含上帝的告诫，夏娃所受的诱惑，再联系到上帝的特殊脾性，整件事并不单纯。谢文郁在《自由与生存》里提到齐克果（也译为基尔克果，克尔凯郭尔）所做的分析，指出夏娃这事儿隐含着让人伤脑筋的地方：

> 在《旧约·创世纪》，"蛇"是人类始祖亚当夏娃犯罪的关键。这"蛇"用花言巧语让夏娃和亚当违背禁令而吃那棵不许吃的树上果子。这蛇是外在于人的存在……如果蛇是外在的，那么人的堕落也就是外在的。《圣经》反复强调上帝不会试探人，也不会被人试探这一立场。如果这样，上帝不试探人，那谁在试探人呢？（《自由与生存》第5章第3节，以

下简写为5: 3)

依齐克果的理解，上帝若不发布禁令，夏娃和亚当就不知道智慧果的特殊，也不会去故意尝试。上帝发布了禁令，反而给他们制造了悬疑，天赋的好奇促使他们偏要去尝试那智慧果，因此蛇在故事中的作用看上去是多余的。既然有蛇的花言巧语在先，夏娃和亚当的犯罪就是受外在影响的结果，外在影响最终可回溯到上帝的试探上，而上帝又明确说了他不试探人，也不受试探，那么蛇的存在该怎么解释？

有取经故事做参照，这个疑问就不难解决，把那条蛇当作象征，跟唐僧时常遇到的妖魔一样，对应夏娃和亚当内心里的好奇那种魔性，于是催促他们违反上帝禁令的仍旧是他们内在的心理倾向。有上帝的禁令在先，蛇（好奇）才开始起作用，促使人去做一些平时想不到的举动。夏娃被赶出伊甸园后把罪责推到蛇的身上，亚当也就信了，这是犯傻，那条蛇还在夏娃和他自个儿心里蜷着呢，往后还会不时游出来撺掇人干蠢事。

用象征方法讲故事看来是古人的拿手好戏，把神、魔和人搁一块儿，于暗喻中揭示人的精神处境。相较起来，《西游记》讲的故事既内容丰富，象征方法也用得巧妙，而且还围绕着取经主题，实在是有的好瞧。

第三章 这对师徒咋回事儿?

十一 大圣从哪儿来?

要问孙大圣从哪儿来,答案很多,为来源归类,有这么几种:

- 名义的,东胜神洲傲来国花果山。
- 地理的,来自连云港花果山。韩国人也插一嘴,认为孙悟空是只韩国猴,依据么无外乎花果山背靠东洋大海。
- 历史的,唐僧半道上曾受到一位西域人士协助,在演义里那人变身为白衣秀士,后来再演变为孙悟空。
- 传说的,印度神话塑造了神猴哈努曼形象,孙悟空身上很有他的影子。

这些说法各有道理,仙工既以象征论取经,当然要给出象征的说法。

孙悟空生来是只猴子,不管是野猴还是神猴,反正不是人,这就决定了他应被归类到神、仙、佛、魔里去。在得到天宫和佛门的认证之前,当然只能算作魔,所以把他定性为妖魔基本没错。后来即便当了神仙,也还是妖仙;成了佛,只是妖佛(妖佛,挺瘆人呢)。对于妖魔身份他自己也是承认的，有一回跟妖怪干仗，自我介绍时一得意就忘形，自称是"历代驰名第一妖"（17回）。既然是妖魔，依照前几节的结论，他就不是个现实生物，而是内心世界里的象征存在，具体象征什么要从他的作为里找。

孙悟空跟从师父后小试身手，干掉了一群强盗（14回）。那些强盗举止很平常，名称却极不寻常，分别是眼看喜、耳听怒、鼻嗅爱、舌尝思、意见欲和身本忧，对应佛经教导的六根、六尘和六贼，这恰恰是理解孙悟空身份的关键。这一回的标题是"心猿归正，六贼无踪"，心猿是指孙悟空，六贼就是那几个强盗。从贼人的名字就知道他们不是真实的人，而是寓指人所拥有的，能祸害人自身的六种毛病。这几位以妖魔面目出现似乎更恰当，原著却给他们以人身，或许是为了让孙悟空轻易杀掉，引发唐僧的愤怒，使得给孙悟空戴上紧箍成为必要之举。

喜、怒、爱、思、欲、忧都是人的不佳情绪（是吗？至少在佛教来看如此，喜、怒、忧、思属于七情，后来又以七个蜘蛛精的面目出场，见第72回，"盘丝洞七情迷本"），引致这些情绪的则是眼、耳、鼻、舌、身、意诸种感受能力，佛教将这些感受能力归结为六根，需要加以警惕，又称之为六贼。为免除烦恼，追踪到根子上，就要警惕身体的种种感受，甚至将这类感受从思想中清除出去，因此《心经》连篇累牍地指点人要清除这种想法，消减那种意识，当然也包括眼耳鼻舌身意这六贼：

> 是故空中无色，无受想行识，无眼耳鼻舌身意，无色声香味触法，无眼界，乃至无意识界，无无明，亦无无明尽，乃至无老死，亦无老死尽。无苦寂灭道，无智亦无得。以无所得故，菩提萨埵。（《心经》，见第20回）

好了，驱除六贼是经书要求的，唐僧作为虔诚的佛徒，当然要勤谨遵行，而遵行这些教条的途径是深刻理解，时时警诫，务求避免违犯。

现实中的唐僧凭个人智能就能做到驱除六贼，而且也只有靠他自己去做。进入内心世界后情况变了，他需要一个帮手，这帮手是由什么演变而来呢？当然是心智，所以唐僧的帮手，驱除六贼的孙悟空，本来是唐僧本人的心智，只是经过象征操作后从他身上独立出来，包揽降妖除魔的事情。

由此可以理解孙悟空何以称作"心猿"。心猿首先是心，是智能的载体，智能则是心思运动的结果。将心喻为猿，即指心本身躁动不宁，难以捉摸，像妖魔一样难于处置。有时心智也可理解为智能、理智、理性、智慧，这里不做细致分辨，而与"心"一道，笼统代表人的理解、计算、判断等能力，孙悟空就是指征这些能力的具体形象。

有人可能大摇其头，"心猿归正，六贼无踪"是孤证，不足为据。质疑得有理，所以仙工还得多加几句声明。孙悟空形象内涵非常丰富，不见得有唯一正解，每一位读者都可以保留自己的独特理解，仙工主要是借助象征方法来发掘真经的秘密，取经始终是本文的主要目的。有关孙悟空形象的象征性，从原著能找见一大摞证据，不过得放到下一节集中列举，这会儿先喝口水，再聊些相关话题。

将人身上的某种特性抽离出来，当成单独形象扮演角色，是一种相当奇妙的艺术操作，李安导演的电影《少年派的奇幻漂流》就运用了这种方法。一条救生船上载了一个人和四个动物，怎么看都跟唐僧的处境很相似。仔细寻找线索，将发现那些动物跟轮船上的几个人很有联系：母猴对应少年派的妈；斑马对应华人水手；鬣狗对应大厨；老虎则是少年派自身。经过残酷淘汰，船上只剩下少年派和老虎，那正是个人和他心中的野性。到最后老虎伸了个懒腰，头都不回地消没进丛林，少年派则回到文明社会。

前文提到过，引诱夏娃吃智慧果的那条蛇也可当作一种象征，对应人心里的好奇。

有时听说某大公司把一个部门拆分出来，单独成立公司，仙工就很不解，别人三天两头张罗着合并，大船并成巨无霸，天下无敌，拆分这是演的哪一出？后来渐渐想明白，分出一个公司来，职能部门增加，效率似乎降低了，但是可以专注在主业上，上头少些婆婆妈妈，干活更带劲儿。更关键的是，公司虽然拆分出来，背后的金主并没变，赚到钱仍然要划进那帮人的帐号。对孙悟空的象征性也要这么看。如果只是看故事，相当于把自己当消费者，公司或人物形象怎么拆不关偶的事，有人提供服务就行。关心取经，相当于当了投资人，取经人形象拆成两个，取经的总目标并没变，故事怎么演绎不用管，而只关心取经的得失。这就画张表，把对比要素全列出来。

	观众自身定位	关注点
公司拆分	消费者	提供良好服务
	投资人	投资提供更高回报
形象拆分	读者	故事离奇曲折
	取经观察者	深入认识取经和真经

关心取经，相当于买了取经故事的股票，从此昂首迈入投资人行列（哪怕是散户，也得算作投资人）。再来读故事，要像读财务报表，公司如何提供服务属于运作细节，不必太在意，而要把焦点放到根本目标上，于投资是资本赢亏，于取经是对真经的理解是否更清楚。

把唐僧的智能从他心头剥离出来，单独处理成孙悟空角色，并且把焦点放在孙悟空身上，就是忽略唐僧这个人的衣食住行等现实因素，而更瞩目于他内心里的遭遇，包括遇见了哪些不良思想和情绪（妖魔），怎么对付的（跟妖魔的搏斗过程），结果如何（凭自身还是从仙佛处借力战胜妖魔）。这么一看，唐僧的确仍然走在内心的取经路上，虽然眼球都被孙悟空吸引去了，但是孙悟空当主角和由他当主角是一回事，效果还更好。

十二 反常对话录

孙悟空是个象征人物，对应唐僧的心智，他的能力原本都应属于唐僧。在他从宿主身上独立出来后，唐僧不得不急剧降低自己的智商，就像失去了大部分大脑，变得痴傻呆愚，因而师徒俩经常进行反常对话。仔细观察这些反常表现，也可进一步验证他俩并非表面所说的师徒，而是宿主和心智间的象征关系。

1. 第23回，

正走处，不觉天晚。三藏道："徒弟，如今天色又晚，却往哪里安歇？"行者道："师父说话差了，出家人餐风宿水，卧月眠霜，随处是家。又问哪里安歇，何也？"

唐僧询问当晚在哪儿过夜，想的是现实问题，孙悟空却大谈出家人随处是家，不应太关心身体的舒适，显得比师父还古板迂腐。他急切地想表现自己作为佛徒，所思所想与一般人不同，而这些话正是唐僧想要说的。

八戒顺着话茬诉苦，"这一向爬山过岭，身挑着重担，老大难挨也！"孙悟空当即教训他，"既是秉正沙门，须是要吃辛受苦，才做得徒弟哩。"若不看上下文，还以为这是唐僧在训斥。

八戒继续絮叨行李太重，拿他当长工，孙悟空受不住抱怨，嚷道："老孙只管师父好歹，你与沙僧，专管行李马匹。但若怠慢了些，孤拐上一顿粗棍！"他终于丢掉佛徒的刻板面具，耍起粗暴脾气，张口"老孙"，闭口"粗棍"，听着反而更顺耳，因为这才是大流氓应有的口吻。

2. 第24回，

没过多久，众人讨论起距离灵山还有多远，孙悟空不小心又和师父神魂对换。

> 唐僧道："悟空，你说得几时方可到？"
>
> 行者道："你自小时走到老，老了再小，老小千番也还难。只要你见性志诚，念念回首处，即是灵山。"

"念念回首处，即是灵山"，多有深度，说出口的只合是佛祖、观音或者唐僧，可是仔细一看，嘴巴一张一合的分明是满脸毛乎乎的孙猴子，真像爱美者听见妙音，一回头，赫然见着个恐龙。

徒弟说了极不符合身份的话，旁边的师父却好像很受用，只管小学生似的乖乖地侧耳接受训导。不能用常理来看待这对"师徒"。

3. 第36回，

经历过三打白骨精事件后，唐僧总算有了敌情意识，提醒徒弟们注意妖怪，这下又被孙悟空抓住把柄，给以一通教导。

> 前又一山阻路。三藏在那马上高叫："徒弟啊，你看那里山势崔巍，须是要仔细提防，恐又有魔障侵身也。"行者道："师父休要胡思乱想，只要定性存神，自然无事。"

从不安分的猴子竟然要求资深和尚"定性存神"，不是很奇怪吗？将孙悟空还原成唐僧身上比较本我的部分，疑难也就迎刃而解，这正是唐僧对自己的要求，恰是精神的唐僧在对身体的唐僧说话。

4. 第36回，

唐僧得闲赏月，咏古风一首，开篇四句是：

> 皓魄当空宝镜悬，山河摇影十分全。
> 琼楼玉宇清光满，冰鉴银盘爽气旋。

孙悟空听完后接着开讲，从"月中之意，乃先天法相之规绳也"，到"阳魂之金散尽，阴魄之水盈轮"，再是"魄中魂半，其平如绳，故曰'上弦'"，"魂中魄半，其平如绳，故曰'下弦'"，然后"我等若能温养二八、九九成功，那时节，见佛容易，返故田亦易也。"最后还用一首诗做总结：

前弦之后后弦前，药味平平气象全。

采得归来炉里炼，志心功果即西天。

这简直是一篇佛道合一的论文，知识量远超出佛学对唐僧的要求，表明此时的孙悟空也附上了作者本人的智能，难怪唐僧听罢心服口服，"一时解悟，明彻真言。满心欢喜，称谢了悟空。"

师父频频需要徒弟教导，而且一点不觉得尴尬，真是少有。想明白他们都在做象征活动，现实中当然少有。

5. 第43回，

行经一个多月，忽听得水声振响，三藏大惊道："徒弟呀，又是哪里水声？"行者笑道："你这老师父忒也多疑，做不得和尚。"

唐僧动不动就"大惊"，跟猴子一样毛躁，而满脸杂毛的孙猴子却不惊不怪，身心沉静得像高僧，师徒俩神情举止整个儿对调。

孙悟空当然不会放过唐僧的失态，又借题发挥，给师父上一课：

"老师父，你忘了'无眼耳鼻舌身意'。我等出家人，身不知寒暑，意不存妄念——如此谓之祛褪六贼。你如今为求经，念念在意，怕妖魔不肯舍身，要斋吃动舌，喜香甜嗅鼻，闻声音惊耳，睹事物凝眸，招来这六贼纷纷，怎生得西天见佛？"

隔了二十回，孙悟空终于说出他祛褪六贼的本质，抡棍子横扫是做给外人看的，动用意念以"身不知寒暑，意不存妄念"才是自家根本手段。

这番解说本应由唐僧演说，却出自妖猴之口，好像有人发生了精神错乱，其实一点错乱也没有，所谓妖猴就是唐僧本人精神能力的形象化写照。

6. 第85回，

唐僧屡屡一开口就被孙悟空捉到毛病，然后师徒俩来一段身份颠倒的对话。临近原著结尾处，唐僧心思又乱了一回：

> 正欢喜处，忽见一座高山阻路。唐僧勒马道："徒弟们，你看这面前山势崔巍，切须仔细！"行者笑道："放心，放心！保你无事！"三藏道："休言无事。你看那山峰挺立，远远的有些凶气，暴云飞出，渐觉惊惶，满身麻木，神思不安。"行者笑道："你把乌巢禅师的《多心经》早已忘了？"三藏道："我记得。"行者道："你虽记得，这有四句颂子，你却忘了哩。"三藏道："哪四句？"行者道："
>
> 佛在灵山莫远求，灵山只在汝心头。
> 人人有个灵山塔，好向灵山塔下修。"
>
> 三藏道："徒弟，我岂不知？若依此四句，千经万典，也只是修心。"行者道："不消说了。心净孤明独照，心存万境皆清。差错些儿成惰懈，千年万载不成功。但要一片志诚，雷音只在眼下。似你这般恐惧惊惶，神思不安，大道远矣，雷音亦远矣。且莫狐疑，随我去。"那长老闻言，心神顿爽，万虑皆休。

这段对话应没什么可奇怪的，徒弟还是在行使师父的职能，师父则甘当无脑学生。孙悟空信心十足地说"且莫狐疑,随我去",就是要求身体的唐僧跟从心智和精神的唐僧奔灵山去。身体的唐僧只知吃喝,精神的唐僧还知道灵山所在,前往灵山就能避开恐惧惊惶,获得平安。

好了,以上材料足够说明孙悟空看上去是个独立人物,却是从唐僧心中分离出来的,并且连带捎走了唐僧的主要智慧和学识。俩人的对话不是以平常师父和徒弟的身份进行,而是在唐僧的身体自我和精神自我之间展开。孙悟空的诸般奇异本领不能用科幻去解释,而要看作唐僧的智能在内心世界里的运用。原著讲述的不是科幻或外星球故事,也不是单纯的神怪故事,而的确算作神话故事,因为大量运用了象征方法,将人的智能、情绪、观念等都独立出来,作为具体形象做情节演绎,并且通过故事和对话讲解世界观和人生观。

结束本文之前还要引用一段文字,以提出一个疑问,留待后文再做讲解。第51回,唐僧被妖魔捉走,孙悟空与魔王奋力搏斗而不得成功,心情极度沮丧,念出一段诗来:

> 佛恩有德有和融,同幼同生意莫穷。
>
> 同住同修同解脱,同慈同念显灵功。
>
> 同缘同相心真契,同见同知道转通。

诗中大量使用"同"字,说明他和师父心意相合。与现实中的师徒或朋友关系不一样,孙悟空原是唐僧的本我部分,用再多的"同"也不必感到肉麻,只是头一句的"同幼同生意莫穷"比较难于解释。人们拜把兄弟时常说"不求同念年同月同日生,但求同年同月同日死",不同日出生是出于现实限制,强求也求不来。孙悟空却可以突破这一限制,直陈他和师父是"同幼同生",并且作为事实而感到"意莫穷"。作为象征人物,他这话不违背他所处的内心世界的逻辑。然而照故事里的说法,孙悟空作为妖仙,在世已有上千年，唐僧作为一个凡人，在世只有二三十年，俩人年龄有千年以上的差别，如何还能称作"同幼同生"？原著提到唐僧经历了十世修行，一个人再高寿也就活八九十岁，十辈子下来，就算每一辈子都高寿，跟孙悟空比还短了几百年，又该怎么弥补？或许这是个吹毛求疵的算术题，但是不妨搁着，后面说不定将有用。

十三　金箍棒如的什么意？

以心智作为理解孙悟空的出发点，可以重新认识他的各项本领。

* 七十二般变化：实际上是千变万化，只要能达到目的，怎么变都行，心智不给愿望设限，倒是产生无限多种主意帮助人实现愿望。

* 筋斗云：一个筋斗翻出十万八千里，想上哪儿上哪儿，瞬间就到，相当于在内心里从一个念头瞬间跳转到另一个念头，没有距离、速度以及气压、风速等的限制，思想空间是无限自由的领地。

* 三头六臂：现实世界里有"双拳难敌四手"的说法，身体总是受到限制的。内心世界千变万化尚且不难，何况是多出些脑袋和手臂来对付妖魔。

* 毫毛：孙悟空身上的毫毛"根根能变，应物随心"，拔下来嚼碎吹口气，立即变成无数小猴，个个"眼乖会跳，刀来砍不着，枪去不能伤"（2回），成为对付敌人的好帮手。一种理解是将这些毫毛变的小猴当成大字报或杂文中的文字，每个字都是投向对手的标枪、匕首，于是字字能伤人，令对手非常头疼。另一种方式是把这些毫毛看作心中无穷无尽的意念，都拿来对付魔性，意念当然"刀来砍不着，枪去不能伤"，不过也很有以魔制魔的意味，所以还是少用为妙。

* 金箍棒：也称作"如意金箍棒"，变小了只有绣花针大，随处可藏，变大了重达万斤，抡起来顿使鬼惧神愁。金箍棒实际是心智的另一种形象，小处可用来解算题目，或对付人际关系，大处可用于创制理论，或治理国家，所以金箍棒和孙悟空是一而二、二而一的如意智慧。

孙悟空的确很能干，金箍棒也非常如意，然而要追问一声，金箍棒到底如的什么意？直观上这个"如意"有两层意思：

1. 棒子随孙悟空的意念可大可小，从而可视情况调整尺寸，称心如意地使用；

2.有了棒子，孙悟空就是插翅的猛虎，轻松达到祛退妖魔的目的。

然而考虑到本文所强调的内心世界和象征方法，金箍棒的"如意"还得另做考量。且来再次观瞧徒弟孙悟空对师父唐僧的一段教导：

> "老师父，你忘了'无眼耳鼻舌身意'？我等出家人，身不知寒暑，意不存妄念——如此谓之祛褪六贼。你如今为求经，念念在意，怕妖魔不肯舍身，要斋吃动舌，喜香甜嗅鼻，闻声音惊耳，睹事物凝眸，招来这六贼纷纷，怎生得西天见佛？"

这是孙悟空在揭示他自个儿的秘密，即他到底在忙些什么，怎么忙的。可分三层意思来理解：

1. 你，老师父，作为身体自我的唐僧，心里头魔影憧憧，"六贼纷纷"，让我，如意智慧的化身孙悟空，忙不胜忙。

2. 妖魔不是偶然撞见的，也不是闻着你的肉香追踪而来（唐僧肉也得当回事好好说道，放到后面），而是你吸引来的，吸引的方式是"念念在意"，表现为"斋吃动舌，喜香甜嗅鼻，闻声音惊耳，睹事物凝眸"，从身体到精神都做得不合格。

3. 你引来了妖魔，还得劳驾我出手，动用的手段是"意不存妄念"，把胡思乱想统统赶走。

"妄念"即是妖魔，赶走妄念的方式其实很简单，"不存"即可，表现出来却非常复杂，金箍棒啦，毫毛啦，七十二般变化啦，纷纷用上。然而回到基本面，套用经文，仍然是那句经典文字："无眼耳鼻舌身意"。

有了孙悟空现身说法打底，就可以重读《心经》那段文字，

> 是故空中无色，无受想行识，无眼耳鼻舌身意，无色

声香味触法，无眼界，乃至无意识界，无无明，亦无无明

尽，乃至无老死，亦无老死尽。无苦寂灭道，无智亦无得。

以无所得故，菩提萨埵。

通篇带标点符号共85个字，"无"字就出现16次，占18%。去掉标点（古文本来就没标点），把"无受想行识"等扩充为符合原意的"无受无想无行无识"，全篇就呈现为另一番面目：

是故空中无色无受无想无行无识无眼无耳无鼻无舌无

身无意无色无声无香无味无触无法无眼界乃至无意识界无无

明亦无无明尽乃至无老死亦无老死尽无苦无寂无灭无道无智

亦无得以无所得故菩提萨埵

全篇87字，"无"字32个，占36%。同一个字在一篇文章里占到三分之一以上，足见这字以及其中含义有多重要！

文中倒豆一样提到色、受、想、行、识等，但是来一个灭一个，都用"无"给搞掉了，这不就是孙悟空在内心世界挥舞金箍棒做无情杀戮吗？通常提到"如意"，都说"万事如意"，想要的能得到，不想要的果然不来。金箍棒的"如意"主要指撵走不想要的，归结起来就是个"无"字，什么"眼耳鼻舌身意"、"色声香味触法"，通过金箍棒都能给"无"掉，所以金箍棒所如的并非现实利益的意，而仍然是内心和观念世界祛除不良思想情绪诸魔怪的意。象征故事里的孙悟空不断冲妖魔挥棍子，内心世界的取经人也跟打苍蝇相仿地忙不停，哪儿哪儿都是可疑的黑点，管它能不能飞，苍蝇拍挥过去先。

如果问这个结论确实可靠吗？仙工认为是的，书里还能找到许多例证，但要碰到合适话题再讲。基本上这一结论符合本文一直以来的判断——取经故事发生在内心里，运用了象征方法，讲的是精神上的判断

和作为。

孙悟空作为唐僧心智的化身，通过挥舞金箍棒实现驱除妄念诸魔怪的任务，也就是在践行经文，看起来"无眼耳鼻舌身意"就是真经了，然而这带来几个疑问：

1. 如果《心经》所代表的佛经是真经，那么别的经，包括儒经和道经，就都不是真经，可以这么认为吗？书上的确说孙悟空"弃道从佛"，似乎道经可以撇到一边，那么怎么对待儒经？书上有相关判断吗？得好好找找。

2. 如果认定《心经》是真经，那么唐僧还口口声声要"求取真经"干吗，岂非多此一举？他既然摘得取经人的头衔，就该做跟取经相符的事情，即放弃什么想法是妄念（妖魔），什么愿望应予摒除等判断，一切疑难都要等取到真经之后再说，可是那么一来他的心智——孙悟空——就不能肆无忌惮地抡棍子，降妖除怪也不能干得那么干脆。然而实情是孙悟空跟妖魔斗得不亦乐乎，唐僧则似乎无所用心，这又怎么解释？

有疑问是好事，带着问题读原著，才更容易读出内容，取经还有太多东西有待考虑。

十四　脑瘫唐僧

懦弱无能是《西游记》里唐僧的主要特征，观众一边对他的难堪形象皱眉头，一边又忍不住多看两眼，跟嚼臭豆腐似的。另一方面，唐僧的大徒弟孙悟空实在太可爱了，铜筋铁骨，力大无穷，装备精良，技艺出众，勇敢善战，变化多端，分身有术，意志坚强，机智灵活，广结仙佛……成功人士所需的良好素质他几乎占全了。有孙悟空在一旁，唐僧不知要强到什么程度才能树立威信，然而偏偏这位师父如此庸碌无能外加耳根特硬，无法理解堂堂取经人竟是这副德性！这对师徒形象的反差大到不可思议的程度，取经故事一面在主要人物和妖魔的对抗中展开，一面也在师徒间尴里尴尬的摩擦中进行，虽然磨难熬过了一桩又一桩，观众还是不免要感到遗憾，为孙悟空没遇上好领导，也为唐僧和取经人的身份极不相称。

批评完唐僧的无能表现，仙工不得不帮他申诉，他其实是有很大苦衷的。一个人大脑要是被切掉一块，行动将大受影响，走路不稳，语言能力下降，记忆衰退，反应缓慢，基本丧失劳动能力。唐僧就是这么个残疾，他的大脑被去掉了三分之二还不止，而他依然坚守在领导岗位上，当着广大观众的面完成了取经任务，这得要多大的毅力和多么高超的表演能力，说他超额完成任务并不为过。他的大部分脑子被切除了？原著没说啊，仙佛们的医术仅止于开仙丹药方，好像不知道外科手术。是的，仙佛们没动手，但是故事本身给唐僧做过手术，象征方法就是高超的外科手术，唐僧的杰出智慧和广博学识都经由这手术被取出，移植到孙悟空形象身上，于是唐僧成了脑瘫，落下心虚胆怯、好流泪、不辨好歹等后遗症。

孙悟空仅接受过几年仙术训练，却拥有神鬼难及的能力，他的能力多半也像他这妖精一样，是从石头里蹦出来的。现在明白了，他那些能力是从师父那儿偷来的，而他不仅不心虚，还敢当着失主的面一路炫耀，这得要多厚的脸皮才做得到！

孙悟空的能力就是唐僧的能力，将他俩合在一起，就成为一个完整而可信的取经人。他俩分工明确，孙悟空生活在观念世界，主要对付同样是象征的各路神鬼妖魔，唐僧则保持凡人身份，是连接现实和观念两重世界的桥梁。唐僧的无能只是在观念世界里的无能，回到现实，孙悟空这个人物就不存在，而唐僧仍旧是杰出的高僧、伟大的取经人；进入象征氛围，唐僧不得不迟滞一下脚步，让他的分身，大徒弟孙悟空走在前面，去做观念世界里的一应工作。

孙悟空是从唐僧身上抽取出来的象征人物，带走了唐僧的智能，包括学识、思考能力、判断能力和意志力，机智顽强的齐天大圣形象是树立起来了，唐僧可就损失惨重，除了保留师父的称号，啥能耐都没剩下，亏呀！唐僧的大脑被尽量切除，幸好小脑还留着，骑白马用得着，结果又被讽刺为骑白马的不都是王子，够冤的。尽管如此，他还是尽力演好自己的角色，脑袋上不裹纱布，舌头不打结，观众只当他是个正常人，拿他尽情嘲笑，其实说不定他对观众也极度不屑呢。论到念经，论到执行《心经》里的那些"无"，放在观念世界里是金箍棒频频挥舞，放到现实中就是唐僧坚决贯彻佛经要义，说到底，孙悟空的本事全都是唐僧的。唐僧对孙悟空的控制可不单凭紧箍咒，只要他回到现实，孙悟空立马没影儿，出现在大伙儿面前的仍然只有唐僧的庄严法相。

情况就是这样的，好像没什么可说的了，不过让仙工再举颗栗子，看能瞅出什么新问题。

还是拿公司拆分说事。有一家大公司，原先的主业做得不错，眼见着房地产火了，就成立新部门，专做房地产。不久发现这行当太能赚钱，就拆分出来，作为独立公司帮股东捞金。这家新公司回头会不会嘲笑原公司在房地产方面是笨蛋？脑筋正常的都不会这么做，项目被你拿走了，人家要是还在行，肯定是你拆得不干净。对照着看唐僧和孙悟空，徒弟抽走了师父的主要能力，反过来却埋怨师父"忒不济"（15回），脑子进水了。

接着考虑拆分这事儿。如果主事人特轴，一看拆出来后效果不错，那就继续拆。一家公司攒点主业不容易，要是分出去，这家公司结果会怎样？想想要是猛然间让京东把商城业务分出去，留下片奶茶店，那还是京东吗？有人可能要反驳，诺基亚上百年间不知道换过多少次主业了，不是越活越滋润？但那是紧抱住新发现的盈利能力的结果，是从胜利走向胜利，要是看见它哪个行业干得好，就把那行业给分出去，估计到现在它还在卖木材。能经受住猛烈拆分的估计只有韩信，每次打完胜仗，刘老板就不怀好意地赶到，夺了他的兵符，另拨一支乌合之众，让他出去接着打野食。不过要是把韩信的智能也分出来，看他还怎么打仗！

唐僧所经受的"拆分"比别人严酷多啦——好容易攒点学识，被孙悟空拿走；对付思想情绪要经历很多年的磨练，一进入取经项目，也分给孙悟空；思想上的判断力、执行力和意志力都是取经人的必要素质，交给孙悟空能够起到更大作用，那么希望唐僧同志以大局为重，再忍耐一下？……取经是一趟精神旅程，却把取经人精神上的所有关键能力都剥夺掉，有这么分派任务的吗？好歹刘老板把手下包括樊哙、曹参在内的猛将能人调拨给韩信，再看看唐僧，落下啥了，什么也没有，什么也没有！

十五　分层自我

唐僧师徒的形象反差达成了极棒的效果，接触到的人一下子记住了，再也扭转不过来。制造反差是种写作技巧，但是仔细琢磨唐僧这事，反差不完全出于技巧，而是由象征操作所造成，象征性把唐僧抽干了，才有神猴的活灵活现。

唐僧形象再糟糕，毕竟是师父，而且是取经人，取经成败系于他一身，形象太差了终究不好，所以咱们这会儿从头论说取经，要尽量避免把他当臭豆腐，而是真心实意地看作金镶玉。如果他的形象瞅着的确像臭豆腐，多半是表面蒙了尘，咱得想办法把那灰尘擦掉，这么做才和郑重看待的取经相匹配。

既然孙悟空拿走了唐僧的主要心智能力，唐僧必定要一无所能？这个问题可以转换为询问他的自我，孙悟空对应他的精神自我，通过象征操作离他而去，他的自我还剩下什么？要回答这个问题，得先将"自我"做个仔细分辨。何谓精神自我和身体自我，史铁生做过论述：

> 我不高兴，是指精神的我；我发烧了，是指肉身的我；我想自杀，是指精神的我要杀死肉身的我。"我"字的通用，常使人忽视了不同的所指，即人之不同的所在。（《病隙碎笔》5：5）

同一个自我可因不同的境遇和行为而分成好多种，"高兴"是精神行为，"发烧"是身体病症，分别对应精神自我和身体自我。自杀总是精神的我杀死身体的我，如若不然，精神的我杀死精神的我，身体安然无恙，等于自杀没发生。

"我"的出现不是个普普通通的自然现象，某种富有深义的事情发生了，正如史铁生所说，一个"我"字具有多重含义。人的存在不是单义的，物质的，而是多重的，很多时候是指向精神的，因此才有现实世界和内心世界（观念世界）的区别——现实世界是物质的存在，内心世界则是面向精神的存在。

离了精神自我，唐僧就只剩下身体自我吗？回答是不一定，关键要看自我在身体和精神之外还有哪些内容，史铁生又帮咱想到了：

> "我看我这个人也并不怎么样。"——这话什么意思？谁看谁不怎么样？还是精神的我看肉身的我吗？那就不对了，"不怎么样"绝不是指身体不好，而"我这个人"则明显是就精神而言，简单说就是：我对我的精神不满意。那么，又是哪一个我不满意这个精神的我呢？就是说，是什么样的我，不仅高于肉身的我并且也高于精神的我，从而可以对我施以全面的督察呢？是灵魂。（《病隙碎笔》5：6）

人不仅有身体生命、精神生命，还有灵魂生命，真是脑洞大开，针对唐僧自我的思考有了突破口。身体在观念世界里没啥用，精神能力又被孙悟空抢走了，唐僧并不必然山穷水尽，仍有可能保留某种能力，那就是灵魂的能力。灵魂的能力，怎么讲？这会儿仙工也不知道怎么说清楚，反正觉着唐僧远不是那么绝望，也用不着那么白痴。《圣经》里有一段话也可用来解说唐僧的境遇：

> 我若能说万人的方言，并天使的话语，却没有爱，我就成了鸣的锣、响的钹一般。我若有先知讲道之能，也明白各样的奥秘、各样的知识，而且有全备的信，叫我能够移山，却没有爱，我就算不得什么。（保罗《圣经·哥林多前书》13：1-2）

"说万人的方言"和"先知讲道之能"都和孙悟空的千变万化、三头六臂一样，属于常人难以启及的特异能力，可是在保罗看来这些能力只是工具，不应遮蔽咱眼目，而要将注意力放到借助工具所要达到的目标上，也就是收获一颗仁爱之心。孙悟空虽然本领超强，把他当作"鸣的锣"、"响的钹"大致是不错的，本质上就是工具，对的，心智只是工具。崇拜工具算哪门子信念？取经的最终目标是真经，就应该老老实实询问真经有哪些内容，可是故事的主要看点都在工具身上，从始至终主题都围绕工具打转，严重夸大妖魔的威慑力和心智的强力，有跑题太远的嫌疑。唐僧失去了智能、判断力、意志等等，其实没什么大不了的，他仍然可以拥有自己的仁心和爱心，以及接近于灵魂的东西，展示自己作为一个人的力量。

以"自我"作为切入点，于是出现三个唐僧：

1. 凡人唐僧，就是目前这个为公众所熟知的骑白马却极无能的师父；

2. 心智唐僧，大名叫孙悟空；

3. 金镶玉唐僧，设想中的离了心智但仍然顶用的取经人，取经任务还得由他承担。

凡人唐僧形象不佳，一方面源自他的凡人地位，一方面也出自象征抽离手术。象征方法很重要，如今却发现也造成严重副作用，难道要摒弃不成？当然不行，主题还没展开呢，就先丢掉主要工具，岂不是自乱阵脚！幸好自我是分层的，拿来用到唐僧身上很说明问题，所以往后要多多使用，不妨称之为"自我分析方法"，作为象征方法之外的另一重要分析工具。

取经是要认识真经，由于无底洞难题在那儿挡着，取经可能很难达到目的。如果适度降格以求，通过寻找金镶玉唐僧来认识一下自我，观摩取经就总能有所收获，应该也不错。

第四章 魔性来源有讲究

十六 初入幻境

有关取经的基本情况终于介绍完了，这就进入正题，察看取经是怎么进行的。不过本文仍然不关心故事脉络，而是像对待一部车子，拆出几个零件下来，看看这些零件是怎么设计的，又如何支持整车的运作。

唐僧踏上西去之路，未出大唐国界前跟一众僧人灯下闲聊，谈到取经可能遇到的阻碍，众人提出各种可能，

> 有的说山高水远，有的说路多虎豹，有的说峻岭陡崖
> 难度，有的说毒魔恶怪难降。（13回）

四种可能性被提出来，

1. 路途遥远，费时费力。
2. 路上野兽出没，对人威胁很大。
3. 地理条件恶劣，不适合穿越。
4. 魔怪挡道，凭人的力量难以克服。

前三条都是自然条件，唯最后一条比较玄虚。考虑到古人对自然了

解得不很周详，遇到意外，如山崩、地震、洪水、泥石流、沙尘暴，难免当作神异事件。典型例子是干旱，以为龙王罢工了，赶紧多上供品，这就不自觉地把自然灾害跟魔怪作祟联系到一起，因而和尚们谈到的"毒魔恶怪难降"，仍可视为自然障碍。

众僧说完，询问唐僧的意见，唐僧以手指心，说："心生，种种魔生；心灭，种种魔灭。"所谓"心生，种种魔生"，应指心头萦绕着各种意念、思虑，心思沉陷于各种情绪、感觉，心中怀有各种愿念、恨恶，都是在纵容心魔狂舞，使自我被意念的魔怪包围、吞噬。要驱除魔怪，唯有端正思想，使心头一念不生，诸魔自然消退。

唐僧所答和众僧所想完全不是一码事。众僧想的是走现实中的路，从东土走到天竺，路程可以丈量，时间可以推算，路上将遇到的当然都是自然条件的障碍；唐僧要走的是内心里的路，从当下如此的自我出发，前往心中的圣地灵山（灵山是心灵的山，对应精神家园），过程中将遭遇的只能是心魔。众僧还停留在唐代贞观年间，以为取经就是走到目的地，领取可触摸、可翻阅的实实在在的经书；唐僧的心思已然超出现实和历史，面向内心世界，想要获取精神的真经，经由那种经义，使自我保持最恰当的状态。众僧的眼前被实在的灯火照亮，唐僧却在自己心头燃起另一束火，眺望着另一番景象，他跟旁人的分歧就是从这一刻开始的。

仙工跟唐僧也有分歧，针对唐僧的判断想问，只要排除了邪魔阻碍，就必然望见灵山，拿得着真经吗？把妖魔排除完了，要是依然见不到灵山，而只剩下不知身处何地的自我，可咋办呢？这问题明显多余，唐僧正信心十足，对能不能取到真经从不犯愁，而是跃跃欲试地要跟妖魔交手（跃跃欲试的是孙悟空，唐僧胆怯着呢，但是把孙悟空还原到唐僧心里，情况就是这样）。他是主人公，仙工是看客，当然要以他为准，那么俺就少啰嗦。众僧目送身体的唐僧远去，唐僧却随即展开一场精神旅程，咱可别像和尚们那样被他蒙了，而要瞪大眼睛，仔细观瞧他如何到精神世界历险。

　　唐僧关心的是心魔，接下来就要考虑如何遭遇心魔，他这会儿像个猎人，各样装扮都齐整了，就差撞见猎物。魔是人心中的意念、思虑、情绪、愿望，要让魔像人一样唱念坐打，只能采取象征方法，所以唐僧势必要在象征上多下些功夫，不仅进入内心，还要进入异彩纷呈的奇幻世界。从一个世界进入另一个世界总要经历非凡过程，例如船被大风吹到陌生海域，或者一跟头掉深沟里，那么唐僧将经历哪种方式？看看故事是怎么说的。

　　　　这长老心忙，太起早了。原来此时深秋时节，鸡鸣得早，只好有四更天气。一行三人，连马四口，迎着清霜，看着明月，行有数十里远近，见一山岭，只得拨草寻路，说不尽崎岖难走，又恐怕错了路径。正疑思之间，忽然失足，三人连马都跌落坑坎之中。三藏心慌，从者胆战。却才悚惧，又闻得里面哮吼高呼，叫："拿将来！拿将来！"只见狂风滚滚，拥出五六十个妖邪，将三藏、从者揪了上去。（13回）

　　看清楚喽，这五六十个是妖魔吗？一边是心慌胆战，一边是哮吼高呼，伴随着狂风滚滚，来者个个邪模怪样，看来的确是妖魔，耶，成功喽！后方发出欢呼，还不失时机地给前方发出慰问电。不过前方完全没有成功的喜悦，倒是从此开始进入妖雾弥漫的氛围，一脑门子都是恐惧。这很像中国足球队打入世界杯，期待已久的事情终于实现了，当然要热烈庆祝，可是然后呢？然后就成了别人的菜！唐僧也是，妖魔一向懒得啰嗦，直接把他看作一盘肉或一盆汤。那是后话，如今唐僧遇见妖魔，说明完成了从现实向观念世界的过渡，应该感到高兴。可惜当时被捆结实了，否则可以考虑向众妖魔索要签名、合影以及破衣烂衫当纪念品。

后来的事情已经明了，两个从者被虎精、熊精、野牛精当着唐僧面剁碎吃掉，唐僧则因莫名其妙的元明本性而得以保全。然后众魔"一拥而退。不一时，红日高升。三藏昏昏沉沉，也辨不得东西南北……"不久太白金星来到，给唐僧一番指点，也倏然不见。

太白金星是太阳系五大行星里金星的化身。金星常于天明时升起在天边，也称作启明星。唐僧从四更天摸黑启程，陡然间撞见心中的邪魔，然后邪魔刹那退去，于昏昏沉沉中望见天边的启明星，整个过程就是黎明时的一场酣梦——原来唐僧和艾丽丝一样，以梦游的方式到奇幻世界走一遭。

此后唐僧遇见了猎人刘伯钦。此人从姓名、职业、个性、家庭等方面看都挺正常，只是一个猎户竟然也养了几个家僮，并且都是"怪形恶相之类"，可见他不完全是现实中人。从唐僧结识的人可以推想他此时的状态，虽然醒过来，但仍迷迷糊糊，半梦半醒，看周围的一切也都若真若幻。隔天，唐僧再次上路，迎面撞见一座嵯峨大山，名唤五行山，还是观念中的山，看来唐僧又在梦里徘徊。紧接着遇见压在五行山下的孙悟空，那是个彻头彻尾的象征人物，唐僧也就深陷梦境，一路迷糊着奔灵山去。也是从那儿开始，唐僧交出自己的心智，完全倚靠到孙悟空身上。到第23回，"三藏不忘本，四圣试禅心"，观音设了局考验唐僧面对女色时的定力，等于是点名要唐僧出来答辩，唐僧只好强打精神，从孙悟空那儿夺过话筒，跟观音来一番像模像样的对唱。之后唐僧重回梦境，周遭依然魔影迭出，他则放心地让孙悟空带领着继续取经。

十七 灵山有鼠

取经人遇见了妖魔，说明他已走在象征的道路上，可喜可贺。万事开头难，第一个难点对付过去，后面就容易了，妖魔跟潮水似的一波波涌来，让他应接不遐。这不，来到黄风岭，一只黄毛貂鼠变的妖怪狠狠折腾了一番，让取经人知道魔怪的厉害。

所谓黄毛貂鼠就是常见的家鼠，爪子细小，灰不溜秋，瞪着小眼睛窜来窜去，浑身透着猥琐。只因它在灵山脚下得道，和佛祖沾上点关系，就得了个好听的名字。英雄不论出身，妖魔对出身更不讲究，甚至越是稀松平常的物种，变成妖魔后越邪得厉害，能把取经人们搞得焦头烂额。

这老鼠虽小，能耐却不一般，孙悟空居然搞不定它，只好请灵吉菩萨来相助。灵吉一到，妖魔立马被镇住，孙悟空正要擎棍子出口恶气，却被告知该妖魔和灵山佛祖有关联，不能随便搞死，眼睁睁看着变回原形的妖魔被带走。这种故事相当普遍，形成一种模式，不妨称为"硬后台模式"，主要过程如下：

1. 妖魔做乱——妖魔或者捉了唐僧，或者为害一方，让取经人们不得不与之纠缠。

2. 孙悟空斗不赢妖魔——妖魔战斗力超强，或者有特殊宝贝，或者人多势众，反正让孙悟空无法得手。

3. 孙悟空请来高人——孙悟空有时自己想到，有时被别人提示，去找高人，也就是某位仙佛菩萨来相帮。

4. 高人制服妖魔——高人有时凭借特异法力，有时跟孙悟空合作，顿时把妖魔的嚣张气焰打下去。

5. 高人讲述妖魔的来历——这通常是故事转弯最大的地方，原来妖魔并非普通的山妖野怪，而是和某位大人物有关系，所以要带走，放到别处去好生养着。

6. 取经人们重新上路——取经人们不得不接受空忙一场的结局，经常将怒气撒到妖魔洞窟上，一把火烧个精光，然后重新上路。

以这种模式进行的故事发生于黄风岭、莲花洞、乌鸡国、通天河、金兜山、小雷音寺、麒麟山、狮驼岭等处，妖魔的原身有时是大人物的弟子（32-35回，太上老君的弟子金角和银角；65-66回，弥勒佛的弟子黄眉），有时是大人物的座骑（37-39回，文殊菩萨的座骑青毛狮子；50-52回，太上老君的座骑大青牛；68-71回，观音的座骑金毛狮子犼；74-77回，文殊菩萨的座骑青毛狮子，普贤菩萨的座骑白象），有时是大人物的亲戚（74-77回，佛祖的舅舅大鹏金翅雕），有时只是大人物有意无意豢养的动物（47-49回，观音的金鱼，以及本文要讲的20-21回，佛祖的黄毛貂鼠）。

读这类故事，心思一直陪着孙悟空跟妖魔恶斗，好不容易取得成果，仅凭请来的高人轻飘飘两句话，就把妖魔带走，不免让人气馁。之前无论妖魔做了多少恶，就因为有后台，惩罚一概免掉，取经人要是还存着一肚子恶气，对不起，自个儿想办法处理掉。这种事出现的不是一次两次，看得多了不能不让人得出结论，只要找对后台，哪怕做恶多端也不必担忧后果，俨然是学习生存智慧的绝好教材。然而取经讲的是象征故事，咱们还是把利害计较放到一边，而来考虑些跟精神、观念等相关的东西。或许有人要问，除了计较利害还能想什么？能想的其实很多。打个比方，在家里跟孩子说话，不会只有一种话题："现在老子养你，将来你要好好孝敬老子！"也可以说："无论你将来过得怎样，我都爱你。"这么说不至于起鸡皮疙瘩吧？考虑这只灵山来的老鼠，同样可以依循取经的思路，看看它有啥象征意味。

黄毛貂鼠变身为黄风怪，领着帮喽啰从事很有前途的山贼事业。

唐僧一到，被他的手下虎先锋捉住，然后俩妖郑重其事地商量怎么吃唐僧。既然有吃人的愿望，就不能再把他当作伸着鼻子四处吸嗅的小老鼠，而是一种魔性的象征，指向某种不讨人喜的观念、情绪或思维方式。更重要的是这种魔性来自灵山，咱得对他加倍着小心。

虎先锋很快被孙悟空和猪八戒联手灭掉，黄风怪这才披挂登场，展示其炫惑的魔力。他的绝技是吹狂风，吹得孙悟空眼睛睁不开，甚至需要医治一下才能继续战斗，说明这风刮得很有劲道。原著用了极长篇幅描写大风造成的混乱景象，但是仅开头六句描写自然景物，接下来就用各路神鬼的狼狈表现反应风刮得厉害，以下摘录部分：

> 碧天振动斗牛宫，争些刮倒森罗殿。
> 五百罗汉闹喧天，八大金刚齐嚷乱。
> 文殊走了青毛狮，普贤白象难寻见。
> 真武龟蛇失了群，梓橦骡子飘其鞯。
> ……
> 老君难顾炼丹炉，寿星收了龙须扇。
> 王母正去赴蟠桃，一风吹断裙腰钏。
> 二郎迷失灌州城，哪吒难取匣中剑。
> 天王不见手心塔，鲁班掉了金头钻。
> ……
> 龙王遍海找夜叉，雷公到处寻闪电。
> 十代阎王觅判官，地府牛头追马面。
> 这风吹倒普陀山，卷起观音经一卷。
> 白莲花卸海边飞，吹倒菩萨十二院。
> 盘古至今曾见风，不似这风来不善。
> 唿喇喇，乾坤险不炸崩开，万里江山都是颤！

从天上的斗牛宫到地府的森罗殿，罗汉、金刚、菩萨、王母、二郎神、真武、哪吒、龙王，能想到的重要神佛几乎都出现了，可见这风刮得影响面极大。黄风怪不愧受过佛祖点拨，一只小老鼠就能搅得天昏地暗，让众神佛一时体面尽失。

妖怪尽显魔力，孙悟空只能逃开，另找高人求助。

有一点需要提及，孙悟空一逃走，那妖就"收风回洞不题"。《西游记》频繁描写孙悟空跟各路妖魔打斗，看上去斗得像模像样，和现实世界的斗争相比还是大有不同，现实中的斗争讲究乘胜追击，把对手撵得走投无路，直至斩尽杀绝，而在取经故事里，妖魔往往一得手就回洞庆功，完全不懂得斗争策略。把取经当作人的精神活动，掌握主动的始终是取经人，妖魔则是被探究的对象，或是在接近真经中才出现的障碍。这样的妖魔，你去惹他，他就给你难堪，你躲开，他也不来打扰。

孙悟空为黄风怪找来的高人是灵吉菩萨，他和佛祖过从甚密。菩萨不费气力擒获黄风怪，使之变回本相，然后反过来开导孙悟空：

> 他本是灵山脚下的得道老鼠，因为偷了琉璃盏内的清油，灯火昏暗，恐怕金刚拿它，故此走了，却在此处成精作怪。如来照见了他，不该死罪，故着我辖押，但他伤生造孽，拿上灵山。（21回）

如果这是一只普通的老鼠，说除也就除掉了，既然它是从灵山得的道，且有佛祖亲口关照，当然只能带走，而且还要带回圣洁的灵山，想来实在让人心气难平。佛祖会不会养只老鼠当宠物？不清楚，或许就当佛祖心怀慈悲，不忍伤一只得了灵气的老鼠的性命。唐僧在路上吃辛受苦走了多少年，灵山的影子还望不见，那只黄毛貂鼠折腾完了，却要带回灵山，唐僧听说后心理上难免要受剧烈冲击，那可比孙悟空降了妖却不能打的遗憾心情强烈得多——这可真是只毁三观的老鼠！

这只老鼠在众多有后台的妖魔里可算是佼佼者，一来后台是至尊至崇的佛祖，其他妖魔没法比，二来该妖展示的魔力相当了得，不仅孙悟空对付不了，连众神佛以至观音菩萨都间接受影响。拿他当作一大类妖魔的代表应很恰当，接下来就要找这类妖魔的对应观念。

十八 魔性自身外来

黄风怪从灵山佛祖脚边来，此事非同小可。考虑到唐僧是佛祖的好学生，他对佛祖越敬重，得知那只老鼠的来历，内心掀起的不良反应越强烈。好比有人一向敬爱某位德高望重的老先生，好不容易见着了，深感幸运之至。可是说话间听到老先生嘴里飚脏话，感觉像吞了苍蝇，对了，佛祖脚边来的老鼠给唐僧的观感，十分接近于水杯里的苍蝇。单是吃了只苍蝇，顶多有点反胃，还没什么大不了，而唐僧作为取经人，佛祖又是取经的对象，身份都不一般，那只老鼠也就跟着升格，应算作取经里的一项重要内容，需要另找实例来认识其意义。

假定有位研究生，称作唐僧同学，拜到一位著名学者门下。导师是业界大拿，创立了一种重要理论，给唐僧同学规定的任务是掌握这种理论，继续深入研究。唐僧同学不断用功，竟然发现该理论中存有瑕疵，凭他的见解怎么都接受不了。跟导师说了，导师略一沉吟，认为那不是大问题，可以忽略过去。然而唐僧同学坚持己见，不愿轻易放过，跟导师很犟了一段时间。导师也不愿顺从学生的意思，旁敲侧击或者直截了当地告诉他，那个所谓的瑕疵是理论体系的重要部分，要是承认有误，整个体系都可能站不住脚，那是导师绝对不能接受的。唐僧同学拗不过导师，只好小心翼翼地绕过理论瑕疵，继续做他的研究。

这里的理论瑕疵对应着取经故事中的"黄毛貂鼠"，真实地成为唐僧同学研究过程中的障碍。导师既是唐僧同学请来的高人，也是理论瑕疵背后的靠山。唐僧同学要想认真对付瑕疵，就得面临导师的阻碍，而导师接不接受唐僧同学的建议，决定于瑕疵对整个理论体系的重要性，如果太重要的话，导师宁愿留下"这只老鼠"，而让学生另想办法，毕竟理论的建立不是一朝一夕之功。这里导师选择保留老鼠（即忽略瑕疵）不是出于仁慈，而是为了维护整个理论体系。

一个理论体系怎么会顺便养老鼠呢？哈，太正常了，要是人整出来的理论完美无缺，这人岂不成了上帝？有一句俗语不是说么，"人类一思考，上帝就发笑"，就是指人的思考总是存在欠缺，建立起理论大厦固然有辉煌的一面，同时也顺便养点老鼠蟑螂什么的，不为调剂生活，而实在是不可难免。

换一个实例来认识那只老鼠。还是以唐僧同学为主角，这回他不跟导师计较了，而是拓展自己的兴趣，努力钻研《论语》，誓当传统文化接班人。《论语》里有一句话使他很不舒服，"民可使由之，不可使知之"（《泰伯第八》9），只管让民众去做，而不让他们知道为什么，这不是鼓励愚民政策嘛，跟现代启蒙教育，或发挥主人翁精神很不协调。这句话成为唐僧同学碰到的又一只"黄毛貂鼠"。

依孔夫子的意见，只要君子居之，就何陋之有，如今唐僧同学竟然在圣人居所内发现一只愚民的"老鼠"，还怎么能脸不红心不跳地同意"何陋之有"？执着的他首先想到找解释办法，还真找到了，将句读改为"民可，使由之；（民）不可，使知之"（出自康有为），马上感觉好多了，原来那不是老鼠，而是一只宠物兔，看上去蛮可爱的嘛。

可是没高兴多久，又看到最新研究成果，古文中找不到"民可，使知之"的用法，与"民可使由之"相似的句式倒常见（参见杨伯峻《论语译注》），所以在当时的环境里不存在那种宠物兔，那个在人们眼皮低下窜来窜去的确实是只老鼠。这下子尴尬了，让孔夫子收回这句话是不可能的，而要自己无芥蒂地接受这句话也做不到，那就只好再当一回孙悟空，眼看着那只老鼠大模大样从眼前走开。之后很久，唐僧同学想到这事还是心情难以平静，但也无可奈何，只好承认"时移事变，孔子之是非不是今日的是非"（李泽厚《论语今读》8.9）。

佛祖的得道老鼠作祟，带来一条重要启示，这个妖魔不是出自唐僧本身。前面讲到的妖魔都指人本身具有的魔性，属于人的内在秉性，说道他们就是在说道唐僧本人的情绪和思想倾向。例如嫉妒，哪种文化教给人嫉妒？或者问哪种文化圈的人没有嫉妒？嫉妒这玩意儿是人的本性，跟文化不文化的没关系，因此嫉妒这妖的确是人的内在魔性。黄毛貂鼠却很特殊，是由佛祖的理论体系衍生出来的附产品，对唐僧就是一种外在魔性。

　　外在魔性的一个实例是由封建思想衍生出的性别歧视，也就是重男轻女观念。"封建"是对存在过的历史时期、制度、文化体系的总称，"思想"则是存在于人头脑里的东西，当封建碰到思想，恰好似唐僧撞见妖魔的时刻，刹那间阴风惨惨、哮吼喧天，奇形怪状的妖魔窜了出来。哪怕时代和风气全变了，封建成了过去时，跟封建有关的思想这玩意儿却还阴魂不散，整出不少事儿来——领着群女娃天南地北打游击算是温馨的，为生男孩而离婚再婚的比较不怕麻烦，弃婴（当然主要是女婴）时时都有，还有更出格的，直接出命案，所有这些都是历史遗留的思想妖魔在现实的人心里做怪的结果。

　　既已提到歧视，就依内在和外在魔性的分别再观察几种：

- 种族歧视：由社会环境灌输给人的，属于外在魔性。

- 宗教歧视：外在的。

- 财富歧视：说白了就是嫌贫爱富。财富人人渴望拥有，但是因人有财而高看一眼，因贫穷而不屑一顾就是个性问题了。嫌贫爱富好像是个社会观念问题，属于外在魔性，但是考虑到价值判断无所不在，以财富多寡做论断出自人的本性，因而这种歧视仍然属于内在魔性。

- 职业歧视：人们选择职业时都存偏好，但是从偏好到歧视就跨过了不必要的步骤。古人把各种职业分为三六九等，人为地将一种歧视魔性灌进人心里，因此这应属于外在魔性。

- 外观歧视：通常表现为好美恶丑，喜欢白的，高的，出自人的本性，属于内在魔性。时下流行白富美、高富帅的说法，把心底的魔性端到台面上，真个是魔怪横行。

取经人专好降妖除怪，这回碰见一只灵山来的老鼠，是不是也一棍子打死？恐怕没这么容易。取经人始终在内心里行事，所能对付的全是主观上的东西，而外在魔性拥有客观的来源，即存在于经书上、教条中，取经人可以消减那些魔性对自己意识的影响，却无法清除其客观存在，所以最终除了让高人把他们领走，还真就没别的办法。这很类似网上不喜勿入的影像，不小心看到了，也被恶心到了，但能拿它怎样？也就是关闭网页，"礼送出境"。

第五章 第三类争斗

十九 观念争斗分类

一般认为地球是从形成太阳系的原始星云演化来的，称作原生星体，月球则由地球和另一颗星球碰撞后产生的碎片凝聚而成，称为次生星体。通过黄毛貂鼠事件得知魔性可能来自外部，于是妖魔也有了原生与次生的分别：

- 原生妖魔是人的内在魔性，是个人他就有，无可摆脱。羡慕、嫉妒、好奇、虚荣都是原生魔性，原著中列举的六贼和七情也归入原生妖魔行列。

- 次生妖魔算作外在魔性，是由思想文化产生的，在教化过程中灌注到人心里。外在魔性根本上还是由人造成的，只是经由思想文化间接传播，因而说是次生的。性别歧视、种族歧视、职业歧视都属次生魔性，故事里的黄毛貂鼠、黄眉怪、赛太岁也属这一类。

凡事有例外，"情因旧恨生灾毒"的百眼魔君似应属原生妖魔，但是被毗蓝婆收走，得到次生魔的待遇（73回）。跟观音院老院主相好的熊黑怪被观音相中，收去当守山大神（17回），似乎应算次生魔，但是仔细分析观音院失火过程，将他划入原生魔更恰当，后文会提到。

既然思想文化能够招来妖魔，孙悟空难免要追根究底，直接向思想体系挑战，这样的战例还真有，就是举众皆知的大闹天宫。这么一来，孙悟空所经历的数不清的争斗就分为三类：

第一类，跟原生妖魔战斗，就是跟人的本性斗争，扫除六贼、七情都属这类；

第二类，跟次生妖魔战斗，是跟思想文化所招来的魔性斗争，与众多有后台的妖魔战斗便属此类；

第三类，直接跟思想体系斗，典型战例当然是闹天宫。

原著中孙悟空执行起第一类争斗来最麻利，手起棍落，六贼和七情纷纷毙命，然而细较起来过于乐观。原生妖魔是人的内在魔性，属于人的本性，因为给人制造麻烦，必须想办法克制，但是只能做到一定程度，要是以为能够彻底抑制，那就小瞧了人的本性。仙佛思想体系得以产生，一个重要目的就是对付内在魔性，要是魔性早早受到抑制，思想体系也就因缺乏演化的动力而建立不起来，更不要说如此种类繁多的神、仙和佛了。例如关公称帝是很晚的事情，他的拿手本事是重义，而儒家一上来就强调见利思义，要是实践效果不打折扣，就轮不着关帝爷上位。

三类争斗的发生有个先后次序，这里仙工以自己对历史的粗浅理解，给出三类争斗发生的简化过程（胡诌的，不足为据）：

1. 草创阶段。

观念世界的最初景象可能是这样的：

那时候天地蛮荒，大地上游荡着原生魔怪的魅影，鄙视、怨毒、固执、邪恶四处横行……

然后轰隆一声，圣人出现了，刹那间万丈光芒照亮大地，耳边回荡着震聋发聩的话语：

"君子喻于义，小人喻于利"（《论语》4：16），以君子的崇高形象为榜样，引导个人近义而轻利，有效克制嫌贫爱富的内在魔性；

"君子怀刑，小人怀惠。"（《论语》4·11），仍然由君子引领，用法度克制见利忘义的毛病；

"子绝四：毋意，毋必，毋固，毋我。"（《论语》9·4），意、必、固、我都是紧紧依附于人心头的魔性，这回圣人亲自示范，像对待附着在脚踝上的水蛭，抠下来，捶扁。'毋'和《心经》里的'无'相通，都指征心智的除魔功夫，依附于圣人的孙悟空果然手段了得！

"君子务本，本立而道生。孝弟也者，其为仁之本与！"（《论语》1：2），没有准数的生活没搞头，个人一定要寻求信念的根本，那就是孝了，有了孝就有道，然后又有仁，人生的一切都能搞对方向；

……

2. 思想体系的稳固和流行。

观念中进行了无数场激烈战斗，妖魔的阴云日益散去，一整套思想体系建立起来，神佛形象也在克制原生魔性过程中声誉日隆。

然而思想体系在树立大批神佛模范的同时，也养了一窝又一窝老鼠，"民可使由之，不可使知之"就是这么一只老鼠，"君君、臣臣、父父、子子"更是为害不浅的大老鼠，其他如三纲五常、三从四德、"存天理，灭人欲"等等老鼠纷纷出笼。考虑到原生魔怪清不干净，次生魔怪又喧嚣扰嚷，一时天地间又成了群魔游乐场。

3. 跟思想体系做斗争。

终于有人看出来，魔怪纷纷的罪魁祸首正是思想体系本身，愤怒指出所谓仁义道德无非是吃人，妖魔狠毒！人们群起响应，喊出"打倒孔家店"的口号，把好不容易建立起来的思想体系来个连锅端。用象征方式看，这正是第三类争斗，就是孙悟空（心智）跟天宫（思想体系）闹别扭，上演精彩激烈的大闹天宫。

4. 思想体系被推翻之后。

次生魔被釜底抽薪，三从四德那一套成过街老鼠，"君君、臣臣、父父、子子"更没人提，世界似乎清净了。可是，世界并不太平，那些四处飘浮的魅影不还是原生妖魔？他们从来没有被剿灭过，如今更借着弘扬人性的东风重回前台，而且唱得更欢了。于是观念世界又回到原初模样：

这时候天地重回蛮荒，大地上游荡着原生魔怪的魅影，鄙视、怨毒、固执、邪恶四处横行……

内在魔性很像人身上的慢性病，高血压或糖尿病，必须用外药治疗，然而一方面这类毛病不能根治，另一方面，是药三分毒，用药太久又带来肾、肝、脾等脏器的衰变。此时进入僵局，用药是死，停药还是死，似乎没办法了。

就在看似无解的关头，观念中又出现一道光亮，唐僧长老站出来说，事情不至于进入死局，既然原先引入的神佛没解决完问题，甚至带来更多问题，一定是他们所对应的道理不够真，那么我就上路，求取最真的经，由真经引领，走出困境。由此才有取经！

以上争斗模型给出了四个步骤，看来要加入第五步，取经，由真经来引领心与魔的对抗。五个步骤中第三类争斗是枢纽，之前心智专心跟妖魔斗，对待神、佛等思想体系相当信任，无非是有所偏好、有所选择；之后心智跟思想体系再也不能相处无间了，有时甚至混淆神、佛和妖魔之间的区别。取经一方面要重新辨认神、佛，更主要的还是寻求最真的经、最能的神。

第三类争斗出现得最晚，却以闹天宫的方式最早展开，说明故事以取经为界限，讲的是心与神、魔间的新一轮争斗，里面一定包含十分特别的内容，需要详加探查。同时也要注意到，模型和故事存在很大偏差，一是闹天宫失败了，众神佛依然处于受尊崇的状态，取经人是个什么心态就很值得玩味（这里的取经人是对凡人唐僧和孙悟空的合称）；二来取经人仍然在与众多原生和次生妖魔做斗争，跟第三类争斗发生之前相仿，闹天宫似乎没起到应有效果。

闹天宫是原著中的重要篇章，是得好好观看了。虽然整个过程都是孙悟空在闹，唐僧作为心智的宿主，并不能脱离干系。要是觉得不直观，那就接着往下读，取经人在路上又进行了一场激烈的第三类争斗，猜猜看，是哪几回？

二十 皈依何不趁早？

闹天宫那些事儿家喻户晓，过程就不多说了，这就直接奔结尾去。天宫收拾不了孙悟空，只好请如来佛祖帮忙，如来出手分三步进行，一是和孙悟空对话，试图说服他，二是比试手段，验证出"孙猴子跳不出如来佛手掌心"的结论，到第三步才不再废话，直接搬座五行山镇住猴子。先把焦点放在第一步，看看佛祖表达了什么。

佛祖来到孙悟空闹天宫现场，先自报家门，"我是西方极乐世界释迦牟尼尊者，南无阿弥陀佛"，然后叫对方自我介绍，并且说明闹天宫的理由。孙悟空诌出一段韵文，且选如下几句作为重点：

> 炼就长生多少法，学来变化广无边。
> 因在凡间嫌地窄，立心端要住瑶天。
> ……
> 强者为尊该让我，英雄只此敢争先。

佛祖报以冷笑，接着说明玉帝得此尊位自有原因，

> 他（玉帝）自幼修持，苦历过一千七百五十劫。每劫该十二万九千六百年。你算，他该多少年数，方能享受此无极大道？

然后劝他"趁早皈依，切莫胡说！"

这一段明里是两个人在对话，玉帝作为第三方等结果，如果顺着取经思路，把整件事放回到心里去，那么思考的主体只有一位，取经人的心智，思考的对象有两个，一是以玉帝为代表的现成思想体系，另一是以佛祖为代表的可选思想体系。当思考主体在两种思想体系之间做选

择，这段对话就呈现为三个部分：

1. 主体有一颗不安分的心，不想随便皈依。
2. 玉帝体系由来已久，应该可信。
3. 佛祖体系被请来做援军，似乎更可信。

三部分都需要做细致讨论，本节先对付第三个，看看佛祖的意图。

佛祖作为天宫的援军，来劝孙悟空歇菜，说完得尊位你没资格，来了一句"趁早皈依"，要求相当特别。如果孙悟空是普通的土匪或反贼，让他投降或者掩旗息鼓就完事，但孙悟空是颗躁动的心，玉帝和佛祖都是思想体系，用词当然不一样。"皈依"，是要求他信点啥，通过信来抑制那蠢头蠢脑的躁动。让他信谁呢，玉帝？那不扯嘛，要是可信不早就信了，用得着这么闹腾？况且佛祖也领导着一个思想体系，放着到手的猎物不要，推给别人？所以佛祖既然来了，不但帮玉帝的忙，还要搂草打兔子，拎个猎物回去，孙悟空在他眼里就是只活蹦乱跳的大兔子。

弄明白佛祖的意图，咱们轻击鼠标，来个回放。

佛祖郑重而又大有深意地说："趁早皈依，切莫胡说！"

仙工情不自禁跟着嚷："皈依何不趁早！"

马上周围刷刷地投来鄙夷眼神，啥玩意儿，小人一个！别急着评判，仙工这话是冲佛祖说的，急切之情已经溢于言表，内中深意不知佛祖可能领会。如果佛祖不察，各位可要注意，让那猴子皈依是宜早不宜迟的事情，千万耽误不得。

皈依要趁早的要求不仅对躁动的心有效，对被信体系来说也同样迫切，这一点上玉帝干得不错。想当初孙悟空一闹出事端，天庭马上招他上天宫，封官赐禄，纳入体系。天庭对于接纳孙悟空用心良苦——他喜欢躁动，就让他管马，用天马来消磨他的心思，世上再找不到比这更恰当的待遇了吧？他还不满足，要当齐天大圣，行，就封他齐天大圣，还给起座齐天府，总该满意了吧？在此之外天庭还做足功夫，在齐天府里设安静司和宁神司，希望他从此心宁意静，再无退思；还让他管蟠桃园，有事做，一出门就面对山水佳树，放眼望去，但见仙气缭绕、意境辽远，不信他这心思收不回来。

后来的事情大家都知道，猴子不上道，不得不请佛祖来收拾他。佛祖有的是本事，对付他似乎足够了，但是仙工以为佛祖除了劝他皈依的片言只语，没把工作做到家。佛祖跟孙悟空比试了一下功夫，等于进行了一番论战，孙悟空能想到的论断和疑问，佛祖都有解答，于是得出"孙猴子逃不出如来佛手掌心"的结论，但是孙悟空并没有当场皈依，佛祖也没强求。事后佛祖给了孙悟空五百年时间受罪加反省，又给了他十四年跟着唐僧走向灵山，似乎皈依这事妥妥地搞定了，仙工却觉得这里有失算的风险，不妙就不妙在取经上，因为"取经"里面大有说头。

如果一时不容易弄清楚一样事物的面目，不如花点心思在它的对立面上，记住了对立面的特征，从反面看，这样事物的状况也就大致把握了。说了这么久的取经，它的对立面是什么？直观上说，当然是妖魔，他们老挡道，还时不时要吃取经人，取经事业差点被他们毁了。那么要问，天宫的神仙时不时下来扮演妖魔角色，是不是也跟取经对立？佛门的大佛菩萨，甚至观音本人，也经常派下属为难取经人，难道他们也在取经对立面？细较起来有点乱，仙工不准备扎进去搅缠，而是换个角度论道这事。

不妨做个假定，某个妖魔捉住唐僧，心一急，真就把他吃掉了，故事结束了，给唐僧办后事吧。追悼会一定很隆重，各方仙佛都派人来悼念，花圈花篮摆满灵堂内外。悼词将这么起头，"伟大的取经人，杰出的……唐僧长老……"，"杰出的"后面跟一长串头衔，具体有哪些再去设计，无论如何，取经人这头衔给他戴定了。

换一种状况，唐僧没被妖魔吃掉，而是功德圆满，带着经书回到东土，继续佛法传播事业。某一年他去世了，给他的悼词还用"伟大的取经人"，合适吗？

譬如说逝者是位老革命，悼词写上"优秀的儿童团员、共青团员……"，家属能答应吗？嫌这种表达不准确，改成"优秀的前儿童团员、前共青团员"，还不满意？再换，"杰出的前儿童团员……"，还没念完，椅子腿儿横飞过来，接招吧！……

一个不准确的头衔，换什么修饰词都没用。对唐僧师父的头衔处理起来也很费事。"取经人"怎么着也比"儿童团员"金贵多了，不写上太可惜，但是直接写明显不准确，因为取经结束了，他早已不是取经人。而要用"前取经人"，怎么看都别扭，咋办呢？

悼词怎么写咱用不着费心，通过这事能够看出一个问题，取经的对立面好像出现了，就在取经成功上头。妖魔固然阻碍了取经，甚至打断取经事业，但是只要有人对真经念念不忘，仍然能够上路取经；只要真经没现身，取经人就有事可做，而不管他叫糖（唐）僧还是果僧。

取经得以成为一件事，依赖于三个条件：

1. 相信存在真经；

2. 真经尚未到手；

3. 取经人上路求取真经。

那么妖魔在其中起什么作用？瞅来瞅去，没见着妖魔的影响嘛！好比说有人想考大学，上学路上总有小流氓寻衅滋事，他奋起反击，把小流氓揍了个遍，然后问他考上大学了吗？天晓得！显而易见的倒是街头诞生新的一霸，要不要为他喝彩？同样道理，妖魔只是取经过程中出现的事物，跟上学路上遇见的杂货铺子煎饼摊以至花花草草差不了太多，对于工作本身没有实质意义，他们来自山野还是天宫或佛门也都无所谓。

对取经最有所谓的还是真经——如果取到了真经，任务就完成了，取经不再是个事儿；如果觉着对真经还没把握，那就接着取，取经人头衔仍然牢牢扣在头上。说白了，真正能够"消灭"取经人的只有真经，至于妖魔，无非是些不及实质的障碍而已。

把真经树到取经的对立面很有诡辩的意思，但是仙工的真实意图是想给取经找个参照，通过参照来加深对取经的认识。取经的参照当然不是真经，而是真经后面的修行意识，真经作为一道界限树立在两种意识之间——没得到真经的是取经，得到了真经，照着真经做，就是修行。要说什么是取经不太清楚，什么是修行就容易把握得多——到庙里去看看，戒荤戒色是修行，不赌博不妄念也是修行；拿本书来翻翻，非礼勿视、非礼勿听都是修行。教人别胡搞的都有修行的意思，其背后必定视某种道理为真经，然后劝人照着做。把取经看作和修行相对，就不必急着要人戒这个戒那个，先把道理整明白要紧，而道理并不容易搞清楚，真经之真可不是白给。取经的要点首先是怀疑，肯定与否定中的反复辩难，还要引出许多悖论……取经不容易！

回到佛祖这儿来。佛祖让弟子取经，首先要掂量一下，问问手里托的是真经吗？如果是，上世纪七十年代末搞真理标准大辩论的时候，怎么没人站出来说"判断真理的唯一标准是佛经"？对不起，这是把故事和现实搞混了，但是仙工的态度一直没变，真经是啥是需要详加询问的，不能你说是就是，较真经的真对每个人都很重要。无底洞难题在那儿摆着呢，谁要说掌握了真经，得先过这一关再说，如果以前没想过，现在就开始想，啥时候都不晚。

佛祖想要孙悟空皈依，是想让他进入修行，那就应毫不松懈，像按住一只兔子，让他立即皈依。他没着急，还主动发起一场危机四伏的取经，一旦拿真经当回事，危机四伏的可不是取经人，而是号称手握真经的佛祖本人。让孙悟空参加取经，就是主动把他推到自己的对立面，什么时候他能转变过来，并不取决于战妖斗魔顺利与否，而在于佛祖手上经书的真实程度，对此他有心理准备没有？多年之后，他会不会为当初没把孙猴子当兔子摁住而后悔？

二十一　修持最苦属玉帝

镜头一，唐僧同学刚拿到高考成绩单，又从校长那儿搞到一封推荐信，兴冲冲跑去找名校来的招生老师。老师打开推荐信，上头写着"该生持续做题能力特别强，二十四小时不吃不睡没问题"，然后看看成绩单，总分不及满分一半。

"你是校长亲属？"老师问得谨慎。

"不是。"唐僧同学不明所以。

"校长贵体无恙吧？"老师问得更和蔼了。

镜头切换。

云汽缭绕，天宫殿宇隐约可见。孙猴子怒气冲冲，高喊："我本事最大，更有资格登尊位！"

佛祖沉稳反驳："玉帝自幼修持，苦历过一千七百五十劫。每劫该十二万九千六百年。你算，他该多少年数，方能享受此无极大道？"

1750乘129600等于2.2亿年，正是三叠纪中期，鱼类、两栖类和爬行动物开始出现，恐龙还要过三千万年才钻出蛋壳……

"不对！他玉帝只知道苦修，算什么本事？！"

猴子反应很快。

但在故事里孙悟空并没想到这一茬，倒像是接受了，观众也没就佛祖的回答文不对题而提出异议，很奇怪。仙工猜想俺们心中存有很多转换器，把各种不合逻辑的说法、不合理的事物，不自觉地转换为合情合理，然后欣然接受。佛祖的解说也利用了一种转换器，本节就试着拆开这部仪器，搞清它的工作原理。

灵霄殿正中那位子不必然属于玉帝，有一阵子太上老君坐上去问过事，后来元始天尊也上去过，再然后老君、元始天尊和作为道的化身的灵宝天尊一道上去共同执政，号称"三清"。仙工说的可能不准确，看道教历史就知道，情况异常复杂。《西游记》出现的时候，那位子已经属于玉帝了，中央政治局由三常委共同执政恢复为孤家寡人独裁，符合"天无二日，国无二主"的传统。玉帝是个什么来头，是不是传说中的皇天上帝，仙工不准备去追究，因为考证属于基础研究，仙工只喜欢拿现成材料做应用。现有的材料就是佛祖冲孙猴子说的那句看似合理，其实牛头不对马嘴的解释，仙工就依自己的理解来把牛头对回到牛身上，让马嘴和马脑袋凑一起。

孙悟空闹起来了，越发看重自己的本事，包括身形变化、膂力、金箍棒运用等，都属于现实思维认定的个人能力。佛祖一席话，向孙悟空揭示了一个事实，修行得够用心、够长久，也是个人能力，而且比武力更重要。承认这种能力，背后首先已承认修行是一项重要任务，人人都得执行。在传统文化氛围里，取经是个异数，是特定时空环境下发生的偶然事件，和取经相对的修行倒是普遍现象，佛祖的解说把修行能力当回事去堵孙悟空的嘴，就是凭借大众对修行观念的认可。

修行是传统认定的重要美德，也可说是首要美德。和修行类似的说法还有修持、修身、修养、修为、修德、修炼，实质都一样，已经肯定了某种道理为真经，只管照着道理做。和修行相对的是取经，就是认为还不掌握真实道理，正在寻找途中。取经是异常、偶然，跟孙猴了一样，是天地间的一个异数。现在就把异数撇到一边，关注一卜普遍状况。

既然看重修行，下意识里认为真经已经到手了，另一种情况是有没有真经无所谓，只要是修行就是好的，佛祖的话背后含义更倾向于后一种。"玉帝自幼修持，苦历过一千七百五十劫……"，自幼修持，很小的时候就投身修行事业，对事业的目的、意义当真理解多少？依仙工的理解，把理论说清楚的是老子（老君），他是春秋时代才出现的人物，玉帝从三叠纪就开始修，没有系统理论，只是在黑暗中摸索。这就像有人故意延长工龄，把识字的时间都算进革命资历里去，目的是多捞待遇。

这么说有点胡搅蛮缠的味道，再瞅孙悟空，当时没有提出丝毫异议，而是用"皇帝轮流做，明年到我家"来胡乱回应，真够乖的。

讨论取经、修行，真经都是一个重要因素，但是到玉帝这儿，真经因素渐渐淡出，把重点让位给修行本身，于是玉帝形象的实质面目开始出现，即玉帝形象不必对应传说中的皇天上帝，而就是修行本身。孙悟空是象征人物，玉帝当然也是，让他象征修行没什么不可以。有句话叫"现象即本质"，当佛祖说"玉帝自幼修持……"，不是在讲玉帝这位爷有过怎样的光辉经历，而是在描述玉帝形象本身，玉帝就是修持，修持就是玉帝。大众崇拜的是修持，你这猴子对应躁动的心，想要天宫让位给你，即让大众转来崇拜你，那得问大众答应不答应，在当时修行进行得如火如荼的情况下，这事门儿都没有。

现在回顾一下整件事的前因后果：

1. 一般观念认同"实践出真知"的看法，生活中行得通的道理就是对的，好的。

2. 生活实践证实修持是良好习惯，应予推广。

3. 修持的确太重要，咱们就来拜修持吧，至于老君、三清、皇天上帝，还有真经，统统撸掉，灵霄殿正中端坐着修持最顺眼，修持的尊号就叫玉帝。

4. 孙猴子很会来事，本领也不小，就困惑了，玉帝没啥本事啊，大众为啥拜他不拜我？

5. 佛祖说玉帝苦苦修持就是本事，而且比你大多了，你就歇菜吧，灵霄殿上的格局不会变。

6. 唐僧同学哭了，我跟玉帝一样勤勤恳恳、任劳任怨（满卷纸的红叉叉都是怨哪，我全认了），为毛不让我上名校？

逻辑就是这么乱起来的。

佛祖堵住孙悟空的嘴，紧接着说"趁早皈依，切莫胡说"，不妨解读成诉苦加鼓励：

"兄弟，我和你的苦衷是一样的，群众都去拜玉帝，不来拜你，当然也不拜我，我也不忿着哪。但是单靠胡言乱语和挥棍子不济事，而要从长计议，从长计议……"

再往下佛祖不说了，看他如何做却明明白白。这事的根子出在真经上，大众只认可修持，忽视了修持背后的真经，抓住真经这个眼，就能撬动全局。玉帝那修持，说句不好听的，是无理论修行，误把自我约束当全部。真正的修行应该有理论有方法，佛祖关孙悟空五百年，何尝不是花五百年打磨理论，等到大白天下之日，向世界宣称真经在灵山，就能把扭曲了的观念扭转回来。让取经人费点周折取到真经，其后的修行是以灵山佛祖理论为蓝本的修行，玉帝的苦修就落伍了，到那时，大众自然只拜佛祖而不拜玉帝。

针对"孙猴子跳不出如来佛的手掌心"还要再补充一句，把佛祖和他的理论体系联系起来，就知道他所凭的是理论分析能力和一系列独特原理和结论，孙悟空来闹事，就是提出各种质疑，佛祖一一解答。用一个成语来表达就是"自圆其说"，一套理论要笼络住人心，自圆其说是基本功，所以只要佛祖伸出手来，孙悟空肯定跳不出去。然而这话对玉帝不成立，因为玉帝是从生活现实上升到象征世界的高位的，理论没在里面起主要作用，当然也就用不着他来自圆其说。

佛祖的计划看似圆满实现了，仙工却跑出来发不和谐音，指明真经到底是咋回事仍然不清楚，有待重新计议，这才有了仙工谈论的取经。传统上修行是人生第一要义，仙工却越看越不明白，觉得真经不清不楚，修行无从开始，所能讨论的只有取经。一旦拿真经当回事，真经就躲到云天之外，取到真经的日子遥遥无期。

二十二 天宫秘史

偶然间翻到一本书，梁漱溟的《中国文化要义》，第10章第2节《向里用力之人生》，明着讲传统社会为何强调自我鞭策、向里用力，跟取经故事一对照，简直是部天宫秘史，详细讲解了玉帝如何获得萧何、张良那样的左膀右臂，如何明争暗取，最终登上大位。这就摘录几段，并附加解说，以进一步了解玉帝的真实面目。

> 从伦理本位职业分途两面所构成的社会，实无时无刻
> 不要人向里用力。

梁老所说的"向里用力"，正是玉帝最爱干的"修持"，就是自我约束、自我鞭策，外加自我压抑。"向里用力"很好地表现了这种作为的行动一面，并且表明，其背后没有玄妙理论做依托，无非是生活环境的两项条件造成的，一是伦理本位，一是职业分途。因其作用特别大，就是最须注意的要点，形象地看就是辅助玉帝夺得大宝的股肱之臣。

> 一个人生在伦理社会中，其各种伦理关系便由四面
> 八方包围了他，要他负起无尽的义务，至死方休，摆脱不
> 得……在此不许离之前提下，有说不尽的委曲，要你忍受。
> 况且又不止主观上不忍离，或旁人责备之问题；而是离绝
> 了，你在现实生活上就无法生活下去。

伦理本位一上来就把人锁死在一张伦理关系网中，主观上不忍脱离，客观上也脱离不了，接下来心理上能做的只有一个字——忍。常见到街头卖带"忍"字的物件，从大幅书法到钥匙挂件，一直不太明白，原来其来有自，是神仙张良开给玉帝的成功第一要诀。

所有反省、自责、克己、让人、学吃亏……这一类传
统的教训，皆有其社会构造的事实作背景而演成，不可只当
它是一种哲学的偏嗜。

心理习惯制造了一系列传统教训，传统教训反过来又强化了心理习
惯，经过反复相互促进，规矩固定下来，成了铁律，再没有反省或跳脱
的可能。到这地步，大势已成，管它是生活的哲学还是哲学的生活，它
就是真经，无可辩驳。象征地说，玉帝已位高权重，只差黄袍加身，叫
你拜你就拜吧，别无事生非问为什么，没人知道，也没人关心。

旧日中国为职业分途的社会，其间贫富贵贱，升沉不
定，流转相通。职业分途，则开出路来让人自己努力，而自己
努力者，即往往须要向里用力……他只能回环于自立志、自努
力、自怨责、自鼓舞、自得、自叹……一切都是"自"之中。尤
其当路走不通，要归于修德行，那更是纯正的向里用力。

职业分途可与阶级社会相对照，后者强调出身，生下来是贵胄，势
必不屑和下层人物到一个锅里舀粥喝。自打秦孝公带着商老爷子把领导
干部职业化，又经过无数次社会震荡，世袭贵族成了传说，人人都有糊
口的压力，挣多挣少，无非是份职业。相应的，富不过三代、行行出状
元之类的说法出来了，个人努力起到看得见的效果，自我鞭策就受到特
别重视，这么一来，神仙萧何起到大作用，在象征世界给玉帝更上层楼
加了把力。

由于社会构造的这一面——职业分途一面——为事实
背景，于是自然就有："勤俭持家"、"刻苦自励"、"吃得苦中
苦，方为人上人"、"人贵自立"、"有志者事竟成"、"天下无
难事，只怕有心人"、"将相本无种，男儿当自强"……这一

类传统教训。

传统教训和生活习惯相辅相成，不觉间在象征世界完成了一桩壮举，把刻苦自励的楷模——玉帝，拱上了尊位，用民心所向、众望所归来形容，丝毫不过分。

然而在佛祖看来，修持应由抽象思考开始，从玄妙理论归结到具体行动，玉帝仅凭无影无踪的观念和一系列格言就上尊位，简直是个笑话。象征世界里的观念就是权力，要更改"权力系统"，纵横捭阖搞政治不行，想办法转变民众观念才是正道，于是才有佛祖发起的、唐僧执行的观念中的取经。

> 乃至中国皇帝在这里亦不例外。——他一样地要向里用力才行。……他的命运亦要他自己兢兢业业好生维持。他亦与士农工商之四民一样地有其得失成败之大道……"自天子以至于庶人，一是皆以修身为本"，凡此殆莫非这特殊社会构造之所决定。

把皇帝也当成一种职业，好像失之武断，不过皇帝要和士农工商一样兢兢业业，道理上说得过去。至此无论处于哪个位置，心理上都要勤勤恳恳，自抑自励，修持意识进一步深入人心，形象地看，玉帝已在灵霄殿尊位上坐稳了。

佛祖用文不对题的回答镇住猴子的嚣张气焰，全社会对自我压抑的认同才是最终依据。不过孙悟空对这答案显然不满意，要是甘心自我压抑他就不是猴子。表面上孙悟空反对的是玄秘的神仙体系，换上世俗思想的内核，他的闹腾针对的还是压抑人的社会文化氛围。自我压抑不是每个人都办得到，也不是每个人都心甘情愿，猴子实现了人们心底里的愿望，所以虽然他做得很出格，现实中严重行不通，但还是受到热捧。

以玉帝为首的天宫构成现有思想体系，代表着建立在伦理本位和职业分途等基础上的现实生活，孙悟空和天宫对立，表明人心中的愿望从不被现实彻底压制，一颗躁动的心和整个观念世界对立是完全可能的，至于历史条件、社会思潮、舆论准备之类对猴哥都属多余。孙悟空的胡闹分明是要伸展自我，天宫和自我起源不同，遵循的规律不同，矛盾将永远存在，因此针对孙悟空的闹天宫不必感到意外，就算佛祖把道理讲得再清楚，咱们还是要给猴哥送花点赞。

二十三 少爷的烦恼

看完闹天宫的结果和闹的对象，再把视线转移到起始处，瞅瞅孙悟空开闹的原因。

孙悟空作为新生，进天宫后一再受到优待，竟然不守规矩，很不像话。他如果是一般角色，闹天宫的过错当然都在他身上，但若认真看他作取经人的心智，他、众神和天宫的定位将发生变化，闹天宫的起因就另有说法。不妨先看一个模拟闹天宫的故事。

假设有个小朋友，六七岁，一直住在大宅院边角的马棚里。这天管家来找他，说他长大了，要给他发蒙，做法是领着他参观大宅院。院子规模宏大，房间众多，设施精美，仆人侍女往来不绝，小朋友大开了眼界。

"你真走运，少爷，"管家兴致高昂地说，"这么大的宅院全是你的！"

"什么，我的？！"小朋友差点惊掉下巴，"那为什么让我住马棚？"

"呃，这是规矩。"管家略一迟疑，轻声说。

"我什么时候搬去上房？"刚才见过上房院落，房间收拾得干干净净，样样东西整齐美观，在他来看跟传说中的仙境一个样儿。

管家摇头，"那边没有你的地方……"

"为什么？！"小朋友惊叫道。

管家示意他小点声，拉到墙边，认真地盯住他。

"你得懂规矩，这院子虽是你的，但是没给你留地方，就算马棚也不该让你住，还是我费了好大口舌才帮你争取到的。"

小朋友想了又想，觉得自己是该长大了，说话得先考虑清楚。

"老爷呢，我去跟老爷说。"

"你就是老爷。"

"我？！"看管家的脸绷得赛门板，不像是开玩笑。小朋友来了主意，"那么我决定，马上搬到上房去住。"

"不行，那边没有空房间。"

"我是老爷，你竟然不听我的，我要辞了你。"

"我是想听你的，但是规矩不允许。你也没有权力辞退我。"

"我叫人打你！"

"他们也不会听你的。"管家不动声色，沉静如墙。

小朋友脑子快乱掉了。"算啦，别哄我了，我本来就是长工的孩子，只该住马棚。让我回去吧。"

"但是还没看完，咱们接着走。"

来到一处卧房，小朋友盯着床柜出神。床上纱笼轻得像云，被单上花团锦簇，对照起来，马棚岂是人住的地方！

"我真是主人吗？"小朋友转回头，眼神冻在管家脸上。

"当然，少爷。"管家依然保持谦恭。

"那为什么不让我住这儿？"

"这里有神仙住了。"

"神仙？"小朋友转忧为喜。

"对，住这里的都是神仙。"

"他们在哪儿，我要见见！"

"你已经见到了，喏，那张床，就是床神，床上的枕头，就是枕仙……"

小朋友一愣一愣的。管家好会哄人呢，或者他今天闲得发慌，拿小孩逗乐。

"咱们这院子很特殊，"管家拍拍他的肩膀，"等你全了解了，也就习惯了。"他把小朋友拉到石桌边蹲下。"咱们这宅院不是普通的院子，而是天上胜境。这里的每样物件都是神仙，只要有神仙的地方，你就不能住。马棚里东西也不少，让你住进去，已经是天大的恩赐，你应该感到荣幸……"

小朋友一声不吭，发蒙成了发懵。他意识到自己太年幼了，理解不了成人的想法。

"你需要做的就是适应再适应，你能的！"管家把修得极富条理的胡须对准小朋友，好像要他的脑筋也立即条理起来。

小朋友嘴巴噘了噘，突然仰面躺下，大哭起来，"我不干！我要住上房，我也要当神仙！"

管家赶紧拉他。"别吵，千万别吵。你想当神仙？给我几天，我帮你想办法。"

隔了两天，管家又来找正为自家扛活的少爷，领他来到一处空房间。

"你愿意当神仙，很好，我帮你申请到这个房间，以后你就住这儿。"

小朋友看着空荡荡的房间，高兴劲儿一扫而光。

"可是这里什么都没有啊……"声音像来自水底，生怕管家又推他进思维风暴。

"正因为没东西，你才能住，要是有了，就等于有神仙入住，你就得搬。"

是，是，去他的神仙！不过这里好歹整洁，说出去不怕别人笑话。这两天马棚越瞅越破，快呆不下去了。

"我就睡地上啊？……好吧。"他无精打采地朝门口去。

"你上哪儿？"管家扭过头，身子拧成根麻花儿。

"我去喂马。"

"以后不用管马了，就呆在这儿。"

"这里什么都没有……等到睡觉的时候我再来。"

"不行，这是你的住处，你得一直呆着。"

"那多无聊啊！"小朋友急得身子直扭。

"而且不能乱走动，只能盘腿坐着。"

"那不成木头人？"

"你不是要做神仙吗？神仙就是这样的。"

小朋友瞪大眼睛瞅着他，充满委屈和不解。

"要是嫌烦，你就瞅墙上，"他指向墙上的两幅字，"安静"和"宁神"，"要学会冥想，进入状态，烦恼就没了。不用多久，你将成为合格的神仙。"

小朋友嘟了嘟嘴，"我不要住这里，不跟你们玩啦！"一扭头，纵身跃出门槛，飞下台阶，一溜烟跑了。

后面管家高喊："主人跑啦，追呀，快把他捉拿归案！……"

闹天宫的起因就是这样的，讲解得搁下一节，天色不早，回家淘米去了。

二十四　主客之争

　　孙悟空跟天宫众神大闹了一番，要弄清起因，首先得重新确认孙悟空的身份地位。本文已经得出结论，孙悟空是个象征人物，对应取经人的心智，以此为出发点来跟众神佛以及妖魔比较，他就处于非常特殊的位置。观念世界里多的是神、仙、佛、魔，孙悟空属于哪一种？书上说他是妖仙，既是妖魔也是仙佛，是不是这样？然而回答为否，在神、仙、佛、魔的分类里面孙悟空一样也不占，他有自己的独特地位。

　　主要角色都生活在观念空间里，神、仙、佛、魔是被"观察"到的对象，只是神、仙、佛很受推崇，妖魔一伙极受贬抑。被观察到的都是客体，孙悟空所代表的心智却是思考者、观察者，所以他是思维主体，一定程度上代表取经人的自我。以主体和客体来分辨，孙悟空和众神佛之间就很类似手和工具间的关系。

　　工具非常重要。对人类历史的划分常以工具为准，石器时代，青铜器时代，铁器时代，从名称就能看出生产力状态，想象到人的生存状况。把神佛说成工具似很不敬，这里只是打个比方，强调神佛相对于自我的客体地位。孔子和学生关于对待贫富态度的一段对话是个很好的例子，可以看出观念工具（神佛以及思想、文化）对人的重要性：

　　　　子贡曰："贫而无谄，富而无骄，何如？"子曰："可也。未若贫而乐，富而好礼者也。"（《论语》1·14）

分三个步骤来理解：

1. 贫而谄、富而骄是人的糟糕天性。

2. 是毛病就该克制，首先想到的是自发克制，即"贫而无谄，富而无骄"，用取经故事的方式表现就是让心智孙悟空出手对付观念妖魔，把他们"无"掉。这相当于不借助工具，而是手工操作。手上连石器都没有，此时的人其实极其原始。

3. 引入高级克制办法，拥有丰富的精神生活，于是贫仍能乐，富更知礼，在取经故事里就表现为孙悟空跟各路神佛交好，对付妖魔时随叫随到。打造丰富精神生活的工具就是礼乐文化，把人瞬间提升到铁器时代。

孙悟空、神佛及妖魔间的争斗接近于手、工具和操作对象间的活动，以下图表给出几个例子：

操作	运用工具	手工操作
刷漆	用刷子刷	用手涂抹
砌墙	用瓦刀劈砖抹灰	用手劈砖（特种兵？）抹灰
挖土	用铁锹挖	用手挖
运砖	开拖拉机运	肩挑手提
筛沙	用筛子筛	用手捡
斗魔	向仙佛求助	孙悟空亲自对付

孙悟空手上是有工具的，如意金箍棒，但是那玩意儿象征如意智慧，根本上还是对应心智，正如原先所判断的，金箍棒和孙悟空是一而二、二而一的如意智慧。

子贡的话里包含两个"无"，马上让人联想到金箍棒，所以这段对话可转换为取经语言：

子贡问："我勤抢金箍棒斗战妖魔，可以吧？"

夫子说："还行，但是很不够。你得经常向仙佛求助，他们能帮你干得又快又好。"

把孙悟空看作取经人的思维主体，众神佛退居客体地位，就可以从三个方面观察闹天宫：

1. 反面。

主体和客体交往频繁，但是要把两者相提并论，就容易制造混淆，孙悟空在天宫的遭遇就是将主体和客体混同所出现的状况。还是用实例说话。有一位老总，商场上叱咤风云，买下个足球俱乐部小菜一碟。这天他召来教练，问自己在球场上踢哪个位置，教练顿时哑巴了……如果觉得这种事并非不可能，那就看极端的，有位车工，有一天头脑发热，询问自己在车床里处于哪个位置，传动箱还是电源？或者有位工程师，成天对着屏幕搞设计，有一次昏了头，询问自己是电脑的哪一部分，内存还是显卡，要是中央处理器就最好……

孙悟空进天宫就是脑子发热，混淆了自己跟众神的区别，想在众神的合影中间找见自己的面孔。

天宫是容纳受尊崇的神仙和思想观念的地方，设计之初没有为思维主体留位子。这很像世上的博物馆，从来只展览客观物体，人的思维主体只能用来想事儿，要想展览可就难了，基本上不可能。孙悟空贸然进天宫，要么去马棚挤挤，要么静气宁神，把自己转变为客体，真就没有别的居住方式。即便给他最好的待遇，他若不转变为客体就不能适应天宫氛围，然而他是主体，转变不了的，结果只好来个矛盾总爆发。

2. 正面。

观念世界里神魔众多，天宫位于上只角，看作人的精神家园应没问题。思维主体询问自己在精神家园里处于哪个位子，应该很自然，也是必须的，不容纳主体，它就不是合格的精神家园。结果孙悟空跑来一看，好嘛，没偶的地方，当然要闹情绪。他跟天宫闹完了，转头奔灵山去，投奔另外一座精神家园，还是要归位。

孔子说"人能宏道，非道宏人"（《论语》15：29），一上来就认定人只有宏道的义务，而不必关心道如何宏人。夫子说这话的时候，心里显然存着道，并且觉得那道一点儿毛病没有，人只要在宏道过程中完满实现就行了。这是个修行的意思。对于取经人来说，道如何成其为道是要审慎询问的，询问过程就是取经，这一关没过，谈不上如何宏道，还是得退回到什么是道（真经），以及道（真经）如何宏人的问题上。

孙悟空形象惹人喜爱，在于他桀骜不驯，具有独立意志和一往无前的进取精神。说起来天宫庄严肃穆，何尝不是死气沉沉，这样的氛围不能宏人，倒是很能毁人。孔夫子大谈人应当宏道，后人却从仁义道德里面读出吃人，那可是毁人的极致。

当孙悟空得知弼马温是未入流的小官，顿时怒了，觉得天庭藐视他。放在现实，这想法很不恰当，他是哪根葱得露一手才知道。即便他本事奇大，天庭仍有理由藐视他，因为现实是遵照"地球离了谁都照转"的原则来运作的。可是当他作为思维主体来想事，他的想法就得慎重对待——主体不受重视，要这精神家园干吗？

可以换一个问题来代替孙悟空的询问，"天宫对我有啥用？"一个回答是，"你向天宫求助，天宫就能派神、派将、派兵，帮你制伏妖魔"，直白了说，"你想筛沙，天宫借给你筛子"。可是妖魔和众神一样，都是意识中的客体，制伏妖魔，说到底和医治身体相仿，并没有涉及到个人的主体需求。何谓主体需求，可以看两个判断：

1. 烧饼油条能抵饱；
2. 读书能满足我的精神需求。

孙悟空想要的是后一类答案，让天宫不仅安顿他这颗心，还妥善安置他的激情、个体意志、进取精神，然而天宫不可能满足他的要求。这个精神殿堂尊崇的是自我压抑、自我委曲，要容纳孙悟空，势必排除他的独立意志。

可以说天宫是完全遵照孔夫子关于人宏道的指示建立起来的，把能想到的好道理、好神仙全包圆了，然而在表面的辉煌壮丽之下隐藏着喧宾夺主的黑暗面，客体众神荣登灵霄殿，主体心智只能屈居马圈，要么就是放弃主体地位，也去当个神仙。

一旦取经人开动脑筋，发现天宫只是陌生的众神乐园，跟心智主体没啥关系，于是信念发生动摇，灵霄殿顿时根基不稳。孙悟空一出世，"目运两道金光，射冲斗府。惊动（玉帝）"（1回），电视剧里灵霄殿因那金光而震动，神仙们一时惊恐莫名，很形象。仙工一向把那两道金光理解为因怀疑而陌生打量的目光，灵霄殿是在怀疑中摇摇晃晃。

3. 双面。

两方面都有道理，合在一起，孰是孰非难有定论。

上节故事里称小朋友为宅院的主人，其实偷换了概念，小朋友，当然也对应孙悟空以及取经人的心智，是思维主体，然而主体不能等同于主人。主体和主人间是啥关系，可以参照一系列问题：

到底是人宏道还是道宏人？

以人为中心还是以神为中心？

人为宗教服务还是宗教为人服务？

人依从文化还是文化依从人？

可以把这类问题归结为一个悖论，称为宏道悖论。如果唐僧在修行，这个悖论必须解决，因为修行观念认定真经，真经总得自圆其说，不容悖论存在。既然唐僧在取经，判断的终极标准——真经还没拿到手，发现悖论便是自然而然甚至必须的事情，有悖论才说明取经的确富有成效。

闹天宫属于第三类争斗，把孙悟空当做思维主体，这类争斗就有了新的内涵——天宫不仅豢养次生妖魔，还鸠占鹊巢，当上了意识的主人，闹天宫就是思维主体在争取自己的主人地位。因为宏道悖论的存在，这种争取并不必然成功，也不必然失败，而是取经过程中的重要一环。

孙悟空闹天宫是失败了，但这事还没完，取经人上路之后，找机会又跟自个儿的"天宫"大闹了一番，后果还更严重。这就来密切观注取经人的第二度"闹天宫"。

第六章 观音院火灾考

二十五 一个故事讲两遍

取经剧集一出出地演，好些情节看着眼熟，于是可以归纳出固定模式，例如有一种硬后台模式，好多妖魔背景深厚，对付他们不能太粗暴。这里再介绍一种，可称为"一个故事讲两遍"，主要脉络是由凡人的欲望引入矛盾，故事在凡间展开，称作地面版；进行到中段，妖魔突然介入，于是故事转入象征版。孙悟空跟凡人斗胜之不武，还是将战场引入象征世界，让他跟妖魔交手，看着才过瘾，实际上与妖魔的缠斗只是先前与凡人矛盾的隐喻版。

以此模式演绎的典型故事是第54-55回，取经人们在西梁女国的遭遇。西梁女国全是女人，唐僧来到，一改先前乏人问津，甚或形象极其糟糕的状况，顿时成了香饽饽。女王当仁不让，要与唐僧成亲，孙悟空少不得要想办法把这事对付过去。凭孙悟空的手段，对付一群凡间女人十分容易，然而要是就这么结束，故事难免缺少看头。就在孙悟空即将成功的当口，一个女妖突然冲出来，眨眼间掳走唐僧，然后就猜得到了，孙悟空不得不施展各种手段对付女妖。面对女国的各式人物，孙悟空不能挥舞金箍棒，否则势将违犯杀戒，一旦女妖出现，他立即可以肆无忌惮地大打出手，因此将同一个故事讲到第二遍，才进入典型氛围，任由孙悟空尽情发挥。

在第23回四圣试禅心，观音带了几位菩萨乔装为凡间女子，测试唐僧等人的取经诚意，唐僧坚定拒绝，通过了测试。来到女国，唐僧又一次面对天降姻缘，很明显他不会动心的，那么如何理解这姻缘的来意？随后出现的女妖又对应唐僧的哪种心理？参照女妖被降伏的方式或许可以得到一点启示。

孙悟空没斗得赢女妖（预料之中，孙悟空作为智慧，起到的只是与妖魔周旋的作用），只好上天宫请来昴日星官。故事将女妖的原身设定为蝎子，昴日星官的原身则是只双冠子大公鸡。星官一到，仰首长鸣，女妖立即现出本相，"浑身酥软，死在坡前"（55回）。没有打斗，没有计谋，星官也没有就女妖的来历及后台做任何解释，仅仅叫了那么一声，麻烦瞬间解决，是不是匪夷所思？

既然是公鸡一声长鸣解决的问题，理解起来就简单了，去掉"星官"、"女妖"这些多余因素，也不必计较孙悟空通天而乏力的本领，只需看到基本状况——鸡一叫，天亮了，唐僧得起床，继续赶路——原来唐僧做了个梦！唐僧的取经一直游走在现实与虚幻之间，时而清醒时而酣梦缠绵，到这一段，他不由自主地坠入春梦。不能说他意志不坚定，但他毕竟是个大活人，有点念想做点温柔梦并不意外，因此所谓女国的拦阻和女妖的纠缠，不过是摇动在唐僧潜意识里的一小段情感波澜。

虽然不意外，他的想头还是有点过分。现实中没人理，就去一个没别的男人的地方，身边还带一群半兽人，总该好好潇洒一回了吧？这是悄无生息地当一回韦小宝。到最后还做出义正辞严状，撂句"你不是我的菜"，调头决然离去，自我感觉不要太好。不管这些念想是他自个儿想到的，还是作者强加给他的，总有酱料使用过度之嫌。

第88-90回，取经人们在玉华县的遭遇也属于"一个故事讲两遍"模式。三位神仙陪师父走这一路，功劳苦劳都不小，观众大受感动，拱出三位王子向他们大献殷勤，还分别拜他们为师，比立座庙供起来还受用。诸王子羡慕神仙们的兵器，借去照样打造，不料半夜被妖魔偷走。妖魔出现了，神仙们却没兵器，只好耍弄计谋，和妖魔多番较量。神仙们和凡人只能打哈哈，顶多显摆一下本领，直到面对妖魔才来精神，故事也只有到这时才引人入胜。

细想一下，这里神仙们遇到的是怎样的困难，妖魔又有什么寓意？不用管神魔对战的复杂过程，从神仙们收徒授课就能看出大致端倪。三位王子都喜好练武，而且使用的兵器极其凑巧地和神仙们相似。神仙们见了心里痒痒，情不自禁跳出来演练自家本事，但见孙悟空"把金箍棒丢开个撒花盖顶，黄龙转身，一上一下，左旋右转。起初时人与棒似锦上添花，次后来不见人，只见一天棒滚"。八戒随后"驾起风头，也到半空，丢开钯，上三下四，左五右六，前七后八，满身解数，只听得呼呼风响"。就连最没用的沙僧也不甘寂寞，"轮着杖，也起在空中，只见那锐气氤氲，金光缥缈，双手使降妖杖丢一个丹凤朝阳，饿虎扑食，紧迎慢挡，捷转忙撺"。看到这儿就明白了，神仙们终于撞见好运，对着一群崇拜者左右摆姿势，眼前闪光灯亮成一片，心里头甭提多美。那股子骄傲劲儿显现在象征的神仙们身上，往回追溯，最终还是荡漾在取经人心头。当骄傲的甘泉流入心田，正是妖魔翩跹起舞时，取经人不知不觉着了骄傲这种魔性的道儿，接下来再遭遇挫折应属预料之中。

第16-17回的火烧观音院和大闹黑风山也是同一个故事的两种版本。

来到观音院时唐僧手下只有孙悟空一个徒弟。观音院的主要人物是老院主，被尊为师祖。老院主高龄二百七十岁，是他亲口说的，唐僧和孙悟空听了一点也不诧异，足堪玩味。老院主还有一桩骄傲，毕生积攒了七八百件袈裟，都是精心制作的珍宝。唐僧行李中也有一件袈裟，佛祖送的，当然更为珍奇，唐僧受不住孙悟空撺掇，也拿出来炫耀。老院主一见，顿时傻了眼，当即要求借去仔细观看一晚。当晚老院主动了邪念，要烧死唐僧师徒，昧下这领袈裟，于是投入与取经为敌的立场上去。孙悟空不是善茬，早早发觉和尚们的动向，设计了巧妙对策。一群凡间和尚跟孙悟空斗法当然不是对手，所引之火转变方向，将一座房舍众多的观音禅院烧为废墟。

就在火势正旺的时候，有妖魔悄悄登场，使故事的象征版紧接着展开。妖魔名叫熊罴怪，赶到现场时本想救火，无意间见到袈裟，顿起歹意，咪了就走。孙悟空追踪而去，与熊罴怪激战。别看孙悟空平时摆弄金箍棒牛气哄哄，真到妖魔出现，对付起来总是有心无力，拿熊罴怪同样没办法，临了只好向观音求助。观音赶到，手到擒来，将熊罴怪带走，收为守山大神。

唐僧炫耀袈裟，一方面源自孙悟空韶，一方面也是唐僧有意烧包；老院主见到宝贝就想要，不惜杀人越货，是占有欲在作祟。韶、烧包和占有欲都是魔性，熊罴怪这个妖精象征哪一种，或者全都是？熊罴怪见了珍宝就干走，并对前来索要的失主拳脚相向，似乎更接近占有欲，然而观音对熊罴怪的处置使得任一种解释都难于成立。观音来到妖魔住处时，见到山间"崖深岫险，云生岭上；柏苍松翠，风飒林间"，就动了慈心，认为这妖怪"有些道分"，有意纳入门下。既然观音喜欢上了这妖精，无论将他视为唐僧的炫耀心理还是老院主的占有欲，就都说不过去。

妖怪与老院主是朋友，老院主长年住在观音院，算是观音的门徒，所以妖怪与观音有着拐弯抹角的关系。老院主在失火次日，发现袈裟失踪后自杀身亡，而袈裟落到妖怪手里，似乎可将妖怪当作老院主的替身，以妖魔的方式继续拼夺珍宝。有佛祖的黄毛貂鼠作例子，观音顾念妖怪，或许也是将他当成本门的重要理念，哪怕他有着妖魔的面目，也要善加收容。黄毛貂鼠的看家本领是吹大风，并曾"卷起观音经一卷"（21回），既然他是在灵山佛祖脚下得的道，他吹风所起的作用就是佛祖理论在施加影响。熊罴怪住在黑风山黑风洞，也与风有关，所以他和观音的理论的确有密切联系。可是这种解释又使妖怪所对应的魔性外在化，而韬、烧包和占有欲都属于个体内在魔性，象征性难以自洽。考虑的线索越多，情况就越复杂，获得结论的难度也更大。

无论孙悟空怎么闹腾，最后问题还是要归结到唐僧身上，因为妖魔主要是从唐僧心中分离出来的，唐僧才是所有故事的真正主人公。熊罴怪的寓意似乎也应到唐僧心中去找，而在这一则故事里，老院主和观音挡在了唐僧身前，使得熊罴怪的真正面目清晰不起来。

目前得不出明确结论，那就算了，反正知道这段故事一定程度上符合"一个故事讲两遍"模式就好了。要理清故事中的诸多线索，需要运用不同的思路，得到的结论也更为离奇，且待下几节详加讲解。

二十六 疑云丛生观音院

咱也来个穿越，回到失火前的观音院参观。这是座豪华庙宇，待会儿将失火，咱得小心着点儿，别被当纵火犯抓起来。观音院里里外外透着反常，需要越发谨慎，进院前先回顾一下之前的工作，相当于打理好器材，参观时用得着：

1. 唐僧、孙悟空师徒的身份和相互关系——孙悟空是个象征人物，对应唐僧的心智，他的言行举止都在执行唐僧的意志；取经是一段精神历程，所有事情都发生在唐僧内心里，这座院子很可能也是唐僧心里的观念宅院。

2. 佛祖居处有老鼠——佛祖是高不可攀的存在，可是取经人上路之后，竟然跟佛祖处来的老鼠打了个照面，心理上受到不小的冲击。幸好那段故事发生在观音院失火之后，提到前面讲，好着重渲染观音院风波的诡秘。

3. 孙悟空闹天宫的缘由——孙悟空对天宫的压抑氛围不满，对压抑的总代表玉帝不满，于是闹腾了一阵。既然来到观音院，先提个醒，这院子的象征性和天宫相当接近，可以说闹天宫是象征版的火烧观音院，火烧观音院则是地面版的闹天宫，都属于第三类争斗。闹天宫占据原著的开篇，火烧观音院是唐僧收纳孙悟空后遭遇的第一段磨难，取经也还是在第三类争斗发生之后才展开的。

以取经为主线，孙悟空和唐僧以及玉帝的关系有了眉目，来到观音院，自然要注意到观音的地位，以及唐僧和观音的关系。这院子看上去只是座凡间庙宇，观音不必每天来办公，但是既然它以观音为名，它就属于观音的势力范围，这儿发生的一切，都和观音脱不开干系。观音是大菩萨，影响所及上至灵山，下到地府，唐僧一个草包和尚，在菩萨面前无非是坨面团，想怎么捏就怎么捏。但是换上取经眼光，情形整个儿对调，唐僧是取经人，拥有自主权，想向谁取经就向谁取经，观音哪怕变成只孔雀大秀羽毛，唐僧也不见得搭理她。情形的确如此，唐僧是向佛祖取经，观音的工作只比敲边鼓跑龙套强点儿。名义上观音主管取经活动，她对于唐僧不过是进阶的梯子（还是工具），所以唐僧见到她用不着诚惶诚恐。

故事梗概已在上一节讲述过，这里不重复，而是直接就其中几个值得注意的要点，分环境、道具和人物再做介绍。

- 环境方面，地面版本发生在观音院，就是崇拜观音的庙里，那庙拥有房舍七八十间，僧人二百余众。象征版本发生在黑风山，山名虽然妖气扑鼻，却是一座仙山，孙悟空和观音来时都注意到这里"崖深岫险，柏苍松翠"，是个培养仙气和道行的好地方。

- 道具方面，观音院的饮食用具相当精致，唐僧见了，连夸"好物件"，使老院主小小得意一把。老院主最感自豪的还是他毕生积攒的袈裟，足有七八百件，都是"穿花纳锦，刺绣销金"的精美制作。唐僧的行李箱内藏着件佛祖赠送的锦襕袈裟，更加珍奇，唐僧经不住孙悟空撺掇，拿出来让众僧欣赏，众僧见了无不"心欢口赞"。

- 人物方面，参与冲突的有四方面人物，分别为取经队伍、观音院僧众、黑风山妖魔和观音菩萨。取经队伍只有唐僧和孙悟空师徒二人，观音院的僧众中提到名字的有老院主、广智和广谋，妖魔方面主要是闹事的熊罴怪，此外观音菩萨也是个独立的重要参与者。

故事中有几个疑点需要注意：

1. 老院主超级长寿。

通常凡人的年岁不超过一百，这位老院主却已活到二百七十岁，长到用养生有方都无法解释的地步。孙悟空听闻他的年岁时并未起疑，后来出了事端，并发现他和山里妖怪有来往，才怀疑他是个妖怪，然而证据不足。有两个迹象表明老院主的确不是妖怪，一是丢失了袈裟后他羞惭烦恼，竟至自杀。如果是妖怪，想必会恼羞成怒，抄家伙跟孙悟空斗上几个会合，而老院主只是自家转圈子，以自杀了结，能羞惭到自杀的应当不是妖怪。另外，孙悟空找不见袈裟，抬出老院主尸首来检查，没发现异样。照规矩，妖怪死后尸身变回原形，而老院主的尸身保持原样，足见他确实是个凡人。可是这么个凡人竟活到两百多岁，似乎另有寓意，也可见这院子气氛不寻常。

2. 熊罴怪有些道分。

从熊罴怪的见财起意，与孙悟空的冥顽对抗，可见他无非是个普通的妖怪，然而观音一见到他居处的灵秀气氛，就心生欢喜，认定他有些道分，可以收为己用。既要招纳人才，当然要仔细审查，几轮面试少不了，背景调查也不妨做一做，像观音这样连妖怪的面都没见，只因环境合乎心意就做决定，实在唐突得紧。或许可说象征世界里所见即所思，环境的美妙显明着思想的美好，因而孙悟空探查妖魔时通常不是运用火眼金睛，而是仰头望气，有妖氛必有妖魔，有仙气必有神仙。可是熊罴怪住在仙山，却干着偷鸡摸狗的勾当，失主前来讨要时还拒不认账，明摆着表里不一，观音怎么还有意收伏他？原著一边写熊罴怪的妖魔外表和作为，一边又不时暗示他的可造内里，如"心灵隐佛衣"，"妖仙有分降菩提"，可见这个妖魔不能小觑。

3. 多面观音。

观音以多种方式参与了事件。先要明确，就像孙悟空是心智的象征一样，观音也是某种象征，甚至是多种象征，需要根据具体情况加以判别。

首先，观音以观音禅院的方式为事件提供了最初舞台。

其次，主要人物都和观音关系密切——老院主在观音院修行了一辈子，是观音门下虔诚弟子；唐僧的转世和受戒修行都受到观音暗中操纵，也始终是观音门下弟子；唐僧获得取经人身份是拜观音所赐，因而屡感圣恩，对她的感情非同一般；孙悟空从观音处获得参与取经的许可，又拜了唐僧为师，算是间接拜到观音门下；熊罴怪虽是妖魔出身，最终也归服了观音。

再次，熊罴怪所居仙山很合观音心意，可以认为那山同样是观音的另一种化身，可称作观音仙山。孙悟空和对手的冲突不是在观音院，就是在观音仙山，从未离开过观音的影响范围。

最后，神魔纠葛迁延难解，还得靠观音以具体形象出面相帮。

观音出场的时间虽短，对事件的影响却是从始至终，而且不能说她暗地里给过谁指示，于幕后操纵指使，所以她是以更潜在的方式影响着事件的发展，对这一点尤其需要注意。

观音院内外疑云不少，接下来准备解决几个重要问题，故事隐含的脉络将随之渐渐明朗。

二十七　老院主身份猜想

如果仅将老院主当成谋财害命的罪犯，就太对不起原著丰繁的想象力；如果只把锦襕袈裟当作贵重物品，就严重降低了孙大圣神通的重要作用——观音院里发生的事情不能看作凡间屡见不鲜的夺财害命案件，而要用上象征方法，透过隐喻的迷雾辨清可能的含义，这么做既对得住原著，也对读者自身有益。

要从纷乱的线索里面找出主线，一个办法是去除多余因素，使关键因素凸显出来。

既然故事里大量人物源自象征，就把他们还原回去，使主要人物和他面临的主要问题保留下来。已知孙悟空象征着唐僧的智能，他首当其冲退回唐僧内心，作为取经人的一部分来参与故事。

和取经人相对的是老院主一方，包括老院主、广谋、广智等和尚。"广谋"和"广智"都是指智慧，和孙悟空具有同样寓意，因而这两个人物可以合并到老院主身上。再经过一阵大刀阔斧、键盘噼啪，观音院的僧众缩减为老院主一人，局面大为简化。

熊罴怪本是单独的参与方，既然他是妖魔，也可以作为某种象征，合并到实际人物身上去。能跟他合并的只有两个人选，唐僧和老院主，直观上老院主更合适，这才显出老院主和唐僧的对立和冲突，而且每人身上都带个本事奇大的妖仙，看上去挺对称。

如此一来，故事参与者只剩下唐僧、老院主和观音三方。继续分析以前，仙工还要做个大胆假设，使对立双方进一步合并，将唐僧和老院主视为同一人。这个假定能够得到如下线索的支持：

1. 称谓接近。

老院主的正式称谓是"金池长老"。原著交代，唐僧是佛祖弟子金蝉子转世，因而常称为"金蝉长老"，有时也称作"金禅长老"，如第8回写到"佛子还来归本愿，金蝉长老裹栴檀"，第16回有"金禅求正出京畿"。无论"金蝉长老"还是"金禅长老"，都和"金池长老"发音相近，可视为老院主与唐僧之间关系的一种暗示。

一个人怎么可以分出两个身？太正常了，孙悟空不就是从唐僧心里分离出来的嘛，这会儿再分出一个不算离奇。只是老院主依然是个凡人，跟唐僧这个凡人似有重复，然而考虑到他的年龄，他跟唐僧处在不同时空，通过象征的奇妙操作，于取经初段撞一块儿了。

2. 长寿谜题。

老院主以凡人之身而活到二百七十岁，是个难以解释的谜，将他当作金蝉长老的另一个形象，就可有所领悟。原著没讲金蝉子何时下凡，倒是提到唐僧有十世修行的经历，就是说金蝉子下凡相当早。只要唐僧没上路取经，金蝉子就修行一世又一世，所以所谓十世不过是个约略数，很可能他已修了十多世。以此来看，老院主所活的二百七十岁其实并不长，金蝉子在世远不止二百多年。

仙工一直有个猜想，《西游记》里的唐僧其实是孔子再世，因为儒、释、道三家中两家的创始人佛祖和太上老君（老子）都在取经剧集中出现，让孔子也以某种方式加盟，轴心时代的三大人物在取经时代再次会齐，共襄盛举，倒也其乐融融。另外，仔细考证的话，能看出孙悟空也是于孔子时代出世的，如将唐僧当作孔子，孙悟空的出世年月就和他完全一致（把小白脸唐僧和满脸毛乎乎的孙猴子都影射到山东大汉孔老夫子身上，仙工这猜想够离奇的，此言一出，说不定观众已散去大半。别着急，能读到这儿，说明您属于另一小半，再坚持一下，等看完观音院的大火再走不迟）。

先前提到唐僧被妖魔捉走，孙悟空救援不利，嚎丧似的唱出跟师父的无数个"同"，"佛恩有德有和融，同幼同生意莫穷。同住同修同解脱，同慈同念显灵功……"（51回），其中"同幼同生意莫穷"特别蹊跷，孙悟空有一千多岁，唐僧降世的年月怎么算都很难匹配，将取经人视为孔子化身，"同幼同生"就是在孔子身上一道出生和成长，时间上没有半点问题。

什么，让孔子转化成唐僧去拜佛，让人怎么接受？别激动，这是在讨论取经，面向的是抽象的真经而非具体的佛经，无论人物怎样组合，无非是用象征方式思考真经，如果能得到某些启示，就算是取经获得进展。

将唐僧、孙悟空和孔子合而为一，就知道金禅转世的具体年数，从孔子出生的公元前551年到唐僧上路取经的629年，总共1180年。以孔子得年72岁计算，唐僧的十世修行其实是十六世修行，当前是第十七世，而且余数是28，恰是唐僧此时的年龄。

老院主夸耀自己积攒的袈裟时，说在观音院"做了二百五六十年的和尚"，取个平均数，二百五十五年，入门修行时就是十五岁，正合于夫子自道的"吾十有五而志于学"。另外，老院主的年龄二百七十这个数字很令人费解，或许倒过来看更恰当，七百二十岁，刚好是孔子的寿命乘以十。甭管准确不准确，这些数字（包括孙悟空的年龄）都能跟孔夫子搭得上关系。

3. 身份挪移。

老院主借来袈裟，不急于打开，却对着号啕痛哭，悲伤情绪强烈到不可思议。徒孙前来询问，随即展开一段对话：

> "我今年二百七十岁，空挣了几百件袈裟，怎么得有他
> 这一件？怎么得做个唐僧？"小和尚道："师公差了。唐僧乃
> 是离乡背井的一个行脚僧。你这等年高，享用也够了，倒要

像他做行脚僧，何也？"老僧道："我虽是坐家自在，乐乎晚
景，却不得他这袈裟穿穿……"

对话的重点似在袈裟，却包含了不寻常的东西：老院主不仅想穿袈
裟，还想做唐僧；徒孙也就接茬提示，做唐僧得出门云游，您那身体吃
不消；老院主肯定了他的提示，但还是为不云游就穿不上袈裟而惋惜。
打个比方，有个落魄汉拿着最后几块钱买彩票，竟然中了大奖，于是引
来两种感叹：

- 要是我在那时那地儿买彩票中大奖该多好；
- 要是我也像他那样落魄至极然后买彩票中大奖该多好。

第一种感叹仅仅涉及中奖这一客观事件，是种很普通的想法。第二
种要先经历相同的落魄境遇以及灵机一动买彩票的心理过程，根本上是
要跟中奖者置换思维主体，因而这种想法特殊到不太可能出现。老院主
却因袈裟之好而想到去做取经路上的唐僧，就是在暗示他不满足于穿上
袈裟这一客观境遇，还要深入到去置换取经人那一生命主体，他的想法
太不合常理。

袈裟若是一般财物，老院主借来穿几天也就够了，他却对着袈裟
痛哭，并且为了做袈裟真正的拥有者，成心放弃寺院中的安闲自在，做
个漂泊于旅途的取经人。将他当作另一个唐僧，就可以理解他的心情，
他本就是唐僧的老我，现如今在路上取经的是唐僧的新我。老我凭毕生
之力积攒了数百件袈裟，新我只有一件，而这一件将那数百件都比下去
了，以致旧袈裟与老我都不值一顾，新袈裟和新我才一同构成光彩夺目
的存在。由此可见，袈裟的确不是普通的财物，而是令作为老我的唐僧
羞惭而艳羡，也令作为新我的唐僧欣慰自豪的东西，那么这是指的什么
呢？使唐僧受到瞩目的是取经，新我的唐僧是作为取经人出现在世人面
前，因而他的袈裟就是寓指真经和取经，老院主毕生积攒的袈裟则是旧

经和旧观念。一领会到取经的意义，老院主马上情愿放弃旧经，而要投身于取经，于是才出现他的痛哭、想做个唐僧和不惜做个行脚僧。

把老院主当成另一个唐僧，即一个很老的唐僧，就能看到他在故事里的死具有独特寓意——因着取经，老我死去了，而前行在路上的是一个年轻的、崭新的自我，他的年轻和崭新不是年龄这种自然因素造成的，而是成就于取经这种精神因素。用这种方式看，老院主就不是搬起石头砸了自己脚的悲催嫌犯，而是跟取经有千丝万缕联系的文化人。别再为唐僧以及老院主是不是孔子而心存疙瘩了，那不过是个由头，引申出来的老院主和唐僧间老我与新我的关系才更重要。正因旧观念需要抛弃，老我也需要丢弃，老院主的死是得偿所愿、死得其所。

二十八　无穷自我

　　主要人物处理完毕，只剩下唐僧一个。仔细想想，下手似乎过于麻利，仙工不免也生出几多疑问：当初把孙悟空形象和唐僧复合为一就觉着拧巴，这回倒好，一个偶遇的凡人金池长老也成了唐僧的分身，合适吗？孙悟空毕竟浑身妖气，还原成取经人心里的啥么子还没什么，老院主出啥毛病，也让他往取经人身上撞，不怕把取经人撞一跟头？主要角色少到不能再少，这么做有意思吗？好比一个故事讲得异彩纷呈，到最后突然说所有人物全是同一人，像津津有味吃了顿全鸡肉宴，仔细一咂摸，怪不是滋味的。

　　想的多了，仙工不得不稍做停顿，整理一下思路，好给自己打打气，然后继续鼓捣那场火灾的底细。

　　所有人物全是同一人不是个好现象，但在取经故事里，特别是火烧观音院这一节，自有其道理。取经是段精神历程，所有情节都只发生在个人内心里，因而仔细还原故事的象征性，得出这样的结论并不意外。

　　众多角色都归结到唯一的取经人身上，故事才以另一种方式显示其复杂性，即取经本身的复杂性。表面上看，取经故事讲得有声有色，把小学语文课就强调的环境条件交待得一样不少，如时间，贞观十四年；地点，观音院；人物，唐僧、孙悟空、老院主及众和尚、黑风怪等——写得挺好。但是论到精神性的取经，这些条件不仅累赘，而且有害，因为背景全然不同：

　　1.　时间不用考虑，因为只要精神存在着，意识在流动，时间就存在着。取经故事里时间性不应受关注，因为一旦强调，就影响到对意识流动的理解。比方说孙悟空，只想到他是唐代某和尚的徒弟，就忽视了他作为心智一直活跃在每个人内心里的事实。

2. 地点是唯一的，即内心，象征世界的故事永远发生在这个地方。话虽如此，要是当了真，心口之外一步不迈，故事没法看。这样的例子还真有，乔伊斯的《尤利西斯》第18章，四万多字，通篇是女主人公心里想事，连个标点都插不进去，取经故事要是这么写，肯定早被忘进历史的黑窟窿。故事给出了地点，观音院和黑风山，如果只把那想成一座院子和一座山，就又偏离了原意，那山和那院子都是观念中某样事物的映射，决不是现实中带经纬度的某个地点。

3. 主要人物当然是自我，除我而外别无他人。唐僧上路取经，走进自己的内心深处，迎面碰见好些妖魔，都是自己惯有的思想情绪。来到观音院，无意间碰见一个人，正是很久以前熟悉的，如今已然淡忘的自己，没什么不可以，每个人忽然见到小时候常用的玩具或是卡通形象，也能产生相似感觉。

明确取经发生在内心里，时间、地点、人物就都唯一而恒定，读取经故事不应计较这些，真正要计较的是另外三样：自我、处境和决断。

取经人既然放弃世上的路，执意改走心路，面对的只能是自我，于是取经有了两个目标，一个是缥缈高远的认识真经，另一个真实切近的看清自我，如果能够达到第二个目标，第一个差不多也就实现了。看清自我，即意识到自己作为一个人而存在着，想要弄清这种存在的含义，进而学会如何跟自己相处。换用身体自我、精神自我等词汇来表达就是，取经人意识到自己在身体自我之外还存在精神自我，想要了解那个自我，以把握住那个自我。

对待身体自我最直观，无非是饿了给它吃，渴了给它喝，冷了给它穿暖，那啥了给它找老婆（老公）。另外还有些日常任务，如出门要考虑乘哪种交通工具，座票还是卧票；到个新地方要找住处，鸡舍猪圈什么的不用考虑；没钱了要去挣钱，哪怕乞讨也是种谋生方式。

对待精神自我怎么办？它不会饿，不吵不闹，但若不加理会，它隐蔽着捣乱，搞得人六神无主，而要认真面对时又找不见它。还有更麻烦的，在精神自我之外还有灵魂自我，要找见它更困难，后头还有如何研究它和如何与它相处等艰巨任务，有的是工作可做。

取经人的任务就是找见自我，不论它是精神自我还是灵魂自我，来一个稳住一个，不能放跑喽。虽然知道目标，却是件不可能完成的任务。想象一下，每当瞅见一个"我"的时候，一定还存在着另一个"我"在"瞅见"，于是需要放弃当前目标，转向那个正在"瞅见"的我。可是一这么做，意味着又出现新敌情，又一个"我"藏到新增的观察孔后面，需要立即追踪。取经故事的主角虽然永远是唯一的自我，它却像平行镜面里的镜像，一重身影之后还藏着另一重身影，益发模糊，无穷无尽。这种状况跟真经的无底洞难题很相像，甚至可认为是同一个问题的不同表现，所以将求取真经和认识自我联系到一起是必要的。

唐僧和孙悟空师徒间就类似于身体自我和精神自我之间的关系，他俩虽然互相看不上，冲突不断，暗地里却暗通款曲，"同幼同生意莫穷"，哥儿俩好着哪。观众都被这些自我给蒙住了，只看到徒弟有神通使不出来，做师父的既无能又不听劝，真真让人着急。来到观音院，跳上台的一群和尚和妖魔原来还是取经人的自我，包括贪欲的自我、自责的自我、骄傲的自我、卑鄙的自我，各种各样，直把人看得眼花缭乱，搞不清到底闹哪样儿。

观音院里的人物只有唐僧一个，严格的说是只有"自我"，虽然它分身无数，都拥有相同的名字——我，在偶们外人看（这里用"偶们"似乎很恰当，得意一下），他们都拥有同一个称谓——取经人。这下可好，观音院着火，放火的不是唐僧也是唐僧，偶们可以放松一下，再怎么逛悠也没纵火嫌疑。

二十九　观音本相

　　经过一番大刀阔斧的归并，观音院聚众闹事的全部抓获归案，原来主谋和从犯全是同一个，就是取经人唐僧。要说唐僧特别会演戏也不尽然，在他之外还有一位参与者"幸存"下来，那就是观音，整场戏主要是他俩的双簧。虽然观音直到结尾才以菩萨面目出现，出场的时间却非常早，对整个剧情的影响也比表面所见深远得多。唐僧的自我拆分出孙悟空、老院主、熊黑怪等形象，观音则以更复杂多变的面目出现：一者是当作援军赶来的大菩萨，二者是作为故事发生场所的观音院和观音仙山（黑风山），三者是深藏于唐僧内心的思想观念，可称之为观音经，在故事里的形象表现就是那七八百件让老院主深感自豪的袈裟。

　　观音菩萨、观音院和观音仙山都比较容易理解，这里要针对观音经多说几句。观音经是一整套修行理论，已经深印在唐僧的思想意识里，俨然内在于唐僧，但是它毕竟是种群体创造的理论，根本上还是外在于唐僧的个体自我。

　　唐僧每一次转世，都表示又一个"自我"出现在这个国度，不管他拥有怎样的名字，唐僧也好，老院主也好，孙悟空或别的什么名字也好，他就成为这个社会和思想体系的成员，因此，这个"转世"没有任何迷信的意思。当他参与到这个社会，都被预先赋予了观音经这样一套系统的思想观念，长大成人之后，成为观音经活的载体，此时若问他"你是谁"，唯一答案是"我是观音门下弟子"，此外没有别的身份。这种情形发生在大多数人身上，生在天主教家庭，就是天主教徒，生在佛教环境，很可能成为佛教徒，生在传统中国社会，就是个传统中国人，天主教、佛教和中国传统文化就对应这些人的观音经，他们是各自的"观音"门下弟子。

　　要认清观音经所塑造的取经人，需要考虑到无穷追踪的自我。自我因无穷追踪而分出层次，对自我的评价也有不同层次，每种价值只在特定层次上起作用，例如：

黄金钻石，是生存的外挂，平常很有价，病或灾一来，立时顾不上。

大米白面，还有药物，对应身体自我，把身体糊弄好了比啥都强。

声誉和道德，群体生活里很有用。

友情，帮人消除孤独寂寞，很重要。

亲情和孝道，接近生存的基本面。

公平正义，同样主要在群体生活中发光。

文化信念，位于自我的底层，理应极其有价，并且不可质疑。然而第三类争斗对付的就是这个，此时这些东西主要显现出负面价值。

前文提出，观念中尊崇什么，就拜怎样的神，因而众神因异能、德行和真知而分出等级。如今要给出更准确的说法，关注怎样的自我，就拜怎样的神，反过来说也行，拜怎样的神，其实是在关注怎样的自我。还是用例子说话：

想当官，用官衔做人生成就的终极标准，当然要去拜禄神（人们却常拜专业不对口的佛）。

对身体生活特别上心，希望好运常有，那就拜福神（人们还是拜佛，把寺庙当杂货铺）。

重视群体中的友情（义气），拜关帝。

用传统思想充实个体信心，念四书五经。

想要把握个体生存的根本，去修佛（佛门总算迎来知音）。

拜神佛，或者说学习和掌握思想文化，有两个目的，一是融入世界，做个责、权、利兼有的好公民，另一是与自我恰当相处，把各种妖魔攥得远远的。孔子说"仁者乐山，智者乐水"，就表征着个人在和世界相处融洽之外，还与自我相处融洽。

自我既已分出层次，也就能做适当剥离，剥开一层，对应的价值相应失去光彩。例如禄神对求官很有用，如果不混官场，禄神顿成路人；道德一般很受推崇，但是假如独个儿扔荒岛上，有没有德并无所谓；古人对孝特别重视，然而这只是亲人之间的朴素感情，如果没有亲人，谈论孝没有意义。

观音经能够塑造人的基本精神面貌，好像关联着精神自我的根本，然而对自我做充分剥离之后，观音经在一定时刻和某个自我一道被剥离开来，于是暴露出外在于人的本来面目。本来嘛，一个人生在哪种家庭是偶然的，接受哪种宗教也是偶然的，唐僧纵然转世十次都逃不脱观音的掌控，观音经和他相遇根本上仍是个偶然。

既然能够剥离开来，唐僧就可以像脱衣服一样把观音经抛到一边吗？没那么简单！正如身体自我可以被当作客体来观察，也可以说它的高矮胖瘦性别口音都出于偶然，它却不能被抛弃，一旦发生，嗖的一下，所有的自我全部消失。唐僧作为一个人，而且是个有学问的人，必定要接触某种观音经，就好像他一定要熟练掌握至少一门语言，熟读某类经文，具体是哪种语言、哪类经文可以随机选择，必选一种则逃不掉，因此把"观音经"当作一种笼统的象征，它（她）和唐僧的关系就有必然性。了解这种偶然和必然的双面性，才能进一步观察取经人和观音之间的矛盾和争斗。

三十　真经代理

故事的参与者已减到最少，现在触底反弹，要开始添加角色了。表面上观音院故事在取经人和观音之间展开，还有一位角色需要受到注意，就是远在灵山的佛祖。每一位参与者都有多重面目，佛祖当然也不例外，他的面目也有三重：作为具体形象的佛祖，作为目的地的灵山，作为取经目标的真经。本来取经的目标是真经，如果不考虑真经，所有的故事就缺了主心骨，只能沦为奇幻、神魔、成功学典范或阶级斗争教材，偏偏不是象征性十足的神话。

真经是与观音经相对的存在，观音经对个体具有偶然性，真经对个体只有必然性——个体自我经过多次剥离后，观音经能够从个体内在转移为外在，真经则始终内在于个体，如果能从哪里剥离，真经就不真。一个人生来就掌握一种母语，要是换到另一个国度穷其终老，母语早晚会丢失，而转用当地语言。一个人生来可能信一种宗教，后来也可能改宗，忘掉原先的"观音经"。但是真经对于个人更是与生俱来，并且没有改宗的可能。那么真经何以能够如此？真经的特性就是如此，没有别的理由。

这里谈论的真经是对个人彻底必然的思想观念，提到灵山、佛祖时就不能再按老方式想了，此佛祖不是佛教的释迦牟尼佛，而是故事里的一个形象，象征世界的一种观念，也是对真经的另一种称谓。同样的，观音也不是佛教的观音菩萨，而是塑造了唐僧这样一位取经人的观念和信条，更准确的说法是思想文化。个人是思想文化的产物，思想文化内置到人心里，但是根本上还是外在于人的东西，与人的可以无穷追踪的自我仍有区别。

取经仍在进行，真经尚未显现，但是真经对取经人的影响是实实在在的，取经本身就是真经对取经人产生了影响的结果。在火烧观音院事件中，佛祖没有出面，却往故事里安插了代理，从而对故事走向造成了重要影响，这个代理就是唐僧手中的袈裟。那件袈裟是佛祖送的，暗地里是真经存在的证明，也是真经的灿烂显现，唐僧拿在手里不觉得什么，老院主一见却大受震动，马上明白了其意义，相比之下他毕生的奋斗成果，光荣与梦想，以至生存的意义，瞬间全都黯然失色。姜还是老的辣，老院主反应越强烈，说明这姜越老辣，他的作为不仅说明他胜任原先的院主角色，也说明他的新我胜任取经人这一新角色。他要占有袈裟，想要"做个唐僧"，跟唐僧迫不及待地上路取经是一个意思。他的死不是意外，因有真经的召唤，他的老我必须死去，新我才能闪亮诞生，那正是走在前往灵山道路上的唐僧，他的死就是唐僧的生。

引入真经观念，唐僧和观音经之间的过结才容易看明白。

本来唐僧在观音经的哺育下长大，成为虔诚门徒，不止是适应以观音经为蓝本而造就的社会，也将所有的经文融入内心，与之合为一体。在唐僧的意识里，他就是观音经，观音经就是他，分不出其间的区别，他也就不可能和观音发生矛盾，更别提火烧观音院了。然而真经观念的引入带来了扰动，将原先唐僧与观音经之间融洽无间的关系打乱了，唐僧开始以怀疑的目光看待观音经，甚而背过身去，面向灵山，观音经在他心目中的地位一落千丈。此时唐僧发现观音经存在问题，不是最真最好的经，甚而是滋生次生妖魔的渊薮，而在灵山才有更好的经，因此他去取经，首先是对原有信念的背离，取经本身就是他和观音经（以及观音）出现矛盾的证明，也是取经人正在执行的第三类争斗。

照一般观念，观音经也是佛经的一部分，唐僧完全可以既做观音弟子，也做佛祖弟子。但是到取经这儿两者必须做个切割，以显示取经的真实意义和唐僧的精神处境。观音经和它所指向的思想文化对应于唐僧的现实处境，即唐僧必定要出生于某个具体的历史文化环境，该环境所提供的思想观念将塑造唐僧这样一个具体的人，这种思想观念的限制、缺陷也必定灌注到唐僧身上。真经与观音经相对，唐僧有幸成为取经人，事先已认识到观音经存在限制和缺陷，取经就是要克服那些限制和缺陷。只要再前进一步，把真经和无限、永恒、终极的东西相关联，真经就能永久性地克服已知的限制和缺陷。如此一来，观音和佛祖，以及观音经和真经间的主要区别方才显现，观音经对应现实，真经对应无限和永恒。在故事里，观音是佛祖的弟子，是说观音经具有部分真经的因素，但也仅此而已。

　　唐僧被晓以真经观念之后，才看见他的环境和他自身的欠缺，想要背离，想要反抗，他和观音之间的矛盾产生了。取经行为本身就是唐僧与观音之间矛盾的实在证明，火烧观音院只是这种矛盾的后续表现。

　　说到这儿问题来了，唐僧就算认识到真经的好处，但也不必要就跟观音起矛盾呀，更不必要做出火烧观音院的激烈举动，难道上灵山一定要带上投名状？要弄清楚这些又需要讲冗长乏味的道理，不如就此打住，重新回顾取经人火烧观音院的心理过程，讲完之后或许这类问题将不证自明。

三十一 纵火心迹

人物和处境都经过打磨，散发出微茫而迷人的象征性光彩，现在好重新整理故事脉络，看看取经人在纵火前后做过怎样的决断。

1. 熏陶阶段。

取经人是以一个痴货的面目展现在世人面前的。客观条件方面，他肯定有机会识字读书，在古代达到这条并不容易，能跟文字亲近，他已经是社会的宠儿。主观上他不仅对知识如饥似渴，对惯常说教还深信不疑。因有这种深信、虔诚，说教通常带有的确定性和荣誉感深深灌注进他心里，使他觉得自己是天地间最幸运的宠儿，并且建立起强烈的责任感，万物皆备于我，为天地立心，舍我其谁，类似意识塞满脑壳。

既有的社会环境和思想文化氛围就是观音院，老院主就是那个集大成的痴货，他一辈子活了不止七十二岁，二百七十岁或七百二十岁，去考证吧，还会更久。观音院的成果就是他的成就，他和观音院融为一体，七八十间房舍，精致器具，都是值得骄傲的资本。最值得骄傲的是藏在柜子里的七八百件袈裟，集合了观音院思想体系的精华，必将作为本院的传家宝传给徒子徒孙。

老院主的状况原原本本就是唐僧的状况。唐僧甫一登场便闪亮无比，"根源又好，德行又高。千经万典，无所不通；佛号仙音，无般不会"（11回），好事全聚到他一人身上了。要做个取经人，这些优异资质是必备条件，就是说他必须预先是个宠儿，对观音院那套思想方法极其熟悉，且深信不疑。他是作为高僧上路的，决不是等待摘取博士头衔的学生，与此对应，取经不是求学，而要准备彻底转换思想信念。

2. 进入问题情境。

如果唐僧没从观音院看出任何问题，他就不可能想到脱离观音院，走十万里路去取经。那么他看出什么问题了呢？原著没提，仙工不好瞎猜。照原著的意思，取经的主意是佛祖想到的，然后一级级分派任务，最后咣当掉唐僧头上。要把取经当成精神旅程，最初的出发点只可能从取经人身上找，可惜故事没讲清楚。无论如何，这里有问题，就算猜不出，至少要把疑问摆出来，说不定到后面哪个阶段，答案也咣当一下出现，所以从唐僧角度出发的问题情境话题暂先寄存，等着咣当吧。

从老院主方面看，问题是一下子突然出现的（真的是个咣当），就是锦襕袈裟出现的一刻。在那之前，天地静好，花好月圆，他准备和观音院在甜蜜氛围中相守到永远。锦襕袈裟一出现，大事不妙，世上竟然还存在更好的东西，回头一看，原先那些袈裟怎么到处是窟窿眼儿呢？他坐不住了，深恨没早见到好袈裟，深悔没早上路做个取经人。要仙工说，他还是太实诚了，悄悄一把火烧掉锦襕袈裟，原有的七八百件袈裟就还是无价之宝，他竟然以自毁的方式去尊崇新宝贝，蠢得可以。然而谁叫他是痴货呢，没办法。

从这儿也能看出，取经并非一厢情愿全是好事，那是以毁掉现有的经文、袈裟、观音院和天宫为代价的，慎重权衡一下，如果代价太大，还是趁早别取经。

3. 决裂与反抗，一个纵火犯的诞生。

既已进入问题情境，取经人势必采取激烈行动。让唐僧呲牙咧嘴抢棍子，不符合他的身份和习惯，但是他也不能稀泥潭冒气泡，啵的一响就完事，而是以三种方式展示了他的决绝：一，老院主纵火，誓要把最真最好的宝贝抢到手（老院主干的事最终还要算到他头上）；二，孙悟空闹天宫，反抗一切不真不活的玩意（孙悟空干的事也算到他头上，谁叫他是象征人物的宿主呢）；三，取经，求取真经，至于已有的观音经，对不起，敬谢不敏。

故事里失火当晚唐僧睡着了，次日起来一看，观音院已成废墟。失火时几百号人呼喊喧嚷，竟然吵不醒唐僧，这位高僧未免睡劲儿太足。考虑到象征世界里的取经，唐僧的反应符合他的习惯——你看他眼睛睁着，他其实睡着了，正在梦里跟妖魔打交道（参见第十六节《初入幻境》），这一回你看他睡着了，其实他比谁都清醒，所有的事儿都是他干的。

把纵火焚烧观音院和观念中的取经联系到一起，就看出取经本身的严重性——取经人竟然置原有信念于不顾，去找寻最真最好的经，首先是对原有信念无可质疑的背叛！仙工早说过，唐僧独个儿出去取经，很有自弃于人民的意思，应该趁早把他拉回来，这下看到了吧，他成了最危险分子，取经姿态本身就起到对现有文化传统和思想观念的极大破坏作用。事已至此，怎么办？嘿嘿，凉拌不行，就热炒，咱们跟着加把火，让这火烧得更明白些，别稀里糊涂莫名其妙，以为这只是桩偶然的刑事案。

冷静一下，再反问一声，取经怎么就危险了？不叛逆难道就不能追求上进？这种判断还是要联系到真经的性质上。真经是个独特存在，能与取经相对的只有修行，唐僧既然号称取经，他就放弃了修行，并将所有修行理论和手段置于可疑境地。假如让一个基督徒回去当慕道友，他不会同意，因为他已经跨越了确认真经（即认信上帝和基督）这道界限。取经人的状况正相反，原有信念根本上不是他自己选的，而是环境预先赋予他的，他要取经，就已给环境打了个大大的问号。另一方面，取经发生在心里头，也是个找寻自我的过程，只要明确真经与本真自我相关，环境就永远是外在属性，真经不可能再把本真自我和外在环境完美地融合到一起，如果自我本真，环境必不真，所以冲思想环境放把火是取经的必然。

观音院这把火烧起来了，它是真经对现实产生的重大影响。锦襕袈裟固然光彩夺目，还是太小家子气，取经人更热衷豪放做派，放上一把火，让观音院在熊熊烈火中升腾与倒塌，才映现出他眼中的热烈光彩，这个十恶不赦的纵火犯！

4. 与魔共舞。

给观音院放火容易，收拾残局很难，两方面因素促使取经人难以收场，分别在主观和客观方面。

主观上，他的痴劲儿不会因火势凶猛而立时消失，现实中的表现是他放纵了偏激和执拗情绪，他还会借着这股劲头继续闹事。最糟糕的状况已经发生了，就好像一群临近毕业的大学生耍酒疯，瓶子也砸了，火也点了，然后呢，不知道怎么办。

客观上问题更大，观音院是他的住处，他把自己的老窝烧了，回头住哪儿是个大麻烦。搁唐僧身上，他说我的住处在路上，有没有窝无所谓。这种姿态很不像话，不是个面对问题的态度。比方说有人嫌中文不好，难认难记难写难读难用，那就放弃中文，然后呢？别说改英文，任何语言都有毛病，舍此而就彼不是解决之道，根本问题在本身的吹毛求疵上。取经人想要真经，把观音院一烧了之，随后就陷入无处可住、没有语言可用、没有理论可以信赖、没有标准可做判断等等困境，处境更难堪。

身外的火势渐渐消下去，纵火犯心里的火燃得正旺，他就还要继续折腾，怎么个折腾法？看孙悟空怎么表演就知道了。有个叫熊罴怪的妖魔早不来，晚不来，偏偏在最乱的时候赶到，并轻松掠走宝贝。仔细琢磨这事，妖魔并不是运气特别好，而是早早就在一旁窥伺，当取经人进入问题情境，当叛逆和偏激情绪日渐滋生的时候，魔性悄悄潜入心底。乱子起来了，没人治得了取经人，不过他也没落到好，不得不焦头烂额地去跟自己的心魔缠斗，这正是孙悟空大战熊罴怪所寓示的取经人新处境。

由此可以得出结论，熊罴怪象征着取经人心中的叛逆、偏激、怀疑等魔性，都属于内在魔性（原生妖魔）。

5. 莫可奈何雁归来。

孙悟空跟妖魔搏斗从来没有结果（凡事有例外，三打白骨精就是其一，但是别对孙悟空抱太大希望还是恰当的），宝贝不是那么容易夺回来的。直到山穷水尽，孙悟空才想起来去找观音帮忙，而观音院正是他自己鼓捣着焚毁的。

观音见到他，其实也是见到取经人，说不定鼻子里哼哼："小样儿，想到真经的好就以为拿到真经了，也不想想偶是怎么来的，偶从来是被当作真经供着的。"没错，现有的思想传统文化不是凭空出现的，发现和建立过来中带来过无数接近真经的喜悦，取经人凭一己之见就想全盘推翻，心思太极端。

观音被请来对付妖魔，寓意太明显了，取经人脱离不了现实，求取真经只能当个好听的言辞说说，最后还得老老实实面对实际；观音院烧了，取经人不知何去何从，跟自己也处不好，结果还是回到旧思路上，用老办法解决新问题，又一次验证"孙猴子跳不出如来佛手掌心"的寓言，这回的如来佛是现实的观音和观音经。说"莫可奈何雁归来"，归来的那只大雁不是观音或观音院，而是取经人，没套上航天服就想投入太空，结局可想而知。趁着还有口气，他总算回来了，观音院虽然损失惨重，总算没烧干净，假以时日，仍有恢复繁盛的时候，至于那是哪种繁盛，非仙工所能设想。

观念版的火烧观音院过程大致就是这样，看着是不是有点泄气？别着急，事儿没完，取经不是仍在进行嘛。只要还在谈论取经，不可预想的景象仍有可能出现，真经仍然值得期待。

三十二　纵火实例

从火烧观音院演绎出个体和思想文化间的恩怨情仇，跨度好像比较大，要是能找到具体案例来对照一下就好了。稍一想，还真有了，曾经读过一篇文章，潘知常的《失败的鲁迅和鲁迅的失败》，找回来再读，还真像那么回事，这就摘录几段文字，看看鲁迅老先生是怎么经历这一出的。

1. 熏陶阶段。

文章基本没提，咱就自个儿想吧，老先生能写那么深刻的小说和论文，对传统文化的理解不是一般的深，说他是"高僧"还嫌不够，安上"大师"头衔才恰当。这么个大师，熏陶阶段肯定很长，成果也特别优异，勿庸置疑。

2. 进入问题情境。

文章也没提，还得自个儿补，好在不难。老先生童年有过锦衣玉食的好日子，然后家道突然败落，使他很早就看到人情冷暖，冲击不小。在仙台看录像那段就更突出，从此看人看事眼光与旁人迥然不同，是走入问题情境的重要契机。

3. 决裂与反抗，一个纵火犯的诞生。

从《狂人日记》发表开始，世人见到的是一个对传统文化处处看不顺眼的异类。在仙工来看，他具有了取经人的多种特征：取经人，闹天宫的主，收藏了数百件袈裟的老院主，纵火犯，往后熊黑怪面目也将呈现，摘录和解读就此开始。

　　历史的意义被消解了，道德的意义被消解了，二十四史的存在被消解了，一切都被消解了，剩下的只是绝望的个人。

历史的意义、道德的意义和二十四史的存在构成了传统文化的"观音院"，老先生是在这样的传统中濡养长大的，然而经过他的反省，传统失去了以往所标榜的意义和价值，"观音院"遭到焚毁。

顺便说一句，仙工来说道取经，主要工具是从别处借来的，包括谢文郁的《失魂与还魂》和潘知常的很多文章。如果没有这些基础技术，凭仙工空空两手，把《西游记》翻上一百遍，莫想碰到象征性取经的半根毫毛。

通过认识鲁迅，各种常见意义被消解后，求取真经对于绝望的个人方才分外迫切。

鲁迅发现并见证了在古代中国由于信仰匮乏所造成的人性颓败与历史颓败这样的两大病症。

现实中一幢古建筑再不好，放在那儿也可以做个纪念，而对有严重欠缺的思想殿堂，不能仅仅置之不理，既然它导致了"人性颓败与历史颓败"，也就是豢养了无数妖魔，不采取措施就不能挽回颓势，因此举起"犯罪"的火把非常必要。

俗话说"前人栽树，后人乘凉"，骨感现实却是"前人栽树，后人掉一身毛毛虫"，躲都躲不开。老先生本事很大，性子又急，抢斧子就干起砍树的活。

最值得注意的，是鲁迅的对于生命是一个中间状态的强调。

在个体诞生之前，人们供奉的是"普遍、永久、完全这

三件宝贝"，这无疑是在用"棺材钉"钉死自己，使自己萎缩
为失却生命力的"末人"。

依仙工理解，"末人"意味着主动放弃思维主体的主人地位，打着"普
遍、永久、完全"的旗号，将自我转变为意识客体，传统中与修行意识
息息相关的成圣、成贤、成神、成佛都是这回事。鲁迅老爷子首先看出
来，这事儿不靠谱，人只能成为自我，妄想成为别的什么是在给自己钉
棺材盖子。

鲁迅是怒触不周山的共工。

"共工怒触不周山"也是个极富象征性的故事，适用于取经人——每
一位取经人都有他自己的不周山，对孙悟空是天宫，对唐僧和老院主是
观音院，对鲁迅是传统文化。

4. 与魔共舞

与其躲进"普遍、永久、完全"三件宝贝中，不如"化为
泼皮"、"寻野兽与恶鬼"、做"速朽"之"野草"。

"化为泼皮"、"寻野兽与恶鬼"，是在与假经作对，立意要固守真实的
自我。"泼皮"、"野兽"和"恶鬼"都有妖魔气息，与传统对抗之时，不经意
间也使魔怪附体。取经人要与现实对抗，自然少不了偏激和怀疑精神，
遭遇困顿时这些个性愈发起到重要作用，而这些个性都是魔性，施展开
来，人就与魔无异。

鲁迅的成功也是从发现了个体的尊严开始。但是又不
仅仅发现了个体，而且发现了个体的悲剧，不但认为人生就
是痛苦，而且认为痛苦就是人生。

> 人活着就是因为他没有意义，那我就跟没有意义共死
> 共生。跟没有意义共死共生就是我的意义。这就是鲁迅所提
> 倡的"坟"的哲学。

焚毁观音院是因为不相信观音院里供奉的那些偶像（普遍、永久、完全等宝贝），那么取经人找到了什么新宝贝来代替呢？没有。原先似乎拥有新袈裟或新信念，那是由自己的生活经历和感受获得的，而一旦行动起来，将发现摧毁观音院的并非新信念，而是怀疑精神，是魔性取得了胜利。

在怀疑精神之外，叛逆精神同样不会将新信念当作至为尊贵的宝贝，而是任由叛逆本身称王称霸。在怀疑和叛逆的双重作用下，没有什么信念不可质疑，取经人实际在为反对而反对，于是发现新袈裟和新信念不见了。

鲁迅的成功在于他走得特别远，"发现了个体的悲剧"，也由于这个发现，他找不到新的立足之处，只有将"坟"作为终点，从这个"坟"里不会诞生崭新美好的新生命，倒很可能窜出成群的魔怪来。

> 过去的生命已经死亡。我对于这死亡有大欢喜，因为
> 我借此知道它曾经存活。死亡的生命已经朽腐。我对于这朽
> 腐有大欢喜，因为我借此知道它还非空虚。（鲁迅《野草·
> 题辞》）

老先生的意识中也有"老我"和"新我"之分，老我之死意味着新我的诞生，因而值得欢喜。可是新我如何获得存在的确据？凝视死去的老我就能确认新我的存在？恐怕没这么容易。

新我的诞生没有带来持久的欢乐，倒是很快坠入阴暗思绪，与"野草"相伴，面向"坟"，"向黑暗里彷徨于无地"（《野草·影的告别》）。

这一阶段，孙悟空跟熊罴怪斗得很激烈，在鲁迅这儿，与魔相处，内心很苦。

> 在无价值之中承担无价值这一重负，无法与新世界共
> 生，那就与旧世界共亡。这是一个"失败"的鲁迅。

观音院破坏完了，取经人发现情形并不妙，美好前景并未出现，原有的信心、激情却遭遇考验，出路无处可找。

> 对于心灵黑暗的真实呈现，无疑应该以鲁迅为尊。至
> 于转向对内的否定一切，也以鲁迅为极致。勇敢地向自己也
> 向世界说'不'，无人能出其右。

怀疑精神在做功，叛逆精神一往无前，直至彻底摧毁自己，妖魔勇猛！

熊罴怪在鲁迅身上的象征性非常明显，仍然是叛逆、偏激和怀疑，是个原生青春三魔组。观音收容这样的妖魔，说明观音在经受弟子抵牾过程中也日趋成熟。

> 我的作品太黑暗了，因为我常常觉得唯"黑暗与虚无"，
> 乃是"实有"。（鲁迅自道）

> 喜欢跳蚤，不喜欢苍蝇、蚊子；不喜欢猫，而喜欢
> 狼；不喜欢狗，而喜欢蛇。

喜好越来越怪异，显示其精神日益充斥魔怪气质。

> 对猫头鹰寄予无限希望，"只要一叫而人们大抵震悚的
> 怪鸱的真的恶声在哪里？！"

令人吃惊，说这话的岂非妖魔附体？是的，一面与妖魔作战，一面变成妖魔，这就是反叛者的现状。在故事里，取经人此时也完全以妖魔（孙悟空）的形象出现，在与别的妖魔激烈缠斗。

> 我自己觉得我的灵魂里有毒气和鬼气，我极其憎恶他，想除去他，而不能。（鲁迅自道）

用取经语言说，取经人变成了巨魔，心中感觉到了魔性，却无从清除起。

> 我们经常说他是"民族魂"的继承者，其实并不准确，他其实是"民族魂"的掘墓人。

"掘墓人"是对"纵火者"的另一种称谓。

回到基本问题，为什么要取经？当然是看到了问题，从原有环境找不到解答，于是向外去寻找答案，寻找姿态本身就是对原有环境、理论、观念的不认同、不接受、不妥协，也就是举起了焚毁观音院的火把。取经之旅真的不是游山玩水的旅行，其内在含义自有其严肃性，甚至可说是非常残酷，观音院遭到焚毁是件可预期的事。

5. 莫可奈何雁归来。

> 黑暗是不可战胜的。面对无可救药的旧世界，鲁迅采取的仍旧是旧世界的斗争方式，即诅咒的方式、仇恨的方式、取而代之的方式。这样一来，旧世界的不可救药同时也就成为鲁迅自身的不可救药。

至此清楚了，孙悟空斗不赢妖魔，不是金箍棒不够沉，棍法不够精，或者七十二般变化不够熟练，而是孙悟空采取了与妖魔相同的斗争方式，以魔制魔，没有赢的希望。他需要更好的工具，然而他就是在跟原先的工具（众神）和劳动环境（天宫、观音院）斗争，他的希望在哪里？

> 从忧生转向了忧世，希望用启蒙和政治反抗的方式去寻找绝望之外的一个替代品来消解绝望，以至本来应该走向个人，结果却走向了社会，把个体的心灵黑暗归咎于社会的黑暗，这样一来，革命取代了思想，战士取代了歌者，行动取代了思考，自愿把书斋改成堡垒。

忧世是传统思路，等于是请来观音菩萨帮忙，而当初对观音（传统思想）的反抗何其坚决！

向前走不下去，就不自觉地转回头，到传统中去找解决方案。传统思维将群体和谐视为理想境界，在鲁迅这儿尽管贴上启蒙和政治反抗的标签，仍旧是不折不扣的回头路。

观音来到黑风山时化作凌虚仙子，孙悟空说："妙啊！妙啊！还是妖精菩萨，还是菩萨妖精？"菩萨笑道："悟空，菩萨妖精，总是一念。若论本来，皆属无有。"行者心下顿悟，转身就变做一粒仙丹。

观音对观音院的焚毁和菩萨妖精的议论都不生气，俨然有你们再闹也逃不出我手掌心的意味。孙悟空只好变做身体的药物，仙丹，去喂给妖魔，这和鲁迅用启蒙和政治反抗来消解绝望属同类举动。

> 在鲁迅谈论着"绝望"、"虚无"、"黑暗"、"坟墓"的时候，又会偶尔说到"希望"，说到"人道主义终将胜利"，个体的绝望与社会的希望以一种悖论的方式存在于他的世界之中，个体的绝望成为社会进步的一种必要的代价，民族与社会改造的内在的乐观，就是这样一点、一点地把鲁迅的绝望稀释掉了。

谈论取经，需明白个体的绝望才是取经的根本动力，若转而从社会的希望中找寻解答，就是向被毁弃的观音院求助，结果是人与妖魔又被胡乱绑到一起，什么问题也不解决。

"大炮的声音或者比文学的声音要好听得多。"（鲁迅名言）

相似的，枪棒碰撞比思辩的声音好听得多，于是在取经故事里多的是棍棒挥舞，却从不见费力思考。

从传统的泥沼里一路杀来，却仍旧没能杀出泥沼。

请回观音就是对这一现象的象征演绎，这句话也是对"火烧观音院"故事的形象总结。

鲁迅的事儿就这么以失败告终，而在取经人那里一切才刚刚开始！取经道路异常漫长，看上去他已有充分准备，且看他还将经历哪些奇遇。

第七章 观音院布局初览

三十三 观念中那座院子

取经的目标有二，寻找真经和寻找金镶玉唐僧。几段故事读下来，发现观音院也挺重要，所以要加入第三个目标，弄清观音院的状况。观音院上来就一把火给烧掉了，但是偌大的院子咋就这么脆弱？应该立个谜题，借着取经一窥究竟。

观音院既然象征着中国传统文化，细节上应无外乎三纲五常、三从四德、天地君亲师以及修齐治平之类，不过那都是专业人士的囊中物，仙工一外行，还是到取经故事里搜检才符合自己身份。照这么去想，从故事里还真就找到线索，从本章开始介入这一主题。

来在第23回，取经队伍人手和武备总算凑齐了，观音菩萨意犹未尽，亲自出马，再给取经人布置一道考题，于是引来"四圣试禅心"。

观音安置了座豪华农家乐，自任总经理，邀请黎山老母、文殊和普贤菩萨友情出演青春少女，等着唐僧等人来留宿，看他们想不想一直宿下去。既然这是观音亲自设置的庄院，称之为"观音院"似乎理所当然，不过这样想并不合适。观音院是观念中的宅院，观音的这座农家乐仍是具体的院落，起到的作用跟集市中间的戏台或者卡拉OK厅差不多，观音和唐僧等人对话的内容才真正涉及观音院。思路清晰了，这就打起精神，看看唐僧他们谈了什么。

青春少女散发出强烈的诱惑气息，女庄主循循善诱，讲明庄上物质丰富而男主缺乏的现状，等着唐僧等人来填补。唐僧铁了心要取经，当然不能就此还俗，所以当即拒绝，一旁却急坏了情欲蠢动的猪八戒，迫不及待地要答应。八戒劝说师父无果，回头悄悄跟女庄主商量，愿意单独留下来。女庄主嫌他丑，八戒好说歹说，得着个蒙上眼睛撞天婚的机会。美女们在身旁游来转去，八戒转晕了头也捞不着，临了还被捆住，吊了一夜。次日，宅院不见了，菩萨们早已离去，观音留下字句，肯定唐僧的诚心，批评八戒凡心未了。

妖魔没出场，金箍棒闲置，这段故事也就没啥象征性，只是摆弄几句台词，说明彻底消除凡心的重要性。这里凡心即指情欲，更直指性欲，对取经人来说完全要不得，唐僧坚决拒绝，值得称道，八戒刻意追求，活该被捉弄，临了还要严厉批评。八戒当了回反面典型，空欢喜一场，既受奚落又受罪，尴尬之情无以复加。经过这一节，八戒外形丑内心也丑的形象似乎定了格，就算不做常任的丑角，再遭欺骗受嘲笑也当活该。

在取笑八戒之余，如果问一声他到底做错了什么，该怎么回答？女庄主讲解庄园的状况，表示要招赘夫婿时态度相当诚恳，八戒顺势答应，不能算错，过家庭生活是寻常想法，不应受到嘲笑。他的猴急，不分老小全都要是有失分寸，但是基本出发点并没离谱。与他相比，孙悟空的反应倒有问题，一提到家庭生活，就想到"干那般事"，明面上把八戒说猥琐了，实际上他自己心态不正常。他跟沙僧谈论八戒何以如此急切时说："他想是离别的久了，又想起那个勾当，却才听见这个勾当，断然又有此心"，把普普通通的家庭生活称为"那个勾当"，女庄主招赘女婿的行为又是"这个勾当"，显然将二者等同起来，一概加以贬低。八戒也说"和尚是色中饿鬼"，见到美女时"淫心紊乱，色胆纵横"，对家庭生活的认识似乎和孙悟空无二，差别只在他动了念头而孙悟空不动心而已。然而就算八戒淫心大动，也不是大不了的事情，无非表明他欲念正常，对家庭生活比对取经更有兴趣，以此来嘲笑他，理由并不充分。

八戒这事还可以多换几个角度观察。话说有位旅客，就叫他二师兄吧，来到一间农家乐借宿，登记完毕，欣喜地从老板娘那儿得知，这里还兼职婚姻介绍所，仔细验看执照，好像没错，那就再登记一次呗。手续办完，该查找合适对象了，却被告知这里只提供电脑随机配对服务，真够啰嗦的。转念一想，随机配对也行，成事之后再慢慢建立感情，哪怕人家是越南新娘，也有信心把婚姻维持下去。谁知这电脑也跟人做对，等待光标转起来没完，直转到黑灯瞎火、晕头转向，突然弹出一条消息，"你是个色鬼！"太气人啦，不四下找砖头才怪。

情形稍微变一变。二师兄不是独行客，而是属于一个慈善加暴力旅行团队，同行的有大师兄、师弟和师父，还有一匹急盼着到灵山化龙池泡温泉澡的白马。二师兄抛开伙伴，独个儿登记找对象，属于严重渎职行为。老板娘知道他们的来历，对二师兄善意提醒、强行拒绝，都不管用，只好露出真面目，正是团队赞助人兼幕后总管。刚才还热情诚恳的老板娘顿时成了严厉的女十部，二师兄狠狠吃了回瘪。

暂停，把进度图标拉回开头，再播一次。这次别管二师兄和老板娘怎么对话，而要注意开场时的背景介绍。师父带这个团的目的是求取真经，拿到真经，据说可以"皇图永固"，但是从老院主以及鲁迅的事迹能看出来，那是哄人的，面向精神、面向个体才是真经的主要特性，也是取经人正在走的主要路线。面向精神、面向个体有什么表现？在没得到明确指示之前，先从实际出发做个大致推断，不再稀里糊涂过日子，勤奋、谨慎、兢兢业业、克勤克俭（怎么像玉帝在召唤？），不算太错吧？换个说法，待取得真经，从此以正常心态过正常生活，谁若说这想法不对，二师兄可以反驳他心态不正常。世上有个把孙悟空不要紧，满大街都是孙悟空乱窜乱蹦就不妙了；个别人勤谨起不了大作用，多数人勤谨才有秩序井然的社会生活。这么一来，二师兄留下成亲的愿望跟师父带团出行的根本目的并不矛盾，对他的溜号行为就要另行处置，不能当色心作怪而无端羞辱。

八戒想成婚的确不是雄性激素乱窜的结果，不信仔细瞧，他正跟女庄主自我推销，听上去他的志向也不低：

> 虽然人物丑，勤谨有些功。
> 若言千顷地，不用使牛耕。
> 只消一顿钯，布种及时生。
> 没雨能求雨，无风会唤风。
> 房舍若嫌矮，起上二三层。
> 地下不扫扫一扫，阴沟不通通一通。
> 家长里短诸般事，踢天弄井我皆能。

为了过好家庭生活，他情愿勤力耕作，以至修房扫地、家里家外的事情都上手，一个人撑持家业若能做到这般程度，真的已经很好，要求不能再高了。

真经将帮助人认识自我，与自我好好相处，如果有人已经跟自个儿处得不错，那就别难为他，取经人应该克制一下唯我独尊的情绪（那也是个妖魔），更不要嘲笑志趣不同的人。相对而言，对唐僧的要求还可以再高些，因为他是取经人，并且据说要取的是真经，有太多话题可以向他问询的。唐僧哥，您怎么说？

三十四 观点鉴赏会

老板娘是来考验项目经理的，底下员工表现再活跃，还是没触及根本。她把自家优异条件讲了一条又一条，句句都是冲唐僧说的，唐僧平时再迷糊，这会儿也不能犯困，必须和女庄主认真应对。他俩就是否留下成家做了番上档次的辩论，各念了首诗，相当于戏剧里一长段唱词。女庄主详细论证了在家人的好处：

> 春裁方胜着新罗，夏换轻纱赏绿荷。
> 秋有新刍香糯酒，冬来暖阁醉颜酡。
> 四时受用般般有，八节珍馐件件多。
> 衬锦铺绫花烛夜，强如行脚礼弥陀。

唐僧高门亮嗓地表明了自己的观点：

> 出家立志本非常，推倒从前恩爱堂。
> 外物不生闲口舌，身中自有好阴阳。
> 功完行满朝金阙，见性明心返故乡。
> 胜似在家贪血食，老来坠落臭皮囊。

庄主的论点是留下过日子衣有美裳、饮有好酒、食有美味，四时享用俱全，身旁佳人常伴，无论从哪方面看都比出家强。唐僧的主要辩驳是在家人只注重身体生活，出家人更关心精神生活，心中的好阴阳比四时衣食更受用，而且还可避免"闲口舌"等副作用；更关键的是出家人有未来，"见性明心返故乡"，能够到达某种高超境界，在家人没有未来，"老来坠落臭皮囊"，就等着凋零枯萎。老板娘听完很生气，再不跟他啰嗦了，实际上认可了他的答辩，考试通过。

回头再翻出八戒的辩白，跟女庄主的接近，但不完全相同，三家凑一起，可以搞一场生活意义大辩论。真要辩起来，结果肯定是各说各的理，谁也占不了上风，因为这里缺乏一个关键因素，即共同的判断标准。好比赛跑，速度就是标准，谁最快谁赢，此外扯什么步伐稳健、长发飞扬，没用。如今这场辩论刚见起色，就因缺乏判断标准而黄掉，实在可惜。其实标准是有的，正是唐僧待取的真经，只是还没取到，只好眼看着错过一场好戏。

女庄主不跟唐僧谈了，转头料理二师兄去，咱们别在旁边傻站着，看看能不能鼓捣出点动静。一个办法是从各家答辩中抽取出本质性的东西，如根本目的、主要着眼点、思考的出发点、行动的目的和归宿，以及精神最终寄托，相当于让大家献出各自宝贝，开个鉴赏会，倒也热热闹闹、其乐融融。

首先陈明观点的是女庄主。咱要明白，庄主说的并不是观音的本意，但是她的话很代表了部分人的观点，不排除凡间某位庄主想的和她一样，所以就把她说的称为庄主观点。庄主话语里面内容很多，但是基本要素只有一件，就是"舒适"，无论吃的、穿的、用的、住的，怎样舒适怎样来，把身体伺候得服服贴贴。舒适是所有作为的总目标，考虑事情的出发点和归宿，只要能够达成，精神愉悦，别无所求。

接着有请二师兄上场。二师兄那段话蛮感人的，或许有人怀疑他做不到，但这里不涉及行为，而只看观点，况且他的观点也很有代表性。既然话是他说的，就应以他为名，称为"八戒观点"。庄主的话里包含很多好物件——新罗、轻纱、香糯酒、锦绫、花烛，都指向精致而舒适的生活，二师兄说的则全是行动，耕地、布种、起楼、扫地、通阴沟，精神上指向同一样东西——勤谨。只要勤谨，活着就有意义，说高尚点，将有限的生命投入到无限的为家人服务中去，通俗点说，反正闲着也是闲着，有劳必有获，精神上舒坦。勤谨不单要把日子过好，还是安身立命的所在，含有自我实现的意味，难怪庄主听了立马心动，答应给他一个机会。

在让唐僧再次开口之前还得打个岔，有人曾经提出过一种观点，跟八戒观点非常相似，那就是佛祖介绍玉帝时说的，玉帝苦历千劫，历时久远，方得高位，因此应以玉帝为名也列上一条观点，核心就是刻苦，管他刻的是劳作的苦还是修持的苦，反正生存的意义在于刻苦之中。八戒观点直指日常生活，玉帝观点却具有足够的精神高度，所以两者相似但不相同，玉帝的地位毕竟比八戒高得多。

这下该轮到唐僧重新申明观点了，他说的当然就是唐僧观点。

依唐僧来看，前两位唱得热热闹闹，不是新罗、轻纱就是耕地、布种，好像挺有内容，然而视野还是太窄，借用天竺以西某位名人的说法，一辈子只知道跟猪打交道，自身也变成猪（萧伯纳），所以别看二师兄说的挺真诚，改变不了他的样貌。唐僧师父一上来就走高端路线，"出家立志"，精神起主导作用，再不把些猪呀、地呀、新衣裳呀什么的放心上，彻底推倒，从此我不认识它，它不认识我。立志之后方向明确，不贪恋外物，抟炼心中好阴阳（有点像道教说法，唐师父不纯是佛教徒？）。再往后目标也清楚，功完行满、见性明心，多美妙，相比之下，舒适和勤谨有目标吗？除了新了旧、旧了新的衣服，以及一车又一车拉不完的畜粪，还能有什么？吗也木有，费那劲图啥？

唐师父观点从立志到行满全是精神工作，要用一个词来总结，就是"完满"，从现实中彻底超脱出来，面向无限的精神未来。他这观点看着挺大气，热烈鼓掌！不过再强调一次，真经不在场，咱不要赞叹这个就鄙夷那个，评判不是咱能做的。但是不评判也不行，赞叹本就来自评判，而且两厢都有道理，咱如果必须在出家和在家之间二选一，可得怎么办？有点困难，要么就离开大厅，换个地方开小会，把疑问私下里抖出来，选择或许在答疑过程中自然出现。

三十五　返回哪个故乡？

听完唐僧观点，心里起了疑问，公开质疑不方便，就换到这儿来悄声说。唐僧说"见性明心返故乡"，他要去哪儿？他不是去取经吗？取完经不是还要回东土传经？东土是他的故乡，可是照他的说法，好像见性明心才是他的故乡，他这取经很有往而不返的意思，那么干吗号称"取经"？

或许仙工弄拧了，东土是现实故乡，永远不会变，他强调的是精神故乡，在精神上返故乡，相当于给自己找个精神家园，不是挺好吗？可是这样一来仙工疑虑更甚，因为仙工是世俗中人，把世俗当自己的故乡，即便取经，无非是找到最真最好的道理，善加把握世俗中的生活。所谓世俗，不仅指衣食住行，也包含生活中的基本观念，如结婚生子自然而然，家庭生活很重要，应该找事做，对孩子有教导之责，个人脱离不了生老病死，等等。唐师父还没取经就出家了，取经或许有此必要，但是他又说"见性明心返故乡"，彻彻底底跟世俗分手，要是他说的全对，仙工的，当然也是大多数人的生活就全错，此事要紧，仙工不能置若枉闻。

有一则故事，一个小朋友梦想做民航飞行员，有人问如果半道上飞机没油了，他该怎么办？他说马上跳伞，让人听了不免摇头。小朋友紧接着的话又让人感动，他说要尽快取到油，回到飞机上，加好油继续飞行。用这个故事可以解释取经的意愿。取经人看到了现实世界的问题，有心寻找答案，甚至采取了火烧观音院的激烈行为，但是取经人也有责任运用所感受到的真经重建观音院，因此取经就类似于小朋友拿到油，再回到飞机上的心愿。取经人的"故乡"仍然是原先的世界、原先的生活、原先的文化、原先的信念，取完经后终将返回原先的故乡，用从真经而来的观点改造原先的一切，让生活不那么别扭，不那么折磨人。要是如唐僧所说，取经就得出家，出了家还要奔见性明心的故乡去，根本不想返回，仙工就视之为畏途，觉得他把那驾飞机丢弃了，不能让人坦然。

"见性明心返故乡"的前提是"功完行满朝金阙"，更让人狐疑满腹。"功完行满"，行为和意识都完全达到某种目标，似乎是应当的。然而这只是看上去很美，内里包含很不妙的东西。鲁迅对成为"普遍、永久、完全"深恶痛绝，"功完行满"正是把那些东西当宝贝，唐僧的目标岂不就是要做个"末人"？换种说法，"见性明心返故乡"很可能是要放弃自我的主体地位，自觉做个思维客体，那么罪过可就大了，不好玩。

当前人举起纵火的火把，烧的是历史造就的观音院，仙工没赶上趟，来到现场看见的已是废墟，不好再说什么。这回唐僧提到返回见性明心的故乡，在仙工来看就是又一次举起火把，准备烧向世俗观念的院子，仙工在里面有一份产业（观念上的），不得不站出来质疑，他这么做合适吗？然而唐师父走的是精神路线，运用的是高深理论，仙工是外行，很感到干着急没办法。他的举动肯定有他的理由，仙工坚持自己观念也有自己的原因，又是各说各的，关键还是在缺乏共同判断标准上，所以仍然非常需要真经，而且越来越迫切。

仙工人微言轻，质疑无效，闲话还是少提吧，再回观点鉴赏会去逛逛。

前番观点鉴赏会邀来了三样展品，另加一个玉帝观点荣誉出展，这会儿仙工仔细一瞅，好像又多了两样，戏里戏外各一，展品种类更丰富了。

第五个观点由大师兄说出口，就称为悟空观点，主要言论包括：

- 提到婚介登记，马上说"我从小儿不晓得干那般事"；
- 鼓动八戒还俗，理由是"他想是离别的久了，又想起那个勾当"；
- 眼前女庄主的提议跟八戒的愿望正相配，因此是"却才听见这个勾当，断然又有此心"；

真相大白之后，出现一首诗做题记，跟大师兄论调一致，所以也归给他，色乃伤身之剑，贪之必定遭殃。

佳人二八好容妆，更比夜叉凶壮。

只有一个原本，再无微利添囊。

好将资本谨收藏，坚守休教放荡。　（24回）

正常的婚姻生活在悟空观点里等同于性生活，性生活又等同于淫乱和纵欲过度，因而说出来总显得淫秽下流、危险重重，找一个词总结，不妨选用"勾当"，不是好事的意思。悟空同学心思邪乎得紧。

现在来观摩第六样展品，是仙工从史铁生的《病隙碎笔》一书里找来的，可称之为"铁生观点"：

性爱，实在是借助肉身而又要冲破肉身的一次险象环生的壮举。你看那姿态，完全是相互融合的意味；你听那呼吸，那呼喊，完全是进入异地的紧张、惊讶，是心魂破身而出才有的自由啊！性爱的所谓高峰体验，正是心魂与心魂于不知所在之地——"太虚幻境"或"乌托之邦"——空前的相遇。（《病隙碎笔》5：33）

哎呀不得了，那边将性生活当作妖魔唯恐避之不及，这边却将性爱当成追求自由的辉煌壮举，简直是在唱对台戏！说老实话，铁生观点过于偏激，把性爱的意义推得那么高，让人吃不消，反过来还是悟空观点更容易理解些。

这就把六样观点归拢到一张图上。

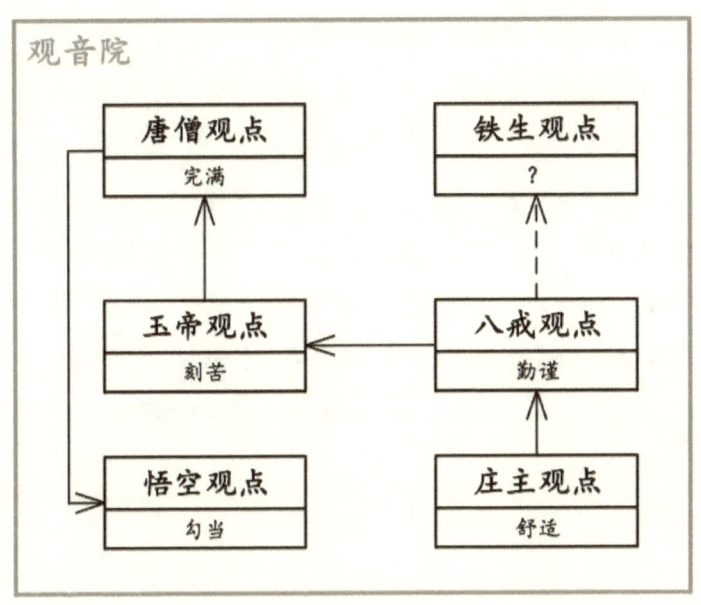

整个框架就是观念中的观音院，以上观点便是院子里的主要殿堂。

庄主观点是所有观点的出发点。

八戒观点比庄主观点多了些主观意愿，位置略高。

玉帝观点是从八戒观点衍生出来的，比较倾向于精神生活。

唐僧观点是对玉帝观点的重大提升。

悟空观点和唐僧观点根本上是一致的，只不过表现得一个正经一个流里流气。

铁生观点和八戒观点都包含正常的生活观，应属同一类，但实质差别在哪里目前还不清楚。

最后还要提一下八戒形象的象征性。如果把唐僧和孙悟空当作同一个人物（取经人）的不同表现，共同构成一号主角，那么猪八戒做首席配角当之无愧，这么个人物一定含有某种象征。猪八戒和孙悟空一样，也是个妖仙。既然孙悟空对应取经人的心智，猪八戒是不是也对应取经人心里的某种东西？要是这么想就犯了经验主义错误。严格来说猪八戒和取经人没啥关系。唐僧和孙悟空再怎么闹矛盾，取经目标都从未动摇过，猪八戒身居要位，却不把取经当回事，心思一向停留在世俗生活上。用世俗观点看，唐僧、孙悟空，也包括观音，一门心思想着出家，都不想做正常人。八戒似应把史铁生引为知己，要是早遇见就好了，不必再在观音、唐僧、孙悟空那帮脑残面前大丢其丑（把猪八戒和史铁生拧到一起，不知铁生老先生乐不乐意，可惜老先生已经驾鹤远行，不能亲自表达意见了。无论如何，仙工认为这里面有很多事可以说道，不久就将看到）。

第八章 解谬唐僧肉

三十六 过度传奇唐僧肉

终于讲到唐僧肉了，这可是取经故事的核心哪，谁还记得真经！妖魔社群里广泛传言，吃了唐僧肉长生不老，于是各路妖魔顶着金箍棒的巨大压力，或强抢，或暗夺，施展各种本领擒拿唐僧，然后跟孙悟空展开一轮又一轮激战。妖魔的强烈欲念和孙悟空的通天本领构成主要矛盾，将双方连接起来的就是唐僧肉，于是唐僧更像只家畜，以肉食为剧情提供关键道具。

妖魔并不是从一开始就关心唐僧肉的。第20回，黄风岭的虎先锋拿住唐僧，当美食进献给老板黄风怪，但是黄风怪心存疑虑，和虎先锋商量：

> "且莫吃他着。"先锋道："大王，见食不食，呼为劣蹶。"（有这么和老板说话的吗？）洞主道："你不晓得，吃了他不打紧，只恐怕他那两个徒弟上门吵闹，未为稳便，且把他绑在后园定风桩上，待三五日，他两个不来搅扰，那时

节，一则图他身子干净，二来不动口舌，却不任我们心意？

或煮或蒸，或煎或炒，慢慢的自在受用不迟。"

俩妖讨论了该不该吃唐僧，何时吃，如何吃，就是没提唐僧肉的妙用，看着让人着急。看来他们还没把唐僧肉和长生不老联系到一起。

唐僧肉第一次被拿来说事是在第27回，有位个体户女妖为这传言，拿自个儿的骨头跟金箍棒比试硬度，不料白骨是套组合体，一碰就散了架。这事恰好发生在唐僧师徒吃完人参果之后，可以猜想人参果是促成唐僧肉传言的灵感来源。仔细找找，唐僧吃完人参果后出现这样的提示：

有缘吃得草还丹，长寿苦捱妖怪难。（26回）

证据确凿，确实是人参果引发了对唐僧肉的谣传！打这儿之后，故事找到了主心骨，妖魔出面阻碍取经拥有了合理口实，也才引出取经人们和妖魔不可胜数的争斗。双方闹腾得相当投入，但是长生不老当真对妖魔那么重要吗？考虑到妖魔的象征性，或许谣传里面存在某种误解，需要拎出来仔细审视。

世上要是有吃了就能长生不老的补品，人们肯定趋之若鹜，厂家早就赚翻了，名列世界企业500强不在话下。唐僧肉据说具有这种功效，妖魔听了难免心动，真就要捉唐僧来吃吃看。逻辑就是这样的，唐僧肉是宝贝，妖魔们值得花费力气去争取，但是当妖魔被看作魔性的象征，这种逻辑反而说不通。魔性不是独立主体，没有肉身，也谈不上寿命，所以跟妖魔谈论长生不老，应似向大个子推销增高鞋，对方完全不感兴趣。妖魔不是喜欢吃人吗？多吃个唐僧，附带着长生不老，不是挺好？的确，妖魔天然要吃人，然而那是象征的说法，听话听音，不能顺着表面意思瞎想。

读取经故事，始终要分清现实和象征的区别，不然到处拧巴，透着不可理喻。现实对应身体和身外可见、可感的世界，身体所能感受的，弄个探测仪，比如照相机、温度计、平衡仪什么的，都能检测到，并且比身体检测得更精确。象征则对应内心里发生的事情，包括愿望、情绪、观念、心理倾向，只有用心才能体会。比方说"他不尊重我"，拿仪器怎么量？"他不愿见我，因为嫉妒我"，人都见不着，还怎么测？象征和现实相比差别太大了，足以构成一重独立世界，人从来都同时生活在这两重世界里，各种想法时而是纯现实的，时而属于纯象征的（观念的），有时两者兼而有之。

取经故事讲的是象征世界里发生的事情，解读的时候始终要避免跟现实观念混淆，以"吃唐僧肉"而言，象征世界里的含义就和现实世界有极大差别。现实中的"吃唐僧肉"就是切割一个名叫唐僧的人的肉，蘸上酱油，撒上盐和胡椒，或蒸或烤，要么就血淋淋地生吃。当然这是不折不扣的野蛮行径。换到象征世界，"吃唐僧肉"应是"控制唐僧心思"的意思，就是使妖魔对应的观念或情绪占据唐僧这人的心思，使他依照魔性"意志"的要求去思想和行动。比方说嫉妒这个魔吃了唐僧，他就一门心思嫉妒谁；骄傲这个妖慑取了唐僧的心思，他就高昂起脑袋，对谁都瞧不上。

现实中的吃通常另有目的，填饱肚子，治疗疾病，提神保健，或者享受美味。单纯为吃而吃很罕见，要是像一群母鸡较着劲儿啄米，多半精神出了问题。妖魔的"吃"等同于"控制"，吃到人，他就实现了魔性存在的意志，除此之外，别指望吃了人妖魔就长高、长胖，那是现实肉身才有的特性。因此对妖魔来说吃人就是目的，其后没有更高目的；为吃而吃很正常，为别的目的而吃反而透着不正常。

故事毕竟是写给人读的，人很容易理解"长生不老"的愿望，所以将这种愿望安到妖魔身上，故事读起来合情合理，但是需要留意，在自以为理解了的时候，很可能已经上当了，误将点缀当正题，反而忽略了原本主题。

三十七　妖魔敬业好处多

分清"吃唐僧肉"在现实和象征上的区别，就可以重新看待故事，当然也不免生出些许愿望，仙工的直接愿望是妖魔们能够敬业一点，对付唐僧时，

· 把唐僧当作一个人来吃，而不是仅当作肉来吃；

· 吃的时候开开心心，别再为长生不老那种说辞而瞎激动；

· 捉住唐僧马上动手，不要想着过几日"身子干净"，那肉身干不干净不关妖魔的事；

· 丢开"食不厌精，脍不厌细"的古训，也别想着蒸啊煮的，抓起唐僧来囫囵整吞，那才是妖魔的专业吃法。

不过故事有故事的难处，如果当真捉住就吃，那就一枪扎死杨六郎——没戏唱了。妖魔有迟疑才给孙悟空提供了无数机会，紧张曲折、扣人心弦等等才派上用场。故事是一回事，解读是另一回事，仙工既然想要通过解读故事来领会真经，只好顺着自己的思路想下去，重新勾画妖魔面目。

当妖魔眼里看着唐僧，心里却想着寿桃或仙肉，是对唐僧极不尊重，同时也不尊重他们自身——能够驾云和变化身形，妖魔已经超越了野兽和飞鸟，当然也超越了人的现实存在，进入不生不死、变幻莫测境地，如果还想着吃肉和长生，就是自跌身价，去跟野兽同流。这样的妖魔要再来，给他一枪，没啥可怕的。将唐僧当作人来吃，妖魔就保持了超越存在的尊严，从而可与仙佛比肩，要知道仙佛就是作为超越存在而受到人们膜拜的。

妖魔们敬业了，还会带来两条好处，使故事读起来象征性更丰富：

1. 唐僧面对邪魔的利齿时用不着那般恐惧。

再凶恶的妖魔也只是个象征，只侵害唐僧的心灵，伤不到他的肉体。既然没有性命之忧，过度担忧就没必要，唐僧完全可以从容应对。

参考一下《魔戒传奇》里的镜头，怪物喷着火步步逼近，甘道夫将魔杖往地上奋力一戳，怒吼："你不能过去！"，怪物果然迟疑不前。

换成唐僧，妖魔张着血盆大口扑过来，唐僧把取经杖往地上奋力一杵，大吼："你吃不掉我！"妖魔冲上来咔嗒一口，把唐僧吞了下去。安静片刻，又传来取经杖杵地的声音，唐僧又一次大吼："你吃不掉我！"……

怎么回事，刚才不是明明见着妖魔吃掉唐僧了吗？难道唐僧也会身外身功夫？孙悟空没把那功夫全拿走，或者又还给了师父？疑问一个接一个，比啤酒杯里的气泡还多。没看走眼，妖魔的确吃掉了唐僧，唐僧也的确又一次声称"吃不掉我"，这是象征世界才有的奇妙现象。既然是在象征世界，"我"就不再是肉身的我，而是指向精神的我，灵魂的我，作为观察者的我，这样的我一重又一重，无穷无尽。妖魔确实能吃掉唐僧，比如使他好奇、嫉妒、骄傲、叛逆，不停地吃吧，这是顿自助火锅，只要店家不打烊，妖魔就能一直赖着不走。店家什么时候打烊？那得看唐僧什么时候说不出"我"来，身体虚弱不算，象征世界里没有体虚口焦一说。唐僧只要还在想事儿，自然而然会用"我"来指称自己，他的自我就还存在着，妖魔也就没法把他吃干净。这么一来唐僧虽被吃了无数次，但也无数次明确体认自我的存在，根本用不着害怕妖魔。

唐僧发现妖魔确实吃不掉他的"自我"，心情放松下来，在等待大徒弟实施解救之际，完全可以找点自救措施。一个办法是疑惑，心想"我干吗这么骄傲？"于是妖魔吃下去的骄傲的唐僧被原样吐出来，同尚存的自我合为一体；他再想"妖魔有啥可怕的？"恐惧的自我又还原了；再想"妖魔跟我有啥关系，我是要上灵山的"，于是他能够面向某种美好的东西，妖魔想要下口都难。只要唐僧还能感觉到自我，他的存在意志就完好，妖魔要伸展其存在意志就受到阻碍，难以完全占据唐僧的心思。这么一来，妖魔还可怕吗？多思多想，唐僧逐渐能占据主动，他怎么就不想呢？孙悟空把他的思考能力完全拿走了吗？

2. 孙悟空跟妖魔搏斗的性质大为提升。

师父没了担忧，孙悟空更不用着急，甚至可以挂着棍子点上根儿烟，吞云吐雾间看着他俩一打一还，进行单调的吃和吃不掉游戏。可是这么一来又出现新问题，还要大师兄做啥？对了，早就猜想过，孙悟空所掌握的通天本领对应着智能，根本上不过是工具，在取经这事上，有他可以，没他也可以，现在终于初现端倪。唐僧只要善加利用自己的存在意志，妖魔能吃他，但吃不完他，他凭一己之力仍有翻盘的机会。

大名鼎鼎的孙大圣竟然面临失业的危险，往前回溯，妖魔敬业是基本原因。如果不让妖魔敬业，还把他们当野兽待，孙悟空岂不前程无忧？这相当于养寇自重，不失为救急良策，但面对已然丛生的疑问，终究不是长久之计。没有妖魔敬业一说，对孙大圣从事职业的怀疑也已出现，有人说过，他只知道跟妖魔胡殴，不过是个高级打手，他所在的团队也不像有啥远大理想，而是由一帮武力凶悍、凶神恶煞的歹徒组成的"武装集团"（潘知常《谁劫持了我们的美感·〈西游记〉：逃避自由》）。大圣形象成也因妖魔，败也因妖魔，那可咋办？

既然取经是象征故事，不妨以象征为坐标，给大圣的职业重新定位。妖魔敬业之前，他是护卫鲜肉的保镖（虽然没听说过保这种镖的），妖魔敬业之后，鲜肉没了意义，师父也找见自我存在意志当护身武器，但那是消极防御，妖魔想吃师父还是能吃，要是自助餐厅赖着个长期食客，任哪个老板心里都难受。对付妖魔，金箍棒仍然大有用武之地，起的是积极防御的作用——唯我独尊是个魔，多读点书，就知道历史上和现实中大牛多了去，自个儿这个尊只是个小虾米；非我莫属也魔性十足，但是不至于忘了"地球离了谁都照转"的道理吧？嫉妒邪气不小，但是若把精力放在自我激励而不是使小性子上，魔性将转换为魔力，能起到意想不到的推动作用……通过这些工作，妖魔很难得手，师父也就可以省下力气，把存在意志用到更需要的地方。

再往前一步，敬业的妖魔即便意识到吃不完唐僧，仍然赶着来下口，目的是要把魔性灌注到唐僧心思里去，使他变得自私、狭隘、骄傲、偏激、刻薄、歹毒……，总之是不像人。这时孙悟空还可以大展宏图，运用一切智慧力量，维护唐僧这个人的优良品性，使他保持真诚、执着、理智、热情、宽容、友爱……，归结起来就是富有人味——哇噻，猴哥不简单，干的是精深的思想工作，打的是高端大气上档次的人性保卫战，谁还敢说他只配当打手！

除此之外，学习、思考、理性分析、明智判断等都是对付妖魔的手段，也都得经由大圣之手来完成，大圣有的是工作可做。

唐僧师徒的形象都有很大改进余地，如果说妖魔端正业务态度是关键原因，那就大错特错，关键当然在真经和取经那儿，妖魔不过是给取经总目标打下手。

妖魔的形象毕竟不太好，哪怕敬业了，也还是丑恶妖魔，和野兽不一样。人类对野兽取得了压倒性优势，反过来可以改正野兽的形象了，设立野生动物保护区，立法保护珍稀品种，宣传爱护动物观念，都使野兽不再跟凶恶保持固定联系。这些做法会不会用到妖魔身上，是不是要看人类能否对妖魔取得压倒性优势？别妄想了，无论人类开发出多么神奇酷炫的技术，妖魔也不准备改变食谱，飞机大炮在他们眼中形同无物。人心永远是妖魔眼中不二选的猎物，并且跟妖魔对抗的本钱依然少得可怜，所以对妖魔还是多提防着为妙。

第九章 唐僧在干吗?

三十八 诗文点题

　　由取经故事改编的影视戏剧和画报数不胜数,仙工最初接触到的有戏剧《真假美猴王》、《三打白骨精》,动画片《大闹天宫》,广播里孙敬修老爷爷讲的西游故事,连环画也不在少数,最有名的当然还是央视连续剧。经过十多年耳濡目染,自认对《西游记》相当了解。这番拿出原著来一翻,才发现还有太多东西,孙敬修爷爷们全然没提。例如若问取经团队人员数目,十之八九回答四个,算上白龙马至多五个。然而实际答案远不止这数,那五个在明处,暗中还有一大票贴身保镖(专业称谓是护法),分成四组,分别为六丁六甲、五方揭谛、四值功曹、十八护教伽蓝,轮班值守保护唐僧(三位神仙徒弟已经够贴身了,那些护法更贴身,竟然没影响到长老行动)。想不到唐僧还享受元首待遇,不知远处有没有雷公电母肩扛狙击步枪手持望远镜随时待命。类似的想不到还有很多,网上也常见相关文章,不断汇报最新发现。

　　以前读过部分原著,描写景物和神魔鏖战时常见到韵文,不免多读几遍，搞不懂作者怎么想到那么多陌生词汇的。这回再读，注意到在刀光剑影之外，还经常出现论说道理的诗文，那更是孙敬修爷爷和影视编导们不愿提及的。然而那些诗文直接道出故事主旨，相当于取经人从象征世界穿越回现实，向观众透露故事背后的秘密。

小时候看革命战争电影，最烦里面的文戏，让个把大姑娘跟战士搞暧昧，那时仙工小屁孩一个，看不出那些欲说还休是个啥意思，巴不得冲锋号响了又响，战士们端着枪往前冲。搁现在，嘿嘿，不得不承认，文戏有文戏的价值，多数时候比武戏更值得回味。

《西游记》里讲道理的诗文相当于文戏，孙悟空跟妖魔干仗当然属于武戏。电影里的文武戏讲究编排得当、水乳交融，跟大姑娘搞暧昧的战士，炮火声中得带头冲，要是暧昧由他来，冲锋没他的事，观众不答应。《西游记》里的文武戏却怎么看都像水归水，奶油归奶油，两不相关，难怪孙敬修爷爷和编导叔叔阿姨们自发帮咱把累赘文戏过滤掉，多谢哈。

如今琢磨着象征性取经，观感又不一样，应该承认那些诗文和故事情节有内在关联，而且就是在点明故事的主旨，也在说明取经人的所思所想，有时候甚至故事怎么演绎不用太在意，直接把诗文多读几遍就够了。仙工这就准备列举那些诗文，看看取经人到底在想啥。

> 处世须存心上刃，修身切记寸边而。
> 常言刃字为生意，但要三思戒怒欺。
> 上士无争传亘古，圣人怀德继当时。
> 刚强更有刚强辈，究竟终成苦与非。　（26回）

心上刃即忍，寸边而是耐，这是劝人要能忍，有耐心，如此才能避免犯错，远离困苦。一看就知道这是玉帝观点腔调，难道取经人在向玉帝输诚？

这首诗出现在人参果故事中段，孙悟空正为找能治活果树的神仙而焦头烂额，出事了才后悔当初太冲动，说明忍耐、戒怒欺之类说教的确深刻，哪怕去取真经，这些训言也不应忘记，甚至可以当作从实践中重新确认的真经来待。

"上士无争"应出自《道德经》，"圣人怀德"则指《论语》所褒奖的美德，取经人面向佛教，心里也认同道家和儒家教导，很有海纳百川的胸怀，难能可贵。

> 义结孔怀，法归本性。
>
> 金顺木驯成正果，心猿木母合丹元。
>
> 共登极乐世界，同来不二法门。
>
> 经乃修行之总径，佛配自己之元神。
>
> 兄和弟会成三契，妖与魔色应五行。
>
> 剪除六门趣，即赴大雷音。　　（31回）

"金顺木"、"心猿木母"、"妖与魔色应五行"，取经人对五行也很在行，这般叨念，难道把五行也当作真经重要内容？仙工对五行不感兴趣，姑且放过。

"法归本性"是讲法由人的本性而来，又回归于人的本性，因而认识人的本性方能符合"法"，合于"法"又能保守本性，可见"法"和"本性"是一体的两面，和真经非常接近。

"剪除六门趣，即赴大雷音"明确给出成正果的方法，那可不是远涉山水的身体行为，而是从意念上消除六门趣，使心思免受干扰。这里"大雷音"看上去是真经的代称，"剪除六门趣"是符合真经的作为，是不是说真经已然知晓，需要的只是行动？那么一来还要取经做什么？

> 德行要修八百，阴功须积三千。
>
> 均平物我与亲冤，始合西天本愿。　　（53回）

修德行、积阴功是传统观念的重要内容，这首诗再次宣讲，和第一首一样，重新确认了这些观念的正确性，可见取经人虽面向真经，但不准备否定原有观念，看来他不是危险分子嘛。那么火烧观音院是怎么回事，的确是场意外？或者取经人多走了些路，想法变了，真就回归传统了？仙工越读越搞不懂。

"均平物我与亲冤"既然符合"西天本愿"，一定也是真经的一部分，值得认真领会。物是物，我是我，物我差别天然存在，这里要求消除这一差别，说明西天本愿的真经指出了物我差别是造成人生困苦的一种根源，若能消除，必成就大功一件。

亲与冤是人生常见的重要差别，更是可以想见的人生困苦的重要因由，如果能够从客观和主观上消除亲冤分别，显然生活将顺畅得多。

"均平"就是消除差别。一提到消除，自然想到孙悟空的金箍棒，那是专门用来消灭妖魔的，可见物我和亲冤等差别都是妖魔，要接受金箍棒的敲打。

这首诗出现在故事的中途（100回中的第53回），距离目标似乎还很远，但是从"要"、"须"和"始合"等命令式口吻可以看出，命令的目标（德行、阴功、物我、亲冤）都是西天本愿和真经的重要内容，下达的任务也很明确（修八百，积三千，均平），连数目字都清清楚楚，是不是观音告诉了取经人，三藏真经有15144卷，激动之余述透露了里面的具体内容，德行八百，阴功三千，让他路上别闲着，先自琢磨起来？

取经人一路向西，离灵山还远着呢，对真经的内容却似明明白白，他笃定了，仙工反倒困惑日甚，不明白他在想什么。他这取经越瞅越难解。

三十九 取经人心态考

假如有位小朋友得到承诺，过节将收到一份贵重礼物，他会有什么反应？他一定日思夜想，盼望节日快点来。如果知道那份礼物是什么，他将反复设想拿到之后怎么玩，例如自行车，将到院子里绕着花坛骑，要是乐高积木，将搭出各种物品，如果是游戏机，往后就再不用到邻居家蹭着玩儿。如果不知道那是份怎样的礼物，他的心思可能更加活跃，一方面不断询问那是哪种玩具，一方面看到好玩的，都要想一想自己能否得到。总之，从听到承诺开始，他的心思停不下来，随着节日临近，关注之情更甚。

取经人也得到了一个承诺，只要向前走，将得到真经，其珍贵程度怎么形容都不过分，这势必在他心里掀起喧然大波，经历各种心态将在所难免：

- 向往——自不待说。

- 好奇——应该也很强吧？他如果知道真经的内容，取经就没必要，所以他一定处于对真经一无所知或懵懵懂懂状态，好奇心日渐培养起来，和受到警告的夏娃及潘多拉拥有相似心境，急切希望知晓答案。

- 叛逆——也是他心情的重要部分。玩具多多益善，真经却只有一个，取经人既然想要获得真经，就得在相当程度上放弃现有信念，甚至和既有信念及思想体系处于敌对状态。有关这一点，火烧观音院故事已很说明问题。

- 困惑——取经是个过程，一路上碰见各种各样的事情，他会反复判断，肯定自己，怀疑自己，即便把最终判断留待拿到真经的时刻，也会在心里存下若干疑问。以唐僧的经历为例，通天湖里的妖怪吃童男女，是个坏蛋，同时他给当地带来风调雨顺，又是位难得的好神仙，那么要不要简单撵走他？除了撵走，有没有更好的解决方案？在小雷音寺，黄眉老佛跟孙悟空闹得不可开交，但是他跟别人并没有仇怨，而且他也是念佛的，大家为什么不能坐一起论论道？对照未知的真经，能够生出的困惑非常多，取经人除了走路，心里头有的是事情可想。

• 迟疑——真经非常宝贵，取经人将是那个亲手拿到真经的人，在极度庆幸之外不妨自问，我承担得起这样的职责吗？心里越看重真经，越会感到如临深渊的恐惧，生怕天大的好事被自己办砸了，因而有所迟疑也应难免。

如果真经是看不见的风，取经人心头势必掀起一圈圈涟漪；如果真经是不能直视的太阳，取经人的心头则似微波荡漾的湖水，必将闪现星星点点的反光。咱们接着翻阅点题诗文，试图找见取经人心头的涟漪和反光。

> 六欲尘情皆剪绝，平安无阻拜莲台。（67回）

"拜莲台"是获得真经的又一种表述。这一节还给出获取真经的方式——剪绝六欲尘情。关于六欲，最常见的说法是指眼、耳、鼻、舌、身、意，正是孙悟空跟从师父后首次出手干掉的六贼（见第14回），这么一来，真经内容又明了了一部分，而且还被孙悟空手起棍落，立时实现了，哪儿还用得着困惑加迟疑？猴哥是不是下手太快？

> 色即空兮自古，空言是色如然。
>
> 人能悟彻色空禅，何用丹砂炮炼。
>
> 德行全修休懈，工夫苦用煎熬。
>
> 有时行满始朝天，永驻仙颜不变。（71回）

色和空是佛教宣讲的重要理念，《心经》里就讲到"色不异空，空不异色；色即是空，空即是色"（19回）。第58回，又借如来之口大谈色空理论：

> 非色为色，非空为空。空即是空，色即是色。色无
> 定色，色即是空。空无定空，空即是色。知空不空，知
> 色不色。

看来取经人需要牢牢掌握色空理论，这么说来色空理论也是真经的重要内容啰？可是这种理论是已知的，还要另外取什么经？

看后面的"德行全修休懈，工夫苦用煎熬"，好像催促他少啰嗦，赶紧推导公式，然而公式是已知的，那么哪儿还有功夫做猜想和怀疑？他在忙什么呐？

> 情欲原因总一般，有情有欲自如然。
> 沙门修炼纷纷士，断欲忘情即是禅。 （74回）

这里"禅"又是对真经的一种指称，"即是禅"则指获得真经。实现"禅"这种真经的途径是断欲忘情，故事里六欲作为六贼登过场，七情化身为七个蜘蛛精当众搓了把澡，结果一个不剩，都让孙悟空挥棍子打死了，大师兄功劳很大啊。既然需要做的都被孙悟空做掉了，留这取经人有什么用？……不要胡思乱想，无论真经有没有拿到，取经人还是主角，少了他故事玩儿不转。

> 若教自在神丹漏，才放从容玉性枯。
> 喜怒忧思须扫净，得玄得妙恰如无。 （91回）

神丹和玉性都是道教词汇，取经人居然也想保守，他这佛徒当得不纯嘛。前头刚猜想过，取经人心里怀想真经，难免心生偏激和叛逆情绪，对现有理论瞧不上眼。可是这一位倒好，认定佛经是好的，决不放弃；德行是好的，顺手干走；忍耐源自生活经验？可能用得着；五行瞅着不错，拿回去练练；阴功有点神秘，回头悄悄试试；神丹、玉性是啥玩意？左右没人，揣走……

有一首歌唱道："什么都不想要！"，这位取经人却俨然在唱："什么都想要！"他什么都要哇，难道让真经跟这些乱七八糟的合一块儿用，整个一甜咸不分的八宝粥？

至今为止，预想中的取经人心态仅见到向往，好奇、叛逆、困惑、迟疑什么的一样没找见，这位取经人跟仙工想象的大不一样，是不是仙工整个儿想错了？俺开始怀疑自己。再摘录几段，都是老调调，懒得解说了——

> 须着意，要心坚，一尘不染月当天。
> 行功进步休教错，行满功完大觉仙。 （74回）
>
> 起念断然有爱，留情必定生灾。
> 灵明何事辨三台？行满自归元海。
> 不论成仙成佛，须从个里安排。
> 清清净净绝尘埃，果正飞升上界。 （93回）
>
> 休逞六根多贪欲，顿开一性本来原。
> 无爱无思自清净，管教解脱得超然。 （94回）

四十 取经还是修行?

取经是件面向未知的举动,取经人必定展示出相应心态,困惑、怀疑、叛逆等都不可少,可是查看诗文,怎么也找不见困惑的意思,倒是对结果笃笃定定。既然如此,仙工已不抱希望,只好改换思路,考虑这位长老是不是在做和取经相反的事情——修行。取经和修行构成对立关系,在心态上有他无我,有我无他,好在这二位中间隔着一道界限——真经,所以永远不会面对面眼对眼。长老名为取经,心态上完全看不出来,要么他早已跨越了认定真经那道界限,或者从来没有意识到真经是需要认定的(即经受无底洞难题的责问),因而看到德行、阴功、艰忍什么的,觉得有点道理都想遵照执行,那就完全是修行的意思。凭着这种判断,再来查找诗句,搜索图标转起来⋯⋯

> 水火相挽各有缘,全凭土母配如然。
> 三家同会无争竞,水在长江月在天。(36回)

这段出自沙僧之口,唐僧听完"理明一窍通千窍,说破无生即是仙",照单全收。不说取经人,就凭他的佛徒身份,也不能跟小学生似的听到啥道理都当永恒真理。看来这位取经人在思想上不准备怀疑什么,也不准备争取什么,只想做个胡吃海塞的硬盘。"三家同会无争竞"也说的出来,结果一样也捞不着,被一把火烧得乱七八糟,那火延烧了逾半个世纪呀!

> 一念才动生百魔,修持最苦耐他何!
> 但凭洗涤无尘垢,也用收拴有琢磨。
> 扫退万缘归寂灭,荡除千怪莫蹉跎。
> 管教跳出樊笼套,行满飞升上大罗。(78回)

唐僧讲"心生，种种魔生"时，大家以为他在预估取经的难处，现在才注意到提示，"一念才动生百魔"导致的是"修持最苦"，他心里打的是修持的算盘！看来取经将如何进行、真经将有什么内容之类问题从来没有进入过他的考虑范围，真经已然在手，傻瓜才想要取经呢，他早就进入高级阶段，依照真经修行，准备"行满飞升上大罗"，到达人生完满境界。然而所谓完满，无非是自我从主体彻底转变为客体，等于被妖魔吃得干干净净，难道取经人真就以此为乐？

从正修持须谨慎，扫除爱欲自归真。（23回）

"从正修持"，为什么不是"从正取经"？

道不须史离，可离非道者。
神兵尽落空，枉费参修者。（88回）

这一段指孙悟空、八戒、沙僧仨弟兄将各自兵器借给玉华国王子，离了兵器，很快祸事降临。他们都是象征人物，再怎么犯错，最终责任人还是取经人，而这位取经人的实质身份已然清晰无比——参修者！咣当，结论掉眼前，仙工傻了！

说唐僧是取经人，就像说路是用来走的，衣服是用来穿的，从来都是不容质疑的基本观念，如今把他说成是参修者，而与取经浑不相干，合适吗？是不是仙工故意怵人听闻？

仙工明白，自己犯了严重错误，不应该这样解读原著。可是俺从来没有恶搞的意思，反倒一心一意想从中发现好东西，难道有错吗？说到取经，怎么着都是面向未知的真经，心态上自然要充满不确定，然而这位长老从来信心满满，并且催促他的心智孙悟空把喜怒忧思统统干掉，这分明是修行的意思，道理应该是这样的吧？那么仙工错在哪儿？

回头再读孙悟空的言论，才明白其主要意思——"念念回首处，即是灵山"（24回），"但要一片志诚，雷音只在眼下"（85回），他俨然已经掌握真经，并且代表唐僧立身灵山，挥舞金箍棒只是为了让灵山更清净！他还拟了一首诗来总括其观点：

佛在灵山莫远求，灵山只在汝心头。
人人有个灵山塔，好向灵山塔下修。（85回）

看来他对于自个儿在干吗明白得很，倒是仙工一向会错意思敲错掌。

实现真经的要求无非是扫净喜怒忧思，不要起念，切莫留情，戒除贪欲，无爱无思，用象征方式看，金箍棒一直挥个不停，所以金箍棒的主要作用不是扫除前往灵山道路上的障碍，而是从灵山（这个灵山是指个体圆满状态）去除贪、欲、爱、思等毛病，从而"自归元海"、"飞升上界"、"解脱得超然"。前往灵山是取经的工作，解脱得超然则是修行的任务，超然的目标和解脱的方法都已确定，没什么要求取的，只要遵照执行就可以了。不仅唐僧没在考虑取经，孙悟空干的也跟取经无关，他俩一唱一和，果然"同住同修同解脱"，哪儿哪儿都是明示，俺咋就没早看出来呢？

取经是件大好事，仙工想跟着沾光，结果竟弄成这样。仙工有自知之明，单干没前途，跟着别人走最稳当，可是前面那几位突然说到家了，把仙工撂半道上，这可咋办？当初担心唐师父取回经来瞎嚷嚷，凡是得不出一加一等于二点五的都是二百五，就成心盯紧他的取经，现在一看，根本就没有"取经"，拿取经当回事本身就是二百五，傻呀！再瞅瞅给自己取的名字，难怪下意识觉着合适，"太乙"，大白话说就是"很二"……不说了，蹲一边儿难受去。

下　篇

第十章　象征思维

四十一　将错就错

唐僧说求取真经，仙工竟然信以为真，还煞有介事地花了好些年研读，真是既愚蠢又无聊。事到如今，仙工琢磨取经上了瘾，停不下来，准备揭发故事里的几个小毛病，以证明取经故事原本的路线很对头，只是不小心又绕回到修行上去了。

讲取经不能不提灵霄殿，大仙们都在那儿开会，商量怎么对付孙悟空。有时没注意，屏幕上打出"凌霄殿"，看着好像也挺合适，上网一查，竟然不是生僻词汇，有这么几条：

- 神话传说中天君玉皇大帝的宫殿；
- 《说岳全传》第80回，"一日，驾坐凌霄宝殿，两傍列着四大天师，文武圣众。"
- 《乘龙佳话·屠龙》，"吾当亲走凌霄，奏闻上帝。"
- 《一九五八年曲艺选·西河大鼓〈五千一〉》，"虽然说通不到凌霄殿，活神仙看见也眼馋。"

• 电影《天仙配》，七仙女有这么句唱词："休怪董郎心烦恼，他怎知我是七仙女私下凌霄。"

看来凌霄宝殿才是正式名称，"灵霄殿"里有错别字！

《西游记》第1回，孙悟空出世，"目运两道金光，射冲斗府。惊动高天上圣大慈仁者玉皇大天尊玄穹高上帝，驾座金阙云宫灵霄宝殿，聚集仙卿……"

皇帝开大会的地方叫金銮殿，要是有人写成"斤銮殿"，小心官家知道了教他脑袋搬家。《西游记》一上来玉帝就出场，从头衔看排场不小，偏偏宝殿的名字写错了，是在讽刺玉帝和众仙吗？

给大人物擅挪办公地点，《西游记》干了好几回，如来佛祖也是位受害者。释迦牟尼佛讲法的地方叫耆阇崛山（念"齐督决山"），山顶有块上翘的大石，很像鹰嘴，称作鹫峰。但是单叫鹫峰好像平淡了点，改叫"灵鹫峰"马上文雅得多。那山名念起来也够拗口的，改作"灵鹫山"，好念又好记，得，就是它了。要是佛祖回来参观，发现山名改成中文石刻，肯定闹不明白啥意思。

进入取经故事，对不起，佛祖又得挪位子。鹫不是好鸟，撵走，山名改成"灵山"，简单明了，似乎是涵养心性的好地方，很灵（北京也有座"灵山"，不知什么个来头，感觉在跟着瞎起哄）。就这么着，佛祖的办公地点从天竺的某座山挪进人心里，成了精神领域的圣地。

另一位改换办公地点的当然是唐僧啦，取经原本走尘世间的路，进入故事，河西走廊、西域和天竺等地点统统跳过，改走心灵的路，仍然和"灵"有关。

再有一位重要人物，不辞万里去求学，却没找当时的知名学府岳麓或白鹿洞书院，而是直奔心灵，投入灵台方寸山，这位就是故事并列主角孙悟空。

从凌霄殿到灵霄殿，从耆阇崛山到灵山，从尘世的路到心灵的路，

《西游记》都擅加篡改，但是经过这么一番改造，原本就不平凡的故事跟心灵搭上界，再加上象征方法的巧妙运用，故事外观和内涵都得到极大拓展。虽然故事的实质是修行而非取经，以取经为主题对其解读仍大有可为，要点就在取经人声称要索取的真经上。真经到底是什么经，至今仍然没有着落，但有一点是清楚的，需要把无底洞难题记在心上，迎难而上，绝不拿看着有点道理的东西来搪塞。

一系列将错就错、以讹传讹为从现实走上灵路做了标记，可见大方向是正确的，取经这条路仍然值得走下去。《圣经》开篇写到"神的灵行走在水面上"，神本身就是灵，现在通过取经，灵霄殿、灵山、灵台和心灵之路都指向灵，似乎可以遥遥望见上帝的身影。不是说取经人也要信上帝，而是通过取经，也能就西方广泛传播的上帝观念给出自个儿的说法。在取经人这儿，上帝另有名称，就是"真经"……

想着想着，仙工激动起来，再不为唐僧等人中途退场而难受。他们在的时候，仙工说话常得反复思量，书里没提到的事情不能瞎猜。如今他们不带俺玩儿了，仙工反而如释重负，可以顺着自己的思路继续取经。想到这儿，不禁手舞足蹈，开心地唱出声来：

从今不再受那奴役苦，
口口口口口口口（含糊其词，以哼代唱）
我耕田来我织布，
我挑水来我浇园……

四十二　线性思维

　　好像开了场篝火晚会，欢送唐僧师徒弃取经而从修行。接下来仙工准备独自上路，继续求取真经。后面的文字可以给一个总标题，"远离唐僧师徒的日子"。不过要注明，"唐僧师徒"仅指唐僧和孙悟空，他俩合一起形成一个完整的参修者。唐僧师徒虽然忙于修持，不经意间在心灵世界开辟了广大空间，为新一轮取经创造了良好条件，所以仙工虽然独自走，仍然要对他们表达敬意。往后有点发现，还会回来跟故事里的情节做对照，那时将对原著产生更深认识。

　　远离了唐僧师徒，气氛轻松多了，先前想到但是不好提的意见尽可以讲出来，最重要一条，原著讲的故事太残酷。

　　哪怕习惯了取经等同于降妖除怪，读那些故事仍然很不轻松，仙工经常被主人公的种种极端作为震惊到。

　　孙悟空的一个喜好是纵火，驱走妖魔后总是放上一把火，把魔窟烧个净尽，甚至连端庄华丽的小雷音寺也不放过，"临行时，放上一把火，将那些珍楼、宝座、高阁、讲堂，俱尽烧为灰烬"（66回）。住守小雷音寺的是副佛祖弥勒的徒弟，不算太妖，庙里供的也都是常见的大佛，孙悟空连这也不放过，做得好像太绝了，是十足的野蛮行径。

　　孙悟空不珍惜建筑倒在其次，对妖魔的狠毒也很让人吃不消。63回，孙悟空俘虏了碧波潭的两个妖怪，放回去报信前将金箍棒变作一把小刀，"将一个黑鱼怪割了耳朵，鲇鱼精割了下唇，撇在水里"。把人家弄成残废，是没有必要的残暴，仙工读到这儿就心想，你孙大圣好歹是要成佛的，下手竟然这么狠！对妖魔这般残忍，即便成了佛，胸口藏的能是颗什么心？不可理喻。

　　70回，孙悟空跟踪一个小妖，那位正在自言自语："那时我等占了他的城池，大王称帝，我等称臣，虽然也有个大小官爵，只是天理难容也！"这竟然是个懂天理的妖魔，真是个意外的惊喜，应该跟他好好谈谈。孙悟空变化了身形，从小妖那儿诓出情报，转回身，"就行起凶来，掣出棒，复转身，望小妖脑后一下，可怜就打得头烂血流浆迸出，皮开颈折命倾之！"他这么不管三七二十一地残杀，倒真是天理难容了。

故事就是这样挂着取经的名义，到处播撒残忍血腥，尽管仙工用象征性予以化解，心中仍存别扭。固然妖魔拦路逞凶在前，但是杀戮得如此无情残酷，就不怕扭曲了心理，使取经人的面目变得比妖魔还丑陋凶暴？到那时，凭你取来什么经，邪恶心态大概也扭转不了。

取经故事的残酷性和"见魔就除"观念互相呼应，一个是消灭妖魔的原则坚硬如铁，一个是对付妖魔的手段冷酷无情。唐僧除了说过"心灭，种种魔灭"，再没就魔和真经的关系做过详细论述，也没有给孙悟空发过具体命令，就放任孙悟空大肆制造恐怖，实在是对崇高理想极端不负责任。

现在有了新视角，所谓的"取经"其实是修行，故事的残酷性就不仅源于象征，还跟修行密切相关，这就再做考量。

翻开原著，把直指中心思想的诗文再读几遍，好多印象深刻的句子还没仔细品味呢。

从正修持须谨慎，扫除爱欲自归真。（23回）

剪除六门趣，即赴大雷音。（31回）

六欲尘情皆剪绝，平安无阻拜莲台。（67回）

沙门修炼纷纷士，断欲忘情即是禅。（74回）

须着意，要心坚，一尘不染月当天。（74回）

一念才动生百魔，修持最苦耐他何！

但凭洗涤无尘垢，也用收拴有琢磨。

扫退万缘归寂灭，荡除千怪莫蹉跎。

管教跳出樊笼套，行满飞升上大罗。　（78回）

起念断然有爱，留情必定生灾。

灵明何事辨三台？行满自归元海。

不论成仙成佛，须从个里安排。

清清净净绝尘埃，果正飞升上界。　（93回）

喜怒忧思须扫净，得玄得妙恰如无。　（91回）

休逞六根多贪欲，顿开一性本来原。

无爱无思自清净，管教解脱得超然。　（94回）

读来全是修持训诫，对付的目标是这么几样：爱欲，六门趣，六欲，六根，尘情，尘垢，尘埃，万缘，贪欲，欲，情，念，喜，怒，忧，思，爱。这都对应人心中的"不良"思想情绪，形象化后呈现为半兽人，取经人时不时撞见的妖魔就是它们，诗文也直接称它们为"百魔"、"千怪"（78回）。

妖魔辩识出来了，对付方法同时出现，表现为一系列动作：扫退，扫净，扫除，荡除，剪除，剪绝，洗涤，收拴，断，忘，扫，绝，无。既然目标呈现为妖魔，扫除、剪绝等动作自然对应孙悟空抡起千钧棒横扫的行为，因而孙悟空干的活儿和除暴安良、维护社会正义没有半毛钱关系，只是为了排除内心障碍，实现修持目标。

不看不知道，一看吓一跳，爱欲、尘情、喜、怒、忧、思，构成生活的基本情感要素全都被定性为妖魔，遭到孙悟空无情横扫，想到仙工数十年如一日无限崇拜他和他师父，真是不知好歹。无论参修者把修持目标描绘得如何天花乱缀，仙工仍然看重凡俗生活，认为将爱欲和尘情当妖魔有违常识，因而要为取经添加一桩附带任务，指出参修者的谬误，以捍卫常识、捍卫生活。既然想捍卫什么，就要展开论战，但是有几条困难使论战无法发生：

1. 将爱欲当妖魔事出有因，要是追踪下去，难免要到进行过无数遍的因果论证里面打转转，又中了某种圈套，这次仙工再也不上当。

2. 仙工理工出身，参合因果论证的活儿力有不逮，搞不好正不了爱欲等宝贝儿的名，还白白遭受羞辱，索性不急着应战，另想对策。

3. 为爱欲正名本来是大家伙儿的事情，恰当途径是引出问题，发动同好，群策群力。但是目前只有仙工在这儿鼓捣，势单力孤，所以论战之事还是缓行。

思来想去，仙工决定不去跟参修者计较，而要顺着自己的思路，拿出自己的意见。到底爱欲、尘情是妖魔还是天使，能从很多方面考虑，仙工先从以上诗文中总结出特定思维模式，然后找出取经所需要的思维方式。

这就拿"喜怒忧思须扫净，得玄得妙恰如无"一句作为样本，看看"沙门修炼纷纷士"是怎么考虑问题的。

日常生活很平淡，有人忍受不了没啥刺激也没啥希望的平淡，想要获得某种玄妙感受，愿意付出艰巨努力。得玄得妙的愿望可以理解，只要不影响别人，奋斗的用心应该受到尊重。要得玄得妙，日常生活中形影不离的喜怒忧思俨然成了障碍，可以说喜怒忧思是日常的同谋，使人不能超凡脱俗的危险分子，必须予以摆脱，于是对付它们，首当其冲就是扫净。

换个想法，生活虽有不少快乐，烦恼也曾出不穷，要是能摆脱烦恼，快乐自然到来，例如怒给人带来烦恼，保持不怒就消除了一桩烦恼的肇因；忧本身是烦恼，不忧即是无烦恼。所谓兵来将挡，水来土掩，发现一个烦恼源，马上想到对策，无非是立即消除，仙工觉得这里面存在着一种很直接的思想方法，称之为线性思维方式（也称作"直线思维"），即看到甲就想到乙，眼里的世界非白即黑，少有层次。要跟参修者打擂台，对准线性思维方式开火就成，于是仙工诌出个"非线性思维"，准备一试身手。

眼瞅着仙工的取经要上坦途了，事先做个深呼吸，发个声明。仙工争取不乱放炮，不知道的不乱说，知道的也不乱用。好比拿到限额十毫安的电阻，俺决不让超过八毫安的电流通过它。谈论取经，也争取用材料说话，仙工甘当搬运工，负责罗列找见的各种观点，顶多给心仪的观点送花点赞。很多观点需要论证，除了争取不让文字太枯燥，主要还是明确外在限制，当然啦，最高限制是还没拿到真经（一旦拿到，取经不就毁了嘛）。论证过程中也要自我设限，对奇谈怪论保持警惕，至于大嘴巴乱开支票更要不得。闲话少说，取经马上继续进行。

四十三　非线性思维

线性和非线性思维是个陌生领域，先找一则寓言来做引子。网上很多文章喜欢拿兔子做主角，这则寓言的主角也是只如假包换的兔子。原文照录：

在众多的兔姐妹中，有一只白兔独具审美的慧心。她爱大自然的美，尤爱皎洁的月色。每天夜晚，她来到林中草地，一边无忧无虑地嬉戏，一边心旷神怡地赏月。她不愧是赏月的行家，在她的眼里，月的阴晴圆缺无不各具风韵。

于是，诸神之王召见这只白兔，向她宣布了一个慷慨的决定：

"万物均有所归属。从今以后，月亮归属于你，因为你的赏月之才举世无双。"

白兔仍然夜夜到林中草地赏月。可是，说也奇怪，从前的闲适心情一扫而光了，脑中只绷着一个念头："这是我的月亮！"她牢牢盯着月亮，就像财主盯着自己的金窖。乌云蔽月，她便紧张不安，唯恐宝藏丢失。满月缺损，她便心痛如割，仿佛遭了抢劫。在她的眼里，月的阴晴圆缺不再各具风韵，反倒险象迭生，勾起了无穷的得失之患。

和人类不同的是，我们的主人公毕竟慧心未灭，她终于去拜见诸神之王，请求他撤消了那个慷慨的决定。

（周国平《幸福的悖论·人生寓言·白兔和月亮》）

仙工首先觉得这则寓言非常好，不拿出来共享简直对不起观众。夸奖完了，还得招认本意，拿这故事做线性思维的典型挺合适。

进入正题之前，先想象有那么一只兔子（或一群兔子），也对赏月上了瘾，不过在他（他们）眼里，月亮美得销魂，兔子在月色的光影里神魂颠倒、死去活来。然后呢？没有然后——没有一位神出来颁发赏赐，兔子也不能放弃什么以矫正心思，他的神魂一直颠倒着，始终死不彻底也活不过来，他（他们）成了迷醉至绝望的兔子。这些兔子可不是专门找来跟那只赏月兔唱对台戏的，生活和书本里随处可以找见，套用《西游记》的口头禅，"有诗为证"：

> 白云一片去悠悠，青枫浦上不胜愁。
>
> 谁家今夜扁舟子？何处相思明月楼？
>
> 可怜楼上月徘徊，应照离人妆镜台。
>
> 玉户帘中卷不去，捣衣砧上拂还来。
>
> （张若虚《春江花月夜》）

如果嫌这诗不够证的，还多的是，不同时代的兔子都怀有同样心事：

> 明月何皎皎，照我罗床纬。
>
> 忧愁不能寐，揽衣起徘徊。
>
> （《古诗十九首》）

> 搴罗幕，凭朱阁，不独堪悲寥落。
>
> 月东出，雁南飞，谁家夜捣衣。
>
> （冯延巳《更漏子》）

> 不知魂已断，空有梦相随。
>
> 除去天边月，无人知。
>
> （韦庄《女冠子(一)》）

> 牡丹花谢莺声歇，绿杨满院中庭月。
>
> 相忆梦难成，背窗灯半明。
>
> （温庭筠《菩萨蛮》）

这是哪儿跟哪儿，莫名其妙！

且让仙工从这群兔子的对比继续"我耕田来我织布"的取经。

线性思维有这么几个特征：

1. 面向现实和浅层自我。

那只赏月的兔子迷途知返，好像交还公物就能重拾闲适心情，但是既然那种心情轻易被得失之患摧毁，说明闲适具有现实性，是某些条件满足之后的特殊状态。解读取经故事时一直强调自我有无限多重，身体和精神自我处于表层，很容易受到现实干扰。赏月兔的经历表明，闲适是不做得失计较时才有的心情，根本上被现实罩着，属于浅层自我。

2. 身体扮演主要角色。

现实性和身体性密切关联，只要是现实的，归根结底还是身体的，无非是属于自己的身体还是别人的身体。大家都看重财富，根本上是看重自己的身体，把财富、名气什么的当成身体的延伸。

仙工小学时候读过一篇介绍猪的文章，说猪浑身是宝，肉可以吃，皮能制皮革，毛可制刷子，内脏提炼物可入药，还郑重其事地画了张图，把猪身上各部位的功用全指出来。要是让猪来介绍自己，它会说："偶是头猪，生在猪圈里，喜欢洗澡，但不愿意跳水……"前一种介绍是人从自己的身体需求出发看待猪的身体，后一种是猪从自身存在出发，讲述它对自身的观感。

赏月兔在不计较得失时身体并没有被遗忘，心旷神怡就是赏月带来的身体舒适感。计较得失后身体感受更直接了，月圆了、亮了，仿佛她的身体更健康；月亏了，躲进云里，她仿佛感冒发烧，浑身不适。不管月亮属于谁，她都在用身体欣赏月亮。

3. 能够采取行动以改变自身状态。

现实性和身体性带来理智判断和操作的可能性。感冒了，灌杯板蓝根，发烧了，拧条冷毛巾捂着，身体对付起来总是有办法，哪怕找大仙求张符烧成灰化进水里喝下去，也是个招术。身体感受有轻重差别，现实中的上下贵贱美丑差别更多了去，不管哪种状况，自有对付办法。

赏月兔经过一番折腾，明白了在得失的喜乐悲欢和心旷神怡之间更喜欢后者，于是解决办法打个响指就出现，退还公物，继续做个不受牵绊的自在兔。自在不自在，还是只身体性第一的兔子。

4. 自我能够无限扩展。

这一条赏月兔没明说，但是参修者说得很清楚，

"须着意，要心坚，一尘不染月当天。"（74回）

"喜怒忧思须扫净，得玄得妙恰如无"（91回）

"清清净净绝尘埃，果正飞升上界。"（93回）

喜怒忧思都和月亮元宝一样，给人带来得失之患，只要扫净喜怒忧思，退还元宝，得玄得妙和心旷神怡就在不远处甜蜜地招手。

理智的重要本领是能做推导。心旷神怡怎么够？再往下还有更多美事，"一尘不染月当天"望得见，"清清净净绝尘埃"是合理推想，"果正飞升上界"才更美妙，可惜赏月兔脑容量太小，跟她说了很可能理解不了。"果正飞升上界"以及"扫除爱欲自归真"、"剪除六门趣，即赴大雷音"等说法都在指明自我能够达到完满境界，而那境界是通过理智的线性推导想象出来的。

非线性思维和线性思维大异其趣，针对线性思维的特征，非线性思维自有其立场：

1. 面向内心、精神、意识和灵魂。

"玉户帘中卷不去"的是月光，是月光下的兔子，也是兔子内心里捉

摸不定的自我。表面上兔子沉浸在深深的相思离愁之中，仙工思来想去，觉得远方那个人只是个象征符号，叫啥名长啥样年龄多大收入几何都不重要，自我才是与相思兔夜夜相伴愁思难遣的真正对象（详细论述参见我的《生命之杯》一书第二章《相思为谁？》）。这是兔子的深层自我，至于身体，只在凭栏徘徊时用得着，多数时候它都退隐了，而让精神自我唱主角。

2. 精神性占据主要地位。

既然面向的是深层自我，精神性理所当然占据主要地位，身体性，包括心旷神怡、身轻体健以及财源广进，都插不上话。此时的兔子们是在用心灵赏月。

3. 没有改变自身状态的可能。

线性思维善做推导，也就常能找见解决办法，非线性思维却经常看到自己深陷困境，并且一点解脱的招术都没有（《生命之杯》第八和九章就论述这个）。月光下的相思就是典型的非线性思维状态，向往幸福，却去处无由，望不见良人身影，得不到音信，你就愁吧，除了愁没别的可想。真要想找事做当然有，一是写诗，再就是歌唱，但是此时的诗和歌只能用来抒发，当不得消遣，深层自我不接受任何消遣。

4. 存在无限状态，但是远非自我能够达到，为此而焦虑彷徨。

线性思维通过推导而望见无限状态，并且引导自己去接近那种状态，表达出来就是"果正飞升上界"。非线性思维一上来就把自己置于绝望困境，相应的也感知到存在无限状态（感知到的，不是推导出来的），但是那远不是自己能够达到的。

拿相思兔来说，她思念的是远方的某个人，盼望的是那人归来给她带来的无限幸福，然而在思念过程中，她汲汲品尝的是灵魂自我的存在感，在愁中存在，在痛中存在，愁与痛就是美。如果她所想念的那人那兔嘣噔跳到眼前，她会很开心？仙工猜想她会学周星驰做个突兀动作，引开众人注意力，然后冷不丁飞起一脚，把来者踹进旮旯儿，门一关，再若无其事地继续相思愁苦（参见电影《食神》）。

做个总结，线性思维是用头脑思考，面向现实世界和身体自我，理智推导起到极大作用，在推导中望见无限，然后催促自我去接近无限。联系到取经故事，理智在线性思维中起主导作用，于是它化身为神通广大的孙悟空，唐僧则因失去智能而痴傻呆愚，师徒角色的背反是由线性思维，也即身体性思维决定的。

非线性思维用内心感知深层自我，面向精神和灵魂，理智不起作用，通过感知自我的困境而觉察到无限的存在，反过来又因无限的遥不可及而进一步加深自我的艰困处境，自我深陷绝望，毫无解决办法。

既已引入了非线性思维，就把它当重要工具，来解决取经中遇到的问题。还记得八戒观点和铁生观点吧，两者志趣相同，都注重正常生活，但是表现迥异，八戒观点着重于身体，铁生观点在精神上相当高迈，而且极难理解，拿到非线性思维后就为理解它准备了重要工具，取经将由此向前迈进。

非线性思维属于精神性思维，换一个名称，用"象征思维"来表达似乎更贴切，也好强调象征方法在这种思维中的首要作用，但要弄清非线性与象征之间的关联，必须牵涉到对无限的理解，留待后文再说。与象征思维相对，线性思维也可称作"现实思维"，指想法太实际，太理性，缺乏超越成分。

这些结论很可能来得突然，讲太多又嫌枯燥，接下来还是准备拿实例说事，搜集材料去也。

四十四　思维实例

1. 菩萨保佑。

有那么个人，有一天兴奋地跟大伙说："今天开车差点出车祸，吓死我了，幸好没撞上，菩萨保佑（或者感谢神）！"

改天跟另一位聊天，问他最近有啥新鲜事，他说："这两天读了本小说，以前读过，没搞懂，这回读出点意思，菩萨保佑（或者感谢神）！"

很明显前一位在用身体想事，感谢的是线性思维的菩萨或神，而后一位在用心想事，感谢的是象征的菩萨或神。前一种说法仙工听到过无数次，往后还将继续听下去；后一种说法从来没有过，但是没听到不等于不存在，从书上能找见类似论调：

> 一切伟大的精神创造都是光来到世上的证据。当一个人自己从事创造的时候，或者沉醉在既有的伟大精神作品中的时候，他会最真切地感觉到，光明已经降临，此中的喜乐是人世间任何别的事情都不能比拟的。读好的书籍，听好的音乐，我们都会由衷地感到，生而为人是多么幸运。
>
> （周国平《幸福的悖论》）

除了钱之外，还能欣赏点儿什么实在是幸运，将这种幸运归给神佛，才更接近拜神佛的本意，因为神佛作为超验存在，跟非线性思维相联才合乎其身份。

2. 扫墓。

这次拿一位扫墓人说事。上一年他来扫过墓，准备充分——草纸叠成金元宝状，买来时价格不菲；冥钞带了不少，版面和前些年相近，但是后面又多了几个零，冥界通货膨胀也很厉害；随身还挎着个篮子，烟、酒、油炸小鱼和荷包蛋，样样皆有。

今年又来扫墓，来得仓促，什么也没准备，就在路边买了束鲜花，摆到碑前。

同样的人做同样的事情，要表达的意思是一样的，但是从所带的东西看差别大了去。上一年的祭品全是线性思维的产物——现实中缺不得钱钞，逝者似乎也用得着；吃的、喝的、抽的，活人熟悉无比，想必逝者也不陌生。纪念逝者和探访活人的做法一模一样，把逝者的需求都考虑到了，而且解决办法妥贴完善。

对着墓碑献花很不实用，但却是非线性思维的产物。逝者已也，与身体相关的任何东西对他们都失去了意义，生者还有什么能够表达思念之情？献花只是一种表达，是无可作为之后的一点点表示，真正的纪念藏在心里，生者与死者在内心深处执着相守，花的美丽是心灵相守的具象表现。

3. 脑瘫诗人。

网上不断有人火起来，最近一位是个诗人，名叫余秀华，因有残疾，被冠以脑瘫诗人的称号。要说脑瘫，仙工马上想到唐僧，不过他瘫的是大脑，余秀华则是小脑不灵。有关余秀华的事情网上都能查到，不用多说，这里只提一个细节。一次当地干部去探访，鼓励她发挥特长，少写自己的困难和苦闷，多宣传家乡，弘扬正能量。仙工觉得这些话很有冰桶挑战的意思，是线性思维在向非线性思维喊话。

照诗人自己的说法，"写诗是件小我的事情"，让她专门写诗去歌颂家乡实在可笑。史铁生说他活出了一些问题，即活得别扭，才思来想去，想把一些问题搞明白。余秀华也说"没有办法接纳自己"，自己跟自己处不融洽，才觉察到同一个身体里隐藏了无数的自我，每一个都在呼求，身体，当然也包括容纳身体的家乡，满足不了这些自我急于表白的愿望，于是到诗中寻找突破。那些诗和相思兔的诗一样，是自我沉没前的呼喊，也是无可奈何的申诉，不能拯救诗人的精神境况于万一，又的确是自我救赎的重要途径。

歌颂家乡属于线性思维，净说些敞亮话，与身体相关，而与精神自我无关，因而读不出意思。领导的想法其实挺正常的，身体需要理性，只是诗人已然走入自我深处，身体性的正常满足不了她的渴求（况且她还处于身体的不正常），才急切到诗的氛围里去探寻。写诗面向深层自我，属于非线性思维，领导对诗人的期许着实令人尴尬。

下面搜罗几行余秀华的诗以供参考。

> 它时刻高举内心的雷霆，
> 最朴素的一粒金黄。
>
> （《一颗玉米籽在奔跑》）

> 我要给你一本关于植物，关于庄稼的
> 告诉你稻子和稗子的区别
> 告诉你一棵稗子提心吊胆的
> 春天
>
> （《我爱你》）

> 抱膝于午夜，听窗外的凋零之声：
> 不仅仅是蔷薇的
> 还有夜的本身，还有整个银河系
> 一个宇宙
> ——我不知道向谁呼救
>
> （《唯独我，不是》）

4. 歌者与鱼。

女歌手姚贝娜去世是2015年的事情。她原本是专业歌手，但主要是为工作而唱。因患癌症，才急切想要为自己而唱，于是唱得特别动情，每每一开口，能感觉到饱满的情感不可遏止。

她唱的《鱼》比较典型，从一条小金鱼的视角出发唱到：

渴望躺在你温暖掌心
感受你 拥抱你 亲吻你

理智地说，这歌词写得莫名其妙——小金鱼竟然对人产生依恋心情，它那微不足道的脑容量支持得了那些想法吗？鱼在水里，人在鱼缸外面，虽然同居一室，境况天差地别。鱼在水中游才自在，这条金鱼竟然迷恋上人的手掌心，神经严重错位。脑筋本来就不够用，还坏掉，没救了。

用线性思维考虑，这歌儿完全不能听，但是用上非线性思维，这就是首难得的好歌。要是处处想着合逻辑就土了，所谓的"土"就是思维太身体、太线性。这歌的主角哪儿是鱼呀，分明是歌者的自我，鱼与人的隔绝对应着歌者自我与永恒幸福的隔绝，从隔绝中感受到绝望，为绝望而分外要放声歌唱。这歌和余秀华的诗，以及众多相思兔们的诗一样，都是在用象征方式表达自我与永恒幸福的隔绝、远离，从绝望中感受自我的存在，在抒发中成就自我。

还有更奇怪的。余秀华因诗而成名，于是有人劝她多写正面的诗，说明有人思维正常。姚贝娜在台上高唱绝望，台下依然欢声雷动，然而看看那些观众，个个青春洋溢，灿烂的笑容不像沾染过忧愁和绝望，却和一个癌症患者同声共气，不觉得不可理喻？买了票是奔娱乐来的，高昂的热情需要抒发快乐心情的歌曲来匹配，听到深痛的绝望怎么会动情呢？难以置信，然而事情就是这么发生了，说明绝望深藏在每个人心底，聆听绝望就是感受自我，年轻观众们是在为"自我"而欢呼。

四十五 象征思维的一颗露珠

诗与歌都是象征思维的产物，除此之外象征思维还有哪些表现，恐怕很难估计。这一节要从自我实现角度再来为象征思维搜罗实例。

圣·埃克苏佩里的《要塞》一书是部相当精妙的象征思维作品，里面有一段话很值得搬出来共享。仙工把这段话比喻为一颗露珠。本来似乎用珍珠做比更合适，珍珠光泽圆润，又耐久，挂在胸前，坠在耳边，很能给美丽加分。但是仙工想到了露珠，就不想改了——露珠晶莹剔透，美丽而短暂，除了拍张照片发两句赞叹，拿它没办法，跟象征思维所指向的脆弱生命非常相像。

> 因而为什么对这个黑夜里乱跑的女人，我不是净化她，或是召回她。我在她身边放上炉子、水壶、金黄铜盘，就像一道道边境线，为了渐渐地通过这套组合让她发现一张可以认清、熟悉的面孔，一丝只属于这里的微笑。这对她来说是神的渐渐显身。这时孩子会叫着要喂奶，手指受到要梳理的羊毛的诱惑，炉火也要求煽动。从那时起她心甘情愿、任劳任怨。因为我是那个使香气集中不散的制罐人。我是那个使女人有自己眉目而存在的人，为了以后面对上帝时不是在风中懦弱地叹息，而是具有热忱、温柔、个人悲情。
>
> （圣·埃克苏佩里《要塞》）

总共七句话，出现我和她两个人物，我是指类似基督的角色，接近上帝，对生命拥有定义权和解释权（仙工琢磨取经的时候很读过些基督教的书，但是终究没有成为基督徒，主要是因为一旦认信，就不能取经了，可是一直觉得取经更有意思）。她是指一个灵魂生命。什么是灵魂生命？说出来玄玄乎乎，煞有介事，实际上嘛也不是。说对了，灵魂自我在诗人那儿表现为相思愁苦，在歌者那儿是彻底绝望，但要仔细研究，它却什么也不是。这回基督出场，给灵魂吹口气，赋予它具体生命，这段话就是解释上帝为无形生命赋予形体的心路历程。

1. 因而为什么对这个黑夜里乱跑的女人，我不是净化她，或是召回她。

灵魂生命存在着，四处奔走，寻找自我。上帝不净化它，或召回它，反而像个狠心母亲把它推出家门，让它自立，独自面对自我。

2. 我在她身边放上炉子、水壶、金黄铜盘，就像一道道边境线，为了渐渐地通过这套组合让她发现一张可以认清、熟悉的面孔，一丝只属于这里的微笑。

那个在"黑夜里乱跑的女人"只有模糊的心灵，却没有面目、没有明确的自我。基督重新催生这个人，采用的办法是"在她身边放上炉子、水壶、金黄铜盘"，通过看见和触到实在物件，和用"一道道边境线"约束住，使她从一个抽象的女人变成一个具体的女人，有了实在的肉身和实在的生活，于是她"活过来"。

3. 这对她来说是神的渐渐显身。

当她获得实在的气息，上帝大大松了口气，因为上帝所对应的生命消息在她的呼吸中得到传递。

4. 这时孩子会叫着要喂奶，手指受到要梳理的羊毛的诱惑，炉火也要求煽动。

声音、形象、温度，原本实在的东西在她心中产生"要"的需求，于是那些东西对她产生了意义，和她建立起了密切联系。那种联系并非自然而然，而是经由上帝之手象征性改造过后的生活，她承领了。

5. 从那时起她心甘情愿、任劳任怨。

她获得了自己的生命，过上了自己的生活，在"心甘情愿、任劳任怨"中，她牢牢把握着自我。

6. 因为我是那个使香气集中不散的制罐人。

可将香气理解为意义，上帝和基督是意义的根源，那个女人和她的生活都是意义的体现。

什么是意义？比方说看待一个人，如果把他身上所含的水、铁、钙、钾等物质抽取出来，分别折算价钱，就是彻底排除意义的看法，此时的人仅仅是物质。但是这样做肯定不对，而应把当一个人来看，尊重他的喜怒忧思，此时就是从"有意义"的角度看待这人。在情人眼里，心上人的一切都是好的，连用过的水杯以至吃完的瓜子壳都别具含义，这就是意义爆棚的看人方式。以此为参照，取经故事要求人扫退喜怒忧思（表现为孙悟空奋力斗魔除怪），是在努力排除意义，与上帝为人赋予意义的作为背道而驰。

7. 我是那个使女人有自己眉目而存在的人，为了以后面对上帝时不是在风中懦弱地叹息，而是具有热忱、温柔、个人悲情。

一个女人原本只是个生物，与荒野里一株普通的蔷薇相仿，经过上帝的改造，那株植物与意义建立了联系，于是她有了自己的身份、自己的面目，像被吹入了生命的气息，获得了宝贵的生命，重新面对上帝时也能说出只属于自己的话语。

说到只属于自己的话语，从余秀华的诗和姚贝娜的歌里都能找到，而她们的手段非同寻常，不是每个人都能接近。获得自己眉目的女人所采用的却是极其普通的方式——生活，具体而微的生活，充满水壶响、孩子吵、绵羊叫的忙乱的生活，必定有非同寻常的东西赋予到里面，使得一切吵闹都跟女人的眉目联系起来。生活本身没有意义，是那种特殊的思维方式将女人与上帝联系起来，进而使一切都获得意义的生机，由此可见那种特殊的思维方式，即象征思维，对于生活和生命具有极端重要的作用。

先前说到要跟参修者唐僧打擂台，捍卫生活，现在通过象征思维看见了生活的意义，可以确认唐僧师徒的"扫退万缘归寂灭"路线确实不对头。和他们的观点相对，八戒观点很不错，主要问题在于缺了点东西，很容易回到吃了睡睡了吃的循环，难以抵挡意义追问。如今通过象征思维，一个女人找见了自己的眉目，采用的方法也是劳作、生活，和八戒一模一样，可见八戒观点很有更新空间。八戒在唐僧师徒那儿饱受嘲弄，然而他乐于过勤谨日子的念头符合常识，应认为他跟唐僧师徒不是一路人，而是咱们的同好，咱得多多关心他，用心打理象征思维就是在为替他正名铺路。

四十六 男耕女织度光阴

老规矩，讲完道理要引实例，中国古老传说中还真有那么个女性形象，能够和埃克苏佩里所说的女人对应起来。在这个故事里，上帝和基督没有出面，但是这位女子不满足于自我的抽象存在，主动争取实在的自我和具体的生活。很遗憾这位女子没有名姓，咱只知道她姐妹众多，她排行第七。一说到老七，不能不想到另一位神仙，和众妖魔称兄道弟，他也排到最末尾的第七，不过他有个非常响亮的名头——齐天大圣！别扯远了，这位七妹虽然无名无姓，人们都叫她七仙女，名声的响亮程度大概不比齐天大圣差太远吧？

有关七仙女的事迹和言论，请参考电影《天仙配》，她的举止和音容笑貌全都历历在目，省去不少想象功夫。不过她的下凡举动出于什么动机，理解起来可得费些劲儿。

看《天仙配》，如果把焦点放在董永身上，会觉得这故事很老套，一个人背运到极点，咣当天上掉下个仙女，搂着赶着嫁给他，帮他赎身，给他生孩子，回头还要帮他种地、织布、造房子，用痴人说梦来形容毫不过分。若把焦点集中到七仙女身上，并且提醒自己别用线性思维想事儿，就是说考虑问题不要人身体、太现实，还是能看出异样，重要一条，七仙女是个通过自身努力获得自己眉目的女人。

电影一开头，七仙女自述心事，

> 天宫岁月太凄清，
>
> 朝朝暮暮数行云。
>
> 大姐常说人间好，
>
> 男耕女织度光阴。

开头两句很有诗意，用大白话说却是"无聊啊，无聊！"，看着就够没劲的。唱到"大姐常说人间好"时仙女眼睛一亮，接着唱"男耕女织度光阴"，眼里满满的都是憧憬，看来这句触动到她的心事了，后来的事情全是奔那心事去的。关心取经的人，电影看到这儿也就够了，屏幕关掉，继续琢磨有关取经的事情。

要理解仙女何以一说到"男耕女织度光阴"这般兴奋，需要明了她是个什么样的人——她不是凡人，住在天宫，而且是公主。天宫是啥地方，高高在上，集中了人所知晓的和想象不到的珍奇，所以跟她讲珠宝美味、宝马豪宅，她没兴趣，这就决定了她本能地拒绝凡人常采用的现实思维，而能够用特异思维方式行事。

天宫的凄清岁月给她造成了一种印象，"我存在着，但是我不存在"，就是她能感知到自己的存在，光啊影的到处晃荡，然而存在感又不真切，伸出手去，摸不到待织的布，睁开眼睛，想不到要做的事情，整个身心悬在空中，活得不实在。在无尽的寂寞中，一听说"男耕女织"，好像久病之人打听到偏方秘诀，迫不及待要熬一味服下去。

方子有了，下一步去找药草。如果她和凡人一样心仪于高富帅，人家不见得搭理她，顶多把她纳入妹妹名册。要想成事，行动要稳、准、狠，选中落魄至极的董永，就是估计着他不可能拒绝，这是把他当一株稳拿稳抓的药草，七仙女蛮有心计的。仙女投怀送抱，董永那乖孩子是不是运气特好，七仙女暂时顾不上，治愈她自己的心病才是当务之急。

七仙女给自己设定的目标是存在，用埃克苏佩里的话说是不再在黑夜里乱跑，获得自己的眉目，也是"发现一张可以认清、熟悉的面孔，一丝只属于这里的微笑"，这面孔可不是董永的苦瓜脸，"这里的微笑"也不是董永的谄笑，而的确是七仙女的面孔、七仙女的微笑。得意一下，这例子选得真好，对方实名实姓，再不像相思兔们那样，诗里从来不提对方叫啥，为什么出远门，事儿从未讲明白过。不过七仙女没有一个更实在的名字，挺遗憾的。七仙女使自己存在的手段可以用一个动作来表现——织，在织布中，当然也在种菜、浇地、喂养孩子等种种劳作中，她使自己真实地存在起来。

七仙女这事太重要，得拿出观音院布局图，把七仙女的观点和其他观点做对照。

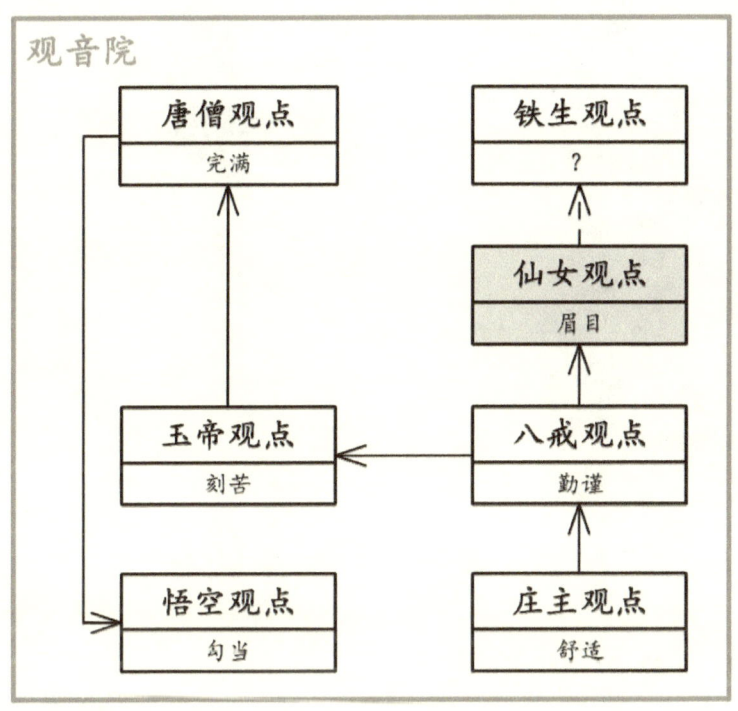

庄主观点虽然隆重其事，明显缺乏精神内容，纯属用身体想事。八戒观点很有干劲，但要追问意义，说不出个所以然。从玉帝观点到悟空观点和唐僧观点都被火烧过，就当废墟摆那儿吧。铁生观点好像挺有内容，但是好像没接着地气。如今七仙女跑来唱了一段，既然非常独特，就专门建座大殿陈列她的观点，名字嘛当然叫"仙女观点"（本来该叫"埃克苏佩里观点"，但是太拗口，改叫"埃克观点"或者"要塞观点"，都词不意，还是以仙女为名念着最顺溜）。仙女观点立在八戒观点和铁生观点之间，往下能帮二师兄找着意义，往上么，铁生观点虽然难解，离弄清楚大概不远了。

四十七　本意在织布之外

七仙女很拿"男耕女织"当回事，一个问题可以拎出来考虑，她想织就织，在天宫一样可以驾起台织布机，让天梭穿梭起来，何必非得下凡，冒着被父王叫回去的风险？应该说这种想法不现实，因为仙女的存在本身就"不现实"，哪怕驾起台最先进的织布机，仍然是虚拟的、象征的，而她要的是真实可触摸的织布机，是那种有木质感，动起来嘎嘎作响的织布机。那么问题来了，说她不现实，她又是从哪儿来的？还是拿象征说事，她和孙悟空等仙魔一样，是象征世界里的存在，对应于人心里的某种观念、思想、情绪，拿望远镜朝天上望，是找不见她的，而往自个儿内心里去发掘，很可能瞅见她的身影。

天上的织布机就不提了，那么仙女换个简单易行的法子，到地上驾起台织布机先织上再说，父王来叫就回去，岂不省得分手时哭哭啼啼？（越扯越没边，自责一下，但这事的确很值得一说）应该没这么容易，问题出在"男耕"上，那是女织的前提条件，没有男耕，你就是一天织出上千匹布，仍然得不到自个儿眉目。要知道七仙女不是织女，也不是工作狂，织布本身不是目的，得到自己的眉目才是目的，也即获得自身真实存在感，工作只是自我实现的手段。

男耕对于女织的意义，先用现实点的思维考虑。还记得八戒和他热衷的勤谨生活观吧？如果七仙女中意的只是女织，她就和八戒没啥区别，两个劳碌命。男耕女织的依托是夫妻恩爱，甜蜜恩爱加上勤奋劳作很可能是仙女的向往所在。当仙女辛勤织布的时候，她希望董永正在田间辛勤耕作，如果扭头看见董永懒散无聊醉熏熏，她会抬手一指，让他消失。八戒在描绘自己勤劳持家的景象时，心里有没有想到夫妻恩爱？很可能，但是有一点可以肯定，原著的偏向在观音、唐僧和孙悟空那边，照他们那几经扭曲的观念，才不会给八戒憧憬夫妻恩爱的机会呢。

针对七仙女的男耕女织愿望，还有多种解读方式。

现代仙女们不需要另一半也能过，而且自身越是学历、收入、才貌超高，找到合适人选的机会越少，只好自个儿过日子省得烦心。那么七仙女把自我实现寄托到另一半的耕作上，是不是落伍了？为了与时俱进，仙工只好替七仙女另做打算，把"男耕"的涵义拓宽点，当成"女织"的存在条件。七仙女不能想走就走，而要选定具体的历史时间和具体的地理位置，山川、村镇、院墙、轱辘、井、小狗，一样样规定下来，她的脚才落到实地上。因此"男耕"是"女织"的前提条件，也是七仙女得以生活的生存条件，无论如何绕不过去。要是手工织布落伍了怎么办？想办法进工厂做个纺织女工。什么，纺织的活儿马上要换成机器手了？那就进办公室做个文秘，或者进商厦做销售，反正她要的是自己的眉目，具体做什么工作并不重要。

拓宽了男耕女织的涵义，七仙女下凡有了着落，但是仙工隐隐感到不妥，女织似乎成了男耕的附属品，劳动也做了现实不折不扣的附庸，往后难免回到吃了睡睡了吃的老路上，七仙女早晚变成猪八戒，又造出老大一套杯具（悲剧）。那就改换思路，将男耕女织限定在夫妻恩爱双双劳作上，坚决不挪地方。

夫妻恩爱双双劳作到底有多大意思，让她那么痴心？这就涉及到她的另一个心事，她觉得自己处于欠缺状态，需要找寻另一半来弥补。史铁生有个论断，人就像是一条腿，需要另一条腿来补充，生命才完整（《病隙碎笔》1：51）。若照唐僧的意思，我两条腿都有啊，哪儿不完整了？而且照着经文去做，必能上大罗、拜莲台、赴雷音，成就极度完满。唐僧自有他的道理，但是仙工的倾向在史铁生这边，认为唐僧那是在用肉眼看自身，用线性思维想事情，看见自己有两条腿就觉着挺完满，岂料史铁生说的是象征意义上的欠缺，个体只能是左腿或右腿，天然就残缺（这种残缺还可表达为精神生命的破碎、分离、有限、孤立、裂伤等，我在《生命之杯》一书有专门论述）。七仙女真切感受到自我存在的残缺处境，急切要跟董永成亲，以在相互恩爱中，也在勤奋劳作中，使自身适得其所。

男耕女织是传统社会的至高理想，但是搁到七仙女这么个象征人物身上，需要另行考虑，其背后的象征意义跟田园牧歌扯不上半点关系。用上象征思维，七仙女的作为就是为争取自身的眉目，往回追溯，还是能联系到"活着，但不存在"那句话上。唐僧想取真经，也还是为找寻存在的意义，大家根本目的有相通的地方，只是去向南辕北辙。

结束本文之前忍不住还要提到八戒。一说到七仙女就联想到八戒，够别扭的，但是没办法，谁叫他们的观点那么接近呢。八戒的不佳处境和他没加入合适队伍有关。取经是为找寻存在的意义，勤谨生活能实现个体存在的面目，两厢并不矛盾，但在西游故事里合到一起，总感到格格不入。取经是件精神工作，属于个体任务，别看大师兄跟师父经常闹矛盾，他俩其实是一体，一同往灵山去毫无问题。然而八戒走的是身体路线，必须用到象征思维，师父他们没做过准备，于是八戒的处境就尴尬了，动不动被扣上逃兵、凡心未了和色鬼等帽子。

八戒的"队伍"在家庭里，回到那儿他才能发挥作用，也能完全实现自我。你看人家七仙女多聪明，揪住个老实巴交落魄至极的董永不放手，生活是苦了点，心里可甜了，原本极其抽象的象征目标一把头全实现了。如果可能，八戒还是别跟师父他们混了，观音院为你单独留了位子。这位子虽然偏低，但造型新颖，是一连串楼阁宝殿中的重要一环。最关键的，这座殿有意义的石台做支撑。如果没了意义支撑，七仙女早晚颓变为猪八戒，一大套杯具等着出货；有了意义支撑，八戒轻松变仙女，近于毛毛虫化彩蝶，属于新品洗具；再往后还有铁生观点等着呢，前途无量哈！

第十一章 心魂

四十八 心魂出场

话说少年派同学漂流到一座岛上，半夜睡不着，摘下一朵莲花来检视（参见李安电影《少年派的奇幻漂流》）。莲花还是个大骨朵，他一瓣一瓣地掰开，到最后，请问他看见了什么？

这里莲花象征着自我。已经知道自我是分层的，虽然层次较多，需要掰很久，俺们还是充满好奇，陪着少年派看结果。有三种可能：

1. 一颗牙齿。

2. 什么也没有；

3. 有点儿什么，牙齿除外。

到底出现哪种结果，不是少年派看见什么，而是咱们希望他看见什么，这又取决于咱们如何理解那些结果：

第一种，牙齿，象征着身体和欲望，也对应世界和现实。少年派同学从现实出发展开漂流，结果又回到现实和身体，等于啥新玩意也没瞅见，这趟旅程白跑了。

第二种，吗也木有，等于说观察者不相信自我具有任何意义，跟"扫退万缘归寂灭"一样，到头来一场空。这是悲观的看法。

第三种，心存希望的人无论如何得选择这一种，总要让人看见某种东西，那是希望所在。对于取经人来说，希望当然在于真经，所以取经人希望剥开自我之后看见真经。可是这个结果不能实现，因为一旦看到真经，取经立马结束，取经人转换为参修者，走到自己的对立面，不好。

不能看见真经，还能看见什么？这就是本章即将展开的内容，也是远离唐僧师徒之后来到的第二站。提示一下，金镶玉唐僧正在这里候着。

象征思维（仙工更喜欢称作非线性思维）对取经倍儿重要，但这只是一种思想方法，离实用还有段距离。就好像发明了轮子很值得高兴，但要是成天推只轮子滚来滚去，还不如不发明。有了象征思维的方法和手段，接着要考虑作用对象，那才是有待这种思维方式发挥威力的舞台。

拿孙悟空来说，金箍棒抡得呼呼生风，要是只砸掉些花呀草的，算不得英雄，妖魔才是值得他敲打的对象。各种凶蛮邪恶的妖魔成就了孙大圣的美名，同时太把妖魔当回事也不妙，耽误了大圣干更重要的事情。还有啥事体更重要？当然是取经啦，取经就是要弄明白真经是咋回事，没把真经放在心上，倒是一心一意跟妖魔作对，顶多只能做个祛魔专家。没错，大圣的主要任务是祛魔，正式称谓是修行，他和他师父其实是参修者。

确定恰当的思考对象对取经至关重要，最直接的对象当然是真经，然而已经明了不知道什么是真经，对着不知所云的东西瞎叨叨，容易误入歧途。要论象征思维合适的作用对象，已经有人想到了，仙工只需把现成的文字抄抄拣拣，反而简单。

先前提过几个问题，还没好好处理。一个是唐僧少了智能，是不是该做白痴？另一个是孙悟空对付妖魔下手特狠，故事读起来老残酷的，干吗要这样？前面已经下过几个论断，如唐僧是参修者，干的是修修剪剪的活，所以严重依赖大徒弟；孙悟空在象征世界里干仗，流血、哀嚎什么的都是比拟的说法，所以不必要为场面残酷而着急。但是仙工觉得那些坑比预想的大很多，几个论断远远不够，需要从别处找更强劲的论据，就像找台推土机，轰隆隆猛推过去，才更奏效。这不，推土机早已找好了，就是掀开过冰山一角的铁生观点，整机藏在《病隙碎笔》一书里，这就推出来上油，准备开工。可能有人嗤笑，还以为找来的是什么高深理论呢，你这推土机是乐高牌的。行，各说各的，没关系，只要那些观点能说明问题，对仙工来说就是正牌的三一重工。

《病隙碎笔》是议论文，这回不妨拿来当故事读，别有兴味。取经故事的主角是孙悟空，《病隙碎笔》也有一位主人公，跟孙悟空地位相当，就差封个什么大圣的称号了。孙悟空有很多称呼，大圣，行者，大师兄，猴哥，再就是心猿。虽然他的本职工作对应智慧、智力和智能，从"心猿"这名称来看，把他和心对上号最恰当。《病隙碎笔》的主人公也对应着心，和孙悟空级别待遇一样，或者他就是孙悟空，只是改换了面目。由于《病隙碎笔》毕竟不是小说，主人公没有具体名姓，但是称谓可不少，都跟心有关，包括心魂、心流、心神、游魂，有时则直接称之为灵魂。为了避免混乱，下面主要称之为心魂。

孙悟空的形象众所周知，一只猴子呗。心魂的形象可就难说了，铁生老先生没具体介绍过他，性别年龄籍贯以及长得像人还是猴子一概没提，面目极其模糊，仙工不好瞎猜，也就让他这么模糊着。用"他"来称呼这一位只是出于习惯，换作她或它都行。

《西游记》第一回就隆重介绍孙悟空的来历，从《病隙碎笔》里寻找心魂的举止情状可就难了，很可能读了几遍也没搞明白主要人物是

谁，主要原因是这位爷通常不主动出面，而是在讲到啥人啥事时需要一个主词，他才出面临时救场。举个栗子，

> 历来的小说，多是把成品（完整的人物、情节、故事等等）端出来给人看，而把它的生成过程隐藏起来，把作者隐藏起来，把徘徊于塑造与受造之间的那一缕游魂隐藏起来，枝枝杈杈都修剪整齐……（2：33）

明着讲小说的编纂和包装，核心还是心魂的游动与显现，"游魂"就是那个深幕后藏，却又不得不出面镇场子的主角。

再丢颗玉米，

> 正因为实际走到了末路，艺术这才发生，若领着艺术再去膜拜实际，岂非鬼打墙？所以，艺术正如爱情，都是不能嫌累的事。心魂之域本无尽头，比如"诗意地栖居"可不是独享逍遥，而是永远地寻觅与投奔，并且总在黑夜中。（3：16）

一眼扫过去，看见实际、艺术、爱情、诗意栖居什么的你来我往，忙得不亦乐乎，心魂就像搁桌角的一只茶杯，很不显眼。然而心魂以及心魂之域才是核心，是艺术与爱情发生的真正场所，也是实际与艺术往来争夺的对象，真正主角其实是他。

如果有耐心，不妨细看一粒瓜子上的纹路：

> 入夜之时，心神如果不死，如果不甘就范，你去听吧，也许你就能听见如你一样的挣扎还在黑夜里挣扎，如你一样的眺望还在黑夜中眺望。也许你还能听见诗人西川的话：我打开一本书，一个灵魂就苏醒……（3：31）

打开一本书，就找见一颗心魂；阅读一首诗，一颗心魂跃然纸上；聆听一首歌，一颗心魂娓娓诉说；抚卷沉思，又一颗心魂流动起来……原来哪儿哪儿都是心魂，他这主角当得可够勤的，可是咱们几乎从未注意过他。从此以后，咱要认真和他做伴了。

观音院布局图又更新啦，铁生观点的核心终于出场，正是心魂，而这也是金镶玉唐僧的真身。少年派剥开莲花时若看见心魂，才不枉他受的一番苦。

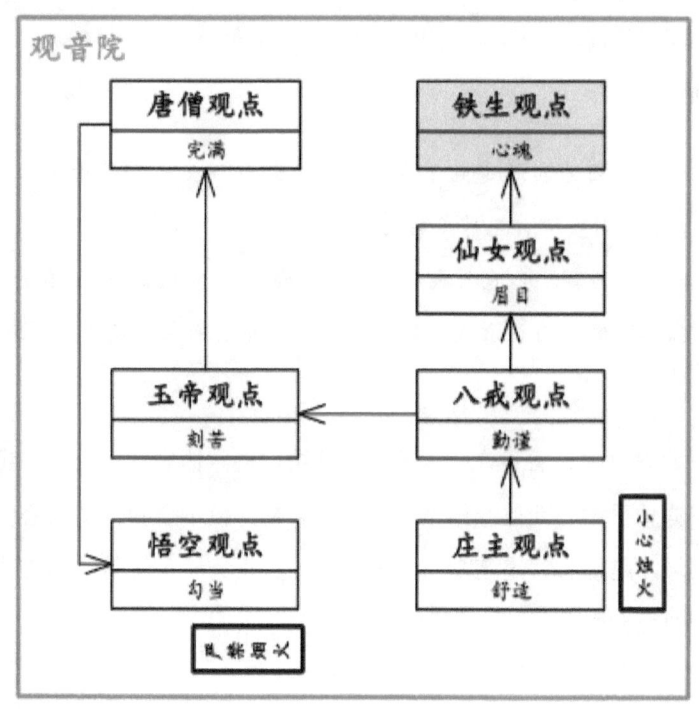

左侧是旧观音院殿堂，遭过火。下方"严禁烟火"的标牌指明古人已然掌握了真经，不允许任何人宣扬违背现有理论的观点，这表现在离经叛道、不肖子孙、大逆不道、欺师灭祖等成语中。

右侧是新观音院殿堂。"小心烛火"标牌只是提示没事别乱纵火，如果实在忍不住，想点就点吧，不过烧完后得想办法重建。这表现在今人不再一边倒地赞美乖小孩，而是对不合常规的行为表示理解，对于放纵、叛逆不仅允许，甚至为年轻一代缺乏叛逆而担忧。这种意识与古人截然不同，一方面源自潜意识中不认为自己掌握了真经，另一方面也是认同心魂的不甘就范。

四十九 心魂特质管窥

《病隙碎笔》从未单独介绍心魂的特征，仙工只好搜罗和心魂一道出现的词语，从中窥测心魂特质，好似看人交什么样的朋友，就知道他是怎样的人。

残缺——

> 这（塑造人物的）真实不是依靠外在形象的完整，而是根据内在心魂的残缺，不是依靠故事的滴水不漏，也不是根据文学的大计方针，而是由于心魂的险径迷途。（2：32）

在此之前，作者指出写作是"以自己心中的阴暗去追查张三的阴暗，以自己心中的光明去拓展张三的光明"（2：32），即将自身残缺的真实赋予到人物身上，使人物形象更趋真实。同时"心魂的残缺"也有宽泛含义，即心魂本来就不完整，好比左腿或右腿，没有另一条腿辅助，它的存在就功能不全，徒增遗憾。拿七仙女来说，没有董永的男耕陪伴，她的女织就是不折不扣的苦差事，还不如留在天上看风景。而当男耕女织凑一块儿，立时显露出神圣光彩，诱使她不惜一切溜下凡。

俗话说"哪个少年不钟情，哪个少女不怀春"，初长成的人渴望异性可不全是赫尔蒙的影响，心智趋向成熟才是主要原因，而成熟又新鲜的心智首先引致心魂显现，鲜明地感受到自身的残缺处境，于是特别渴望意味着完满的爱情。

辽阔与埋藏，以及险径和迷途——

> （对于表演）"像不像"的评价，还是对形的要求，对表层生活的关注，心魂的辽阔与埋藏倒被忽视。（3：4）

心魂与生活位于两极，生活是有形的，浅层的，身体的，心魂则无形，是底层的，精神的，灵魂的，不仅深藏，而且辽阔，认识起来相当困难。上一段提到"险径和迷途"，和深藏、辽阔是一回事。表面上这些特质在表演和写作中才遇到，其实心魂于日常生活中一直在做功，只是不易察觉。

多样——

> 像，唯在外表，心魂却从来多样。（3：4）

一说到猪八戒，就想到精怪丑陋，提起沙和尚，马上想到木讷笨拙，他们的形象都是固定的。心魂是啥形象呢？有时狂野有时落寞，表现多种多样，难有定论。

说到多样，很容易联想到孙悟空的千变万化，然而千变万化是一种技巧，拿来逗妖魔玩的，心魂的多样是个什么目的呢？没有，倒很像一团云，爱咋样就咋样，既不逗别人也不逗自个儿。

不可捉摸、困顿与迷茫——

> 黑夜已在白昼插科打诨之际降临，此刻心里正有着另
> 一些事，另一些令心魂不知所从的事，不可捉摸的心流眺望
> 着不可捉摸的前途，困顿与迷茫正与黑夜汇合。（3：32）

心流是心魂的动态呈现，心魂既已充满埋藏与迷途，心流则更加难于捉摸。身体知道如何安顿自己，吃好睡好就成，被感知到的心魂却不知所安，一任困顿和迷茫不离左右。

奔突与祈告——

> 远古无"荣宝斋"时，岩洞壁画依然动人魂魄。古人无规

> 可循，所画之物也并不求像，但那是心魂的奔突与祈告，其
> 牵魂的力量自难磨灭。 (3：5)

古代岩画和小朋友画画笔法相近，但是观感大不一样，关键在于成年人心里积累了奔突与祈告的动感力量，那是心魂的惊人显露。

自由——

> 粉饰生活的行为，倒更会推崇实际，拒斥心魂。因
> 为，心魂才是自由的起点和凭证，是对不自由的洞察与抗
> 议。 (3：7)

实际俨然与心魂互斥，实际得到推崇，心魂就会受到抑制，成为现实秩序可怜的应声虫。心魂受到重视，才能于其伸展中获得自由，并对现实生活予以匡正。

迷茫与意义——

> 文学因而不能止于干预实际生活，而探问心魂的迷茫
> 与意义才更是它的本分。 (3：8)

实际生活是一种实在，心魂也是一种实在，讲故事可以反应现实生活，也可以反应心魂，有时候反应心魂才更要紧，因为不讲故事，生活可以继续，心魂却不得伸展，并因忽视而萎缩。通过讲故事来"探问心魂的迷茫与意义"，就是在培养心魂，像好好生活一样使心魂好好存活。

恣肆——

> 实际之真阻断了心魂恣肆…… (3：9)

恣肆是心魂的一种本能。

黑夜、迷茫与挣扎——

　　夜深人静，心神仍在奔突和浪游。

　　一个明确走在晴天朗照中的人，很可能正在心魂的黑
暗与迷茫中挣扎，黑夜与白昼之比因而更其悬殊。

　　这黑夜，这迷茫与挣扎，正是由于无可像者和不想再
像什么。这是必要的折磨……（3：10）

心魂的广阔和深邃就是心魂的黑夜。一棵嫩苗伸展开枝叶，叫做生
长；心魂向黑夜伸出感知的触手，叫做迷茫与挣扎。身体的存在怡然自
得，心魂的存在却要用困顿、奔突、迷茫、苦闷等来描述，与现实和身
体如此不同，是无可像者。

不甘就范——

　　（观赏美术作品）有一次，忽然之间我被震动了——
并非因为那画面所显明的意义，而是因其不拘一格的构想所
流露的不甘就范的心情。……于是你不单看见了一幅画，还
看见了画者飞扬的激情，看见了一条渴望着创造的心诞，观
者的心情也便跟随着不再拘泥一处，顿觉僵死的实际中处处
都蕴藏着希望。（3：2）

　　什么都不像既然也不行，那又该像什么呢？像你的犹
豫，像你的绝望，像你的不甘就范的心魂。（3：3）

　　入夜之时，心神如果不死，如果不甘就范，你去听

吧，也许你就能听见如你一样的挣扎还在黑夜中挣扎，如你一样的眺望还在黑夜中眺望。（3：31）

不甘就范就是不做终生默立原地的植物，而要不断流动、跳跃、飞翔，跟猴子是不是很像？

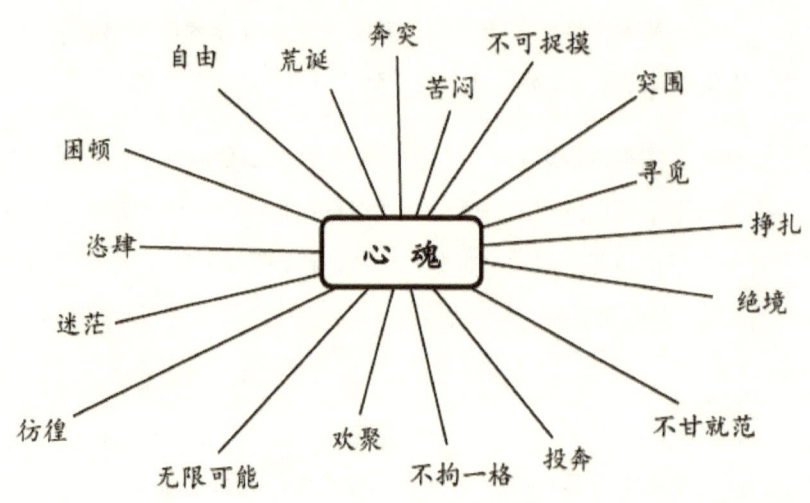

一说孙悟空，马上想到神通广大，千变万化，心高气傲，无拘无束。说到心魂，看来要联想到残缺、迷茫、奔突、多样、不可捉摸、不甘就范，总之，这颗心很不安分，大致如此。

五十 猴性

依照铁生观点，心魂具有一系列不安分特征：不可捉摸、困顿与迷茫、奔突与祈告、自由、恣肆、挣扎、不拘一格、不甘就范，另外还有好些特征没列出来，如无限可能性、荒诞、苦闷、寻觅、突围、彷徨、欢聚、绝境、投奔，心魂的猴性可比孙悟空严重多啦。要是让心魂来演孙悟空角色，闹天宫的声势定会奔大里去，孙悟空还算太文静了。本来嘛，心魂和孙悟空都对应同一样东西，只是在不同文字里表现有所差异。既然两者都显示出猴性，不妨就拿猴性说事，从取经故事查找孙悟空的发迹史，反过来加深对心魂的认识。

孙悟空拜唐僧之前给人的印象是善于胡闹，大闹天宫标示着他的光辉业绩，实际上闹天宫是猴性表现的末流，追根溯源，他主动求学的经历才真正揭示猴性的重要作用。他的求学是在象征世界里完成的，从那些经历可以看出他一直兢兢业业，做好象征世界的本职工作，屡屡运用非线性思维建树先进事迹：

1. 和花果山众猴嬉闹度日，最先想到远忧，以无常为虑，于是抛弃花果山优厚薪资待遇，甘愿做个谦虚谨慎的穷学生。

2. 志向高远，清华北大长春藤都不放在眼里，认为那些地方教的是现实学问，鄙夷的说法是"为名为利"之学，他要的却是"身命"学问（1回），世上难找，只能奔象征世界去求。

3. 功夫不负有心猿，他找到灵台方寸山，拜到仙人门下。冲灵台这名字就知道，这地方和灵霄殿、灵山以及取经的灵魂之路属于同一类型，都是象征世界的妙境。难怪他学成之后本事奇大，自身素质高，有上进心，又找对了学校，想不成才都难。

4. 灵台提供的专业很丰富，但是多少有些缺憾，不是"壁里安柱"、"窑头土坯"就是"水中捞月"（2回），他要的却是长久，即打破一切限制，获得无限自由，这符合他喜好浪逐奔突的本性。不管选择什么专业，他的抱负和眼光才是促使他成才的关键因素，也是因为自始至终良好地把握着象征性，他学成了非线性思维的高深本领。

5. 学成之后返回花果山，从龙宫抢来如意金箍棒，那是他自身的物化象征，没带来实质变化，但是从别人看来却是两相结合，功力倍增。

6. 大闹地府，强销死籍，从此跳脱生死限制，做个永远的流浪汉，等同于心魂的永远恣肆、奔突和寻觅。

7. 闹天宫，充分展现这颗心的激情、独立意志和进取精神。

由此可见他的角色一直演得极有章法，俨然是象征思维的劳动模范。将这一系列作为当作节点，就可以画出一条生命活力上升曲线：

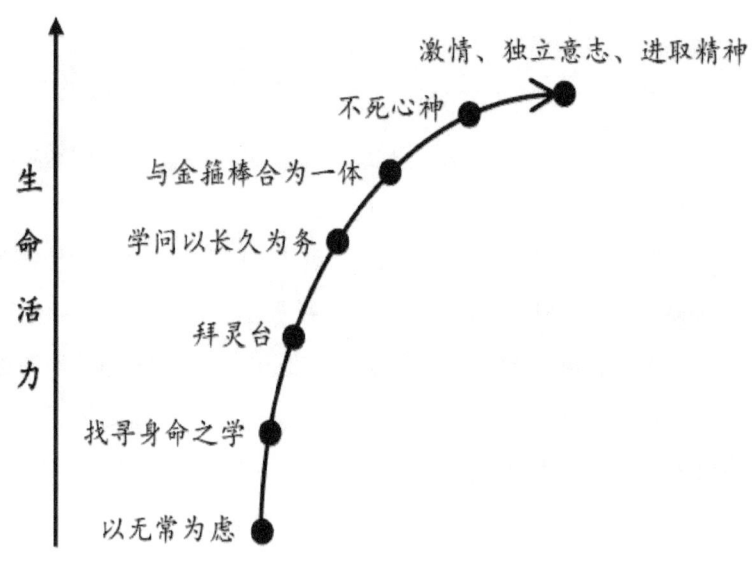

李泽厚的《论语今读》讲了个段子（6：3），跟心魂的猴性有关。朱夫子注释《论语》，引用程夫子的话，指出人皆有七情，喜怒哀惧爱恶欲，要是画出来，当然都是些半兽人（"情既炽而益荡，其性凿矣"）。

参修者需要借金箍棒来防身，把些个半兽人统统打走（"约其情使合于中，正其心，养其性而已"）。程、朱是好哥俩，共同维护情性对立、灭情存性的理论，显然是唐僧观点的忠实粉丝。有一回朱夫子"在南安闻寺钟声，悚然曰便觉此心把握不住"。想象一下某人向来道貌岸然，觉得自己正派、崇高，就欠送进庙里供起来。某一瞬间，思想一走神，突见胸前钻出个毛乎乎丑怪怪的猴子，要是被人撞见，非得不由分说连猴子带宿主乱棍打死，那下场跟供在庙里吃冷猪肉差了老远。幸亏没人发现，着实把他吓得够呛。可是照铁生观点的意思，朱夫子完全用不着害怕，承认"此心把握不住"就对啦，恰恰表明他的心魂工作正常。当然在朱夫子那儿自有一大套理论，证明"此心把握不住"是个错误，比乱搞男女关系后果更严重。各持各的理，随他去，反正仙工的倾向在铁生观点这边，并且认为心魂工作正常才有人味，真要把心魂的不可捉摸、不甘就范完全抑制住，反而是中了邪魔。

五十一 投奔哪座庙？

心魂和孙悟空对应同一样东西，性格也很相像，要是不看作同一个形象，那就当作一对双胞胎，但是这哥儿俩一出生就被拐，经历了完全不同的命运。先看孙悟空，他的遭际大家都知道，说道起来容易点儿。

孙悟空是从石头里蹦出来的，那块石头不知道咋回事就在那儿了。那石头"每受天真地秀，日精月华，感之既久，遂有灵通之意，内育仙胞"（《西游记》1回），看上去挺有道理，实际上莫名其妙——哪块石头不是"每受天真地秀，日精月华"？是不是他那块里面藏着翡翠或钻石？不知道咋回事就把他孕育出来了，而别的石头仍然承受着"天真地秀，日精月华"，将来会不会孕育出什么更神奇乖谬的怪物？危险哪！

出世之后，这猴子无父无母一孤儿，到处流浪。最初安顿他的是花果山，也是他投奔的第一座庙。从名字能看出来，这地方物产丰富，又有众猴拥待，在里面活得特滋润，因此这山和观音整治的农家乐属于同一性质，猴子算是归顺了庄主观点，或者说拜到"舒适人生"观念门下。

舒适毕竟太现实，无常念头一起，舒适观顿时根基不稳。花果山安顿不了他那颗躁动的心，于是他抱着求学的目的继续流浪。虽说是流浪，他的运气超好，又找见他想要的，这回拜到灵台方寸山仙人门下，学到些本事，升格为妖猴、妖仙、神仙，在象征世界站稳了脚跟。灵台算是他拜的第二座庙，但是在这儿主要学习方法论，没把安置自身当作主要目的。

学成了方法论，没找到下一座庙之前还是先回花果山，但那是权宜之计，庄主观点早就不能满足他的心思了。如今他需要一座大庙，应有如下特征：

1. 位于象征世界。他是象征世界的劳模，老是在野山里混不是个事儿。花果山虽然也有象征性，但是花儿啊果的太现实，只能算象征世界的幼儿园，当然留不住他那颗已然长成的心。

2. 那庙要足够大，更准确地说是足够辉煌，才配得上他的高迈预期。他在求学时一再提出过超高要求，学成了神仙，要求当然更高。

3. 他去了地位要足够高。从基层干起那种想法不适合他，因为他是心猿，不能当一般角色对待。俗话说地球离了谁都照转，但是心猿偏要开出条件，那座庙离了他就不灵，因此他一去必须当大官，地位要尽可能高，他是只没有恐高症的猴子。

条件开出来了，待看哪座庙能有幸中选，恰在此时天宫发来聘用函，他接受了，于是进入他的第三座庙，展开新一轮职业生涯。天宫立在象征世界的云端，对应一整套观念，而且是对庄主观念（也是对花果山）的有效替代。天宫可能包含三重寓意：

1. 假想中的超凡仙境，例如天堂、世外桃园什么的。

2. 历史、文化和宗教信仰造就的观念环境，同取经人火烧的那座观音院很相近。

3. 由世俗生活演化出的观念殿堂，核心是由八戒观点提炼上升而成的玉帝观点，表现为嵯峨雄伟的灵霄殿以及端坐尊位的玉帝。

相信不少人都问过，天宫涵盖范围有多广？西方人往天上去，也能望见南天门吗？用象征方式看，这问题很容易回答——每个人都有他的天宫，就是他所处环境里的主流思想观念，那天宫的布局、里面往来的神仙当然各不相同，东土的人认为灵霄殿上端座着玉帝，西方人只能想象到上帝，天竺人想的则是佛祖或湿婆。总之，天宫是从现实生活和观念抽象出来的殿堂，就是这么回事。

相对来说，孙悟空能进东土的天宫还算走运。假设他生在中南部非洲，那地方的房子还是草篷的，想象出来的天宫能辉煌到哪儿去？缺少了辉煌，闹天宫的劲头也会小很多。拿风暴做比，风暴起在茶杯里还是大海上，效果相差极其悬殊，孙悟空要的当然是大海上的风暴，而对茶杯里的不屑一顾。他闹过，并且闹得举众皆知，前提条件当然是那天宫够辉煌，设施够理想，这是他的幸运。

天宫算是座不错的庙，但也存在不理想的地方，即这座庙拜的是大杂汇，把远古传说、现实习俗以及历史积累的文化观念全包容到一起，一股脑儿让心猿接受。天宫名义上包容了心灵殿堂（灵霄殿），但是仔细一瞧，仍然是以现实为基准的观念总汇，没把他这颗心当回事。心灵殿堂没拜他这颗心，而去拜那个不知道有啥本事的玉帝，一定是什么地方出了问题，所以他一定要闹。他嫌官小是对的，并不违背象征思维。就这么着，他和天宫闹掰了。

闹天宫的过程不必计较太细，接下来就看佛祖出场，他给心猿指引另一座皈依的庙。当佛祖发狠，要求猴子赶紧皈依时，仙工很替佛祖担忧，生怕他把到手的兔子放跑了。后来的情况出乎预料，取经并没有引入无底洞难题，佛祖稳操胜券，让灵山成为孙悟空拜到的第四座庙。他的做法是这样的，猴子你不是对现实（指现有观念，而非现实生活）不满吗，那就让你好好接受现实锤炼，五行山就是现实凝聚的山，烦恼、担忧、困苦、限制、别扭，所有困境全在这儿了。你想自己闯，就得去趟那些烦恼刀山、困苦火海，到最后总会明白，必须得信点儿什么东西，接受点儿什么东西，并全心全意遵照你所接受的东西去做。

孙悟空和他师父的取经，实质还是修行，而在修行之前已然跨过了确认真经那道坎，因此当孙悟空从五行山下脱身出来，他已经皈依到佛祖门下，之后无非是照着佛祖的指引修持。

五十二 弃道从佛？

原著称孙悟空拜唐僧为师同往灵山是"弃道从佛"，然而这种说法并不准确。看看那些修行纲目，佛家辨认出来的七情六欲需要戒除，道家的神丹玉性并未抛弃，儒家的德行品性仍然奉若珍宝，就连世俗的忍耐和阴功也一并受到推崇，可见孙悟空皈依佛门后的修持并没有特别突出佛家教义，而是把现有观念重新包装上市。既然对"道"没有一弃了之，"弃道从佛"就是个幌子，拿来为坚定信心刻意修持擂鼓助威而已，心猿所从的还是原来那个观念体系，灵山顶多算2.0版的天宫。再次回顾佛祖的作为，他无非是让孙悟空在五行山下吃二茬苦、受二茬罪，然后推给他精细打磨过的原有观念，孙悟空也就欣然接受，再也不怀二想，一颗躁动的心从此彻底顺服。

孙悟空最终成了斗战胜佛，所斗所战并不是世上的恶人歹事，而是参修者心里的各种心魔，根本上还是他自己那颗躁动的心，因此他的作为就是通过自我禁绝而达致毁灭，简称"自我禁毁"。潘知常有个断语，传统文化走过了一条"令人瞠目结舌的遗忘生命存在的审美之路"（《王国维——独上高楼》1：1），孙悟空明里降妖除魔，暗里坚定执行唐僧的修行意志，把心中的各种意念想头统统赶走，形象演绎了遗忘生命存在的完整过程。至此可以为心猿运动轨迹添补右半边。以生命活力为度量，左半边活力日增，是上升曲线，右半边活力锐减，是直落深渊的下降曲线，下降节点包含剪除六门趣、清清净净绝尘埃和扫退万缘归寂灭等，鲁迅所发现的"人性颓败与历史颓败"也蕴含在这道下降曲线里。从上升到下降，合一起形成一道抛物线，称作"心猿抛物线"：

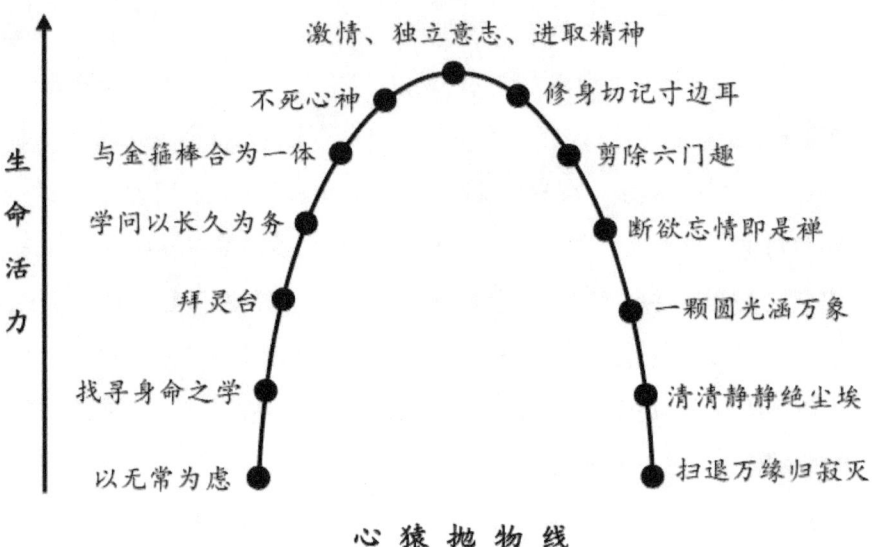

生命活力

激情、独立意志、进取精神

不死心神　　　　　修身切记寸边耳

与金箍棒合为一体　　　　剪除六门趣

学问以长久为务　　　　断欲忘情即是禅

拜灵台　　　　　　　一颗圆光涵万象

找寻身命之学　　　　清清静静绝尘埃

以无常为虑　　　　扫退万缘归寂灭

心 猿 抛 物 线

　　孙悟空并未弃道从佛，唐僧的身份也就要跟着调整。唐僧一向被视为佛教徒兼取经人，然而细较藏在大量诗文里的论断，唐僧的取经人头衔保不住了，他还是个躲在庙里盘腿打座的参修者。那么说他是个佛教徒总没错吧？他可丝毫没有违背佛家教义。是的，他确实笃信佛经上的教导，然而同时他也笃信道经、儒经的教导，甚至对世俗中有道理、没道理的教导也都坚信不移，因此说他是佛教徒不够全面，他还是个道教徒、儒教徒，同时也保有各种千奇百怪的传统观念。一句话，他是个传统中国人，对于传统文化所倡导的教条、理论、观念照单全收，没有丁点怀疑，也不做任何改动。

　　那么问题来了，闹天宫是怎么回事？火烧观音院又是怎么回事？当初那么决绝，闹起来激情四射犹如火山喷发，怎么突然一退六二五，全都不认账？前后差别确实挺大。西游爱好者们一向存有疑问，闹天宫的孙大圣和护送唐僧西天取经的孙行者行为差别太大，好像不是同一个人。仙工以取经为基本视角，认为取经人（唐僧+孙悟空）确实看到过问题，怀疑过，抗争过，于是才有闹天宫和火烧观音院，这才为天宫从1.0升级到2.0提供契机。

前后两个孙悟空，转变不是某个时刻突然发生的，而是经过了从17到23回的漫长过程。请回观音是转变的开始，跟观音辩论出家在家的好处，俨然是在同声高唱"我们的生命，我们的修行！"，取经人正向观音输诚，正式变身为参修者。

取经人的心思转变也可以看作中国传统文化走过的一段道路。文化总是要经历改造和更新。庄子一再拿楚狂接舆说事，把他当反主流的形象代表；讲说楚狂接舆的时候，庄子也在干闹天宫的事，然而用不了多久，庄子本人荣升为天宫的重要一员；当陶渊明念着"误落尘网中，一去三十年"回归田园，他给主流思想的院子点了把火，之后观音院却为他专门造了一座大殿，他成为观音院不可或缺的一部分；同样的事情发生在很多人身上，包括王阳明、李贽还有鲁迅，以唐僧形象出现的取经人是他们中的一员，也是他们的总代表。

取经人所做的无非是传统文化的一次自我更新，从玉帝式的苦修升级为"断欲忘情即是禅"的看破一切，以至"扫退万缘归寂灭"，彻底消除生命意义。庄子、陶渊明的反叛运用的是道家思想，取经人（参修者）的思想更新运用的主要是佛家思想，然而很遗憾，佛家思想跟道家思想并没有质的不同，离世俗观念也没有相去太远——"我们的三十六计走为上，就是阿Q式的；我们的好死不如赖活，也是阿Q式的；我们的禅宗，还是阿Q式的；我们的庄子，也是阿Q……"（潘知常《失败的鲁迅和鲁迅的失败》）。《红楼梦》一上来，一僧一道同行，没造成违和感，就是因为他们唱的调调太相似，让人搞不清他们的区别。是怎样一种宿命使得众多睿智而热情的天才走不出传统的泥沼？

孙悟空（包括唐僧）身上凝聚着深刻的传统思想，只因故事离奇而为人们喜爱，而当阿Q形象跃然出现的时候，情况不妙了，阿Q还怎么让人爱得起来？说他是孙悟空的继承人，对，还是不对？

参修者唐僧只思更新不思改造，然而更新是条死路，从《狂人日记》到《河殇》，七十多年的时间，后来者勤勤恳恳干着弃传统文化之道的事，这回可是来真格的，把参修者唐僧的辛劳成果彻底否弃了。

"取经人"分为现实的和观念的，历史上的唐僧是现实的取经人，没二话。故事里的唐僧已经是观念的取经人，在他那儿要追问真经，以及面向真经时的心态，然而他摇身一变，成为参修者，致使追问失去主体。取经人何以转变为参修者，可以找到很多解释，仙工把着眼点放在思维方式上。同一个思想体系里面要搞出新颖的东西很难，甚至可以说不可能。佛家思想来自外部，应带来崭新的东西，让人眼前一亮。古人的确眼前亮过，可是现在来看就亮不起来。刘小枫说佛家思想"从质地上讲，与中国文化是相契的"（《我们这一代人的怕和爱》），依仙工理解，这个相契的"质地"就是线性思维，即太依赖理性，缺少超越因素，思维无法跳跃。用理性想事，只关心能看到、可理解的事物，最终只专注于世界和身体，而对内心里把握不住的东西一再忽视，甚至耗用大量精力把握心思，克制内心里的躁动，不曾想因此而埋没了心魂。朱夫子的灭情存性，以及孙悟空不厌其烦地除魔，都是克制躁动，终致遗忘生命存在。

认识心魂需要动用象征思维，刘小枫、史铁生就象征思维做过大量引介，能读到他们的文字，仙工深感幸运。而今谈论取经，仍然要坚持象征思维，并将目标锁定在心魂上。行文至此，忍不住要呼一句口号，过把瘾：

——将象征思维进行到底！

第十二章 无　限

五十三　心魂何所寄？

　　心猿自我禁毁了，但是心魂仍顽强地活着，时不时显露真容。动画片《宝莲灯》里面，又一个不安分的小不点儿沉香长成了，他要反抗现有秩序，名义是寻找被关进大牢的母亲。二郎神请孙悟空来帮忙，孙悟空显摆自己的斗战胜佛旗号，结果沉香说"你没有妈妈"，揭示了孙悟空无父无母一孤儿的事实，一下子触到孙悟空的泪点，于是他放过了沉香。终于有人想到孙悟空的孤儿身份，并对他表示同情，一向心高气傲的孙悟空也就顿时垮了。孙悟空是不是孤儿并非和咱们这些俗人无关，他始终活跃在咱内心里，他的孤儿身份就对咱们的身份认同造成绝大影响。能感觉到心猿的孤单，心猿就不孤单，因为他还有一位孪生兄弟，心魂，沉香那事儿就是心魂整出来的。这就来观察心魂的处境。

　　拿出身来说，孙悟空是打石头里蹦出来的，那石头接受了"天真地秀，日精月华"。如果承认天地精华具有极强滋补效用，就是认定这颗心来自大自然，他是自然的孩子，就不能做象征世界的公民，这很要紧。照唯物的说法，经济基础决定上层建筑，脑神经串联得够复杂了自然出现精神现象，然而如今仙工不能接受这种理解，因为取经面向精神，应当彻底摒除身体影响，让真经停留在象征层面，并对任何可能回归现实的说法保持警惕。大自然，管它能提供怎样的精华，它就是一种身体，心猿这个象征人物不应当有这种物理的出身。当然仙工是搞应用技术的，心猿该怎么出身俺说了不算，还是从铁生观点搬运论断才是正招。

在铁生观点里，心魂的确拥有彻头彻尾的象征出身，在起源上坚决不跟身体打交道。声明一点，追根溯源时拒绝身体性并不等于拒绝身体，恰恰相反，接受身体才是重要目的。这里要针对身体性和身体再作说明。

身体性是一种思考特性，指所有的思考都离不开身体。好比说有个小朋友喜欢棒棒糖，一切判断都以棒棒糖来衡量，糖多的是好东西，糖少的就不是东西；相应的，给他糖吃的就是好叔叔，不给糖吃的不是好叔叔。身体性就是把身体当棒棒糖，凡是能帮助免去烦恼带来幸福的就是好的，跟幸福无关的便不予置理。和身体性相对照的是精神性，就是还关心一些与身体无关的东西，如尊严、价值、自由、公义，也包括艺术、涵养、学识、趣味。身体性的一个表现是忽视历史遗迹的价值，因其不具现实效用而被摒除到顾虑之外，常被以开发的名义摧毁。

身体是指实际，包括躯体、生活、现实和整个世界。

接受身体有这样一些表现：

1.　认同世俗生活，反对一切打着理论幌子的出世行为；

2.　接受七情六欲，并认为只有在情和欲的共舞中才能实现自我；

3.　神圣性不存在于任何超脱行为中，而只在世俗的，甚而是无可奈何的现实困境中，为此而衷心拥护二师兄构想的勤谨活法，并将七仙女眼中的男耕女织树为神圣旗帜。

身体性与身体之间存在悖论，即专注于身体性，将因漠视价值和公义等因素而给身体生活带来伤害，拒绝身体性，价值和公义等因素得到关注，身体生活反而获得安置，也就是予以接受。

接受身体不等于无条件赞同身体和现实，思想上总要有个转变。我在《生命之杯》一书中分析过阿Q的精神处境，他就是从自我出发，接受一切现实，又无法与现实共处。以此观察取经故事，从身体出发的理性推演却得出"断欲忘情"以及"扫退万缘归寂灭"的结论，正表明接受身体性却导致拒绝身体，自我与世界既不能和解又无法相处，惟有走上寂灭一途，做选择时应引以为鉴。

心魂拥有象征的起源，但要说清楚这一点，需要先弄清心魂和象征性本源的密切关联。象征性本源？够抽象的，但是事到如今必须得讲点抽象的东西，取经不是讲童话，该攻坚的时候不能退缩。

先前介绍过《病隙碎笔》里有关自我的论述，大致过程如下（参见5：5-7）：

1. "我发烧了"，指身体的我出现病症。

2. "我身体太虚弱，不爽"，是精神的我为身体不给力而不爽。

3. "我希望我意志坚强，但是办不到"，意志坚强的是精神的我，希望意志坚强的是灵魂的我，他站在精神自我背后督战。

4. "我总感到莫名惆怅，解脱不了"，惆怅源自更深的自我，灵魂自我反而处在浅层，对于自身为情所累感到不满，但是无能为力。那个更深的自我就喜欢惆怅着，他有病。

5. 观察自我就像从对面而立的镜子中间瞅自己，一重后面还有一重，无穷无尽。

到这一步，铁生观点引出重要结论：

> 这类矛盾推演到最后，必是无限与有限的对立，必是
> 绝对与相对的差距，因而那必是无限之在试图对有限之在施
> 加影响，必是绝对价值试图对相对价值施以匡正。（《病隙

碎笔》5：7)

从自我向前推演，看见了心魂，再向前，隐隐约约望见了无限，那是存在的另一极。在存在的这一端，一切都是有限的，可以用大小、多少、高低、贵贱等来衡量，所有的衡量标准都属于相对价值。有衡量就有贬低，有贬低就有排斥，于是存在否定存在，存在消灭存在，人在存在之中，却不被存在接纳。存在的另一极是无限，在那里绝对价值称王，绝对价值将存在当存在待，进而接纳相对价值，于是人在那里被当人待。

心魂处于非常独特的地位，既与无限衔接，也需要在相对和有限中获得自身眉目，所以心魂表现出一系列怪异特征，总是在寻觅，总是在彷徨，力图显露出自身面目，而又无可像，永远是种尴尬的存在。

回到取经话题，心猿有个现实的出身，他就是从自然中来，难免遭受注定的命运——生来是孤儿，受相对价值操纵，遭到线性思维摆布，安顿于自我禁毁。

心魂有个象征的出身，来自无限，他就必须到世上来，在限制中，在困顿中，以至在水壶尖啸绵羊乱叫中获得自身面目。尽管他的状况很平凡，他却有个高贵的出身，即象征的出身，于是他必须受到尊重，拿任何相对价值贬抑他时，都是相对价值在嘲弄贬抑自身。正因如此，心魂虽然依赖现实生活获得自身的存在，他的最终依赖却不在现实之内，而在象征世界，在无限和绝对那里。心魂信赖无限不是要成为无限，而是为了确认自身无限的起源，并且被无限接纳，从而获得自身存在的确据。心魂的寄托在于无限那座庙宇。

五十四 象征为什么重要？

至今为止，"象征"动不动被拿出来抖落，象征性、象征方法、象征思维，好像变着花样炒同一道菜。既已提到心魂背后站立着无限，这就可以明白地说，强调象征的根本原因在于取经面向无限，那是观念中的无限，要加以认识，只能使用象征。

要认识一样东西，需选取一系列属性，给出相应尺度，其外观就大致呈现出来。例如对一棵树可以这样描写：

> 叶为椭圆形至倒卵圆形，长12厘米，宽6厘米，边缘为波形，无齿或少齿，最多有12对脉，上面为暗绿色，有光泽，下面沿叶脉有丝毛，秋季变黄色……（库姆斯《树·东方山毛榉》）

形状、尺寸、颜色、脉络数量、边缘特征和有无丝毛等都是属性，椭圆形、长度、宽度、边缘波形、暗绿色、有丝毛等都是用具体属性衡量出来的特征。勾勒出叶子的外观，进而由叶子辨认树种，东方山毛榉树就能辨认出来。

然而观念中的无限没有以上属性，也就没办法用色彩、光泽、形状等来描绘。那就把无限当作无限大、无限光滑、无限亮，好不好？很可惜，也不行。几何课程一上来就引入无限观，例如理想直线是没有宽度，长度无限延伸；无限小的是点，二维无限延伸的是平面。不过这些仍然是现实中的无限，也是相对的无限，跟观念中的无限仍不是一码事。

观念中的无限除了描绘不得，还有更麻烦的，连说也说不得。古人有一句振聋发聩的名言，说的就是祂——"道可道，非常道；名可名，非常名"（老子《道德经》1），能够道说的就不是真正的道，能够指称的就不是想要指的那一位。当本文反复讲"无限"的时候，其实已经破坏了规则，那一位没有名字，连用"无限"来表达都极不恰当。要是不给名字，任何指称都不准确，那还怎么办？严格来说的确没办法，但是不思进取同样不可取，那就只好用到象征了，象征是没办法之后的办法——瞅不见那一位的真身，通过象征却能瞄见他的影子，有那一瞄也可以略慰平生。

象征的第一步还是给起个名字，有了名字才知道咱在说啥，老是猜哑迷没几个人有耐心。给那一位起的名字已经不少了，"无限"就是其一，这里再介绍几个。

> 那无限与绝对，其名何谓？随便你怎么叫他吧，叫什么其实都是人的赋予，但在信仰的历史中他就叫做：神。……他是人之梦想的初始之据，是人之眺望的终极之点。他的在先于他的名，而他的名，碰巧就是这个"神"字。
>
> （《病隙碎笔》5：7）

"神"字古往今来被用的太多了，借用时兴的说法，被玩坏了——雷公电母是神，推云童子、布雾郎君也是神，就连土地山鬼都是神，管他怎么个出身，有啥能耐，只要看着不俗，都给安个神的名号。然而那些神和观念中的无限相距实在太远。反过来说，各种神一直都被提到，和无限相关的神却罕有提及，这个神只是延用了通俗的神名，指向的却是新事物。观念中的魔是指魔性，对应于喜怒忧思悲恐惊以及好奇怀疑困惑偏激叛逆等等情感情绪，观念中的神当然也是指神性，具体对应什么，却很难说清楚。如果说偏狭恶毒远离神性，真正的神性对应无限美好、无限幸福，好像是那么回事，但是不能讲得太具体，否则将扭曲祂的形象，也歪曲对祂的认识，最好的办法还是保持其"道可道，非常道"的状态，而用象征来从不同侧面加以认识。往后再读到有关神的文字，得想想这是传统的神还是观念的神。

论到"祂的在先于祂的名"，还有一种说法，"我是我所是"（I am who

I am，常见的翻译是"我是自有永有的"），其大名如雷贯耳，就是上帝。说到上帝，人们的印象已经固定了，本来没必要把真经和上帝联系到一起，但是取经走到面向无限这一步，不谈论上帝是不可能的。这里讲到的上帝已不是教会里崇拜的那一位，而是对无限、神性和真经的另一种称谓，理解祂必须用到象征思维。如何使用象征思维？最简单的例子，说到"脑洞大开"，马上想到各种好主意，或是顿然领悟，就是在用象征思维，而若想到血水、脑浆或豆腐，思维就太线性、太身体，也太土了。谈论取经时讲到的上帝也是指象征无限的上帝，这是为无神论者量身打造的神，这么一来无神论者也能就神和上帝观念，以及面向上帝的自我给出自个儿的见解。

《新约圣经》还引入了人身的神——耶稣基督，他常用比喻说话，也经常做象征性十足的事情，为认识神提供了丰富资料。

把握住象征方法，视野就打开了，很容易找见更多有关无限以及先在的那位的名，包括神、神性、上帝、基督、真经、绝对、超越者，还有终极价值、终极关怀，史铁生所说的"巨大的存在之消息"和"高贵的消息"同样指的那一位，每一个称谓都能找到相关的特别论述，于是可从各种角度认识无限。

认识真理要考虑到无底洞难题，即任何判断都依赖一定的评判标准，标准本身又依赖别的标准，如此类推，像无底洞一样无穷无尽。认识真经也有同样难题，而这一难题在无限面前迎刃而解，因为无限本身不依赖任何标准，是先然的在，至高的消息。

关于上帝有一个判断，人与上帝之间存在无限的距离，换作"人与真经之间存在无限的距离"同样成立，于是取经的最大障碍不再是妖魔挡道，而是真经和人之间的无限距离。既然真经离人那么远，而又永远无法克服，还怎么取经？这又涉及另一个判断，人心底都存有心魂，心魂不可捉摸、无可像，是真经嵌入人心里的一块碎片，所以认识真经和认识心魂几乎是同一件事，取经也是要通过认识心魂而找寻自我。人的自我分为多重，身体自我和精神自我都处于浅层，活在现实世界，心魂则对应更深层的自我，活在象征世界，和现实生命相对应，可称为象征生命。耶稣跟门徒经常提到人将获得属神的永远的生命，现在想来大概就是指面向象征世界的象征生命。

心魂是无可像者，认识心魂也必须用上象征思维。一般认为观念是对现实的反映，然而只是在一定程度上。如果说现实中没有的东西，观念中一定不存在，这种想法就相当机械，或者说思维相当线性。观念里面很有些东西来自无限，现实中没有相似的东西，也找不到恰当属性来描述，只好用类似的东西来比拟，这就是象征。运用象征可以将本来无法认识的东西变得可以接近、加以认识，而且好的象征还能使对象保持其象征意味，不因时代和观念的改变而丧失象征性。这就用《山海经》里的精卫填海故事来看象征如何起作用。

> 炎帝之少女名曰女娃。女娃游于东海，溺而不返，故
> 为精卫，常衔西山之木石，以堙于东海。

关于精卫填海的解读多种多样，这里同样以心魂和象征性作为基本要素。

首先用线性思维来一通批判。人死就死了，啥也没的说，还整些不着道儿的故事，莫不是宣扬迷信？死后变成只鸟，典型的古老民间传说讲法，哄哄小孩子可以，跟成年人还是少扯为妙。变成只鸟不好好享受鸟类生活，却去倒腾着填海，没希望的事情，憨得可以……照线性思路，精卫这事彻头彻尾不可信，读来也没任何欣赏价值。

换上象征思维，这故事就妙不可言。人心底都存有心魂，心魂对存在的脆弱感触甚深。生存都要面临各种限制，空间的，时间的，还有四面八方无处不在的危险，限制太苛就成为梦魇，生存在梦魇的阴影下儿

乎喘不过气，意外死亡事件更使梦魔成为生存的死敌。精卫从身体上说是炎帝的女儿，她的心魂却是无限之神的女儿，因而具有跟心猿相同的象征秉赋，只要不想死，就永远不死。

有一位老人，在和大海搏斗时充分展现了生存意志，"你尽可以把他消灭掉，可就是打不败他"（海明威《老人与海》）。精卫的搏斗对象也是大海，真正的较劲儿目标则是命运的梦魔，并且证明梦魔虽能战胜身体，但永远战胜不了心魂。精卫溺水了，梦魔取得了暂时胜利，心魂却变化身形，向梦魔发动无休止的反击——那个扇动柔弱翅膀奋力填海的身影正是不死心魂的特别写照。

在这个典型的象征故事里，心魂才是真正主角，心魂的不死意愿展示得如此鲜明，这故事读起来才那么动人心魂。

象征应指向无限的东西，包括真经，也包括心魂，然而取经故事里的情形有所不同，多数象征都指向比较具体的东西。例如孙悟空，指的是智慧、智能、理性分析能力、判断能力和修持意志，这些东西要是用学术语言去描写，没几个人感兴趣，安上猴子的形象，再塞给他一根棍子，他就活灵活现，上天入地无所不能，观众喜欢得不得了。故事里的多数象征形象都和孙悟空一样，指向有限的东西，跟真正要关注的无限仍有差距，然而无论如何，能从有限想到无限就是成功，取经本来就是在一系列将错就错中达到目前地步的。

五十五　无限老师

参修者既已认定了真经，思想上再没有负担，对付起自个儿来从容过头。另一方面，真正的取经人因没拿到真经，做事的方式方法得另行考虑，不妨用一场考试来对比参修者与取经人的不同处境和决断。

还是将主人公设定为唐僧同学。他正进行一场考试，考题只有一道，无论数学、物理、化学还是别的什么科目，反正成绩将决定于对这道题的解答。老师发卷子时清楚讲明，老师明了答案，也知道解题步骤，下面就看考生的了。这场考试有何结果将很确定，解答完整而正确才有好成绩，做不出来别想及格。唐僧同学拿到卷子后怎么办？没二话，抓紧时间求解。此时拼的是能力和干劲，至于困惑、怀疑、询问、迟疑，哪儿有闲功夫去想！

现在换一种考试。考生还是唐僧同学，但是老师换了。这位老师提倡素质教育，喜欢出冷门题目。他拟的考题同样只有一道，但是声明，这题没有正解，考生需要凭借自己的知识经验设计解题步骤，找寻可能的答案。这种状况是可能出现的，例如数学老师让学生求解某个尚未解决的猜想，通过观察解题步骤测试学生的知识技能。因为没有正解，考试成绩将取决于考生解题过程中找见的思路，发现的论点和疑点，发现并纠正自身失误的能力，等等。这时唐僧同学就不必急吼吼地推导公式、计算数据，而要分析题目主旨，列举主要解题思路，排查可能的线索，推算过程中还要常停下来想一想，哪些观点似是而非，哪里进入误区，又发现哪些疑问有待解决，在反复的怀疑、确认和辩难中开辟前进道路。这一过程是从自身的幽暗处境中寻见希望的光亮，既有发现的喜悦，也常体会困惑和苦恼。

两场考试分别对应修行和取经。考生还是这么一位，老师却截然不同，前一位是有限老师，只能出有限题目，名义上有明确答案。做这种题，考生要么拿高分，要么不及格，因为有限题目已经把思路框死了，他必须符合固定要求，做规定好了的事情，不容许半点误差。对付这种题，考生为了熟能生巧，必须时时练习，把自己练成能工巧匠。他心里存着一堆规矩、公式和固定思路，其他的东西，如好奇、困惑、怀疑，都当噪音和妖魔给剔除掉了。他的手段是灵巧的，决心是坚定的，做完后考卷也干净整洁，整个是学霸的范儿。这下明白了，孙大圣的广大神通跟学霸有的一拼。

再看后一种状况。此时出题的是无限老师，出的是无限题目，答案要么没有，要么不是考生所能企。考生在这儿原本肯定要不及格，但是这位老师体谅学生的有限处境，不仅开卷考，还提供现场答疑，并为答题过程中的每一个进展打勾。整场考试在有问必答的互动中度过，考生不仅要放开思路，不断在各种可能性中选择路径，还要显示良好的独立思考能力，好奇、困惑、怀疑、叛逆、迟疑等心态都有用武之地。在这里好学生没有统一标准，好奇心重和叛逆性强都能得高分，没有谁一定比谁更好的说法。考试过程充满曲折，答卷可能涂抹得一踏糊涂，但是不用担心，无限老师有本事从混乱的笔迹中找见他想要的，反而卷纸整洁干净的要小心了，老师很可能认为那只展示了解题技巧，而没有真正进入解无限之题的心理状态。

面向无限的考试既考验学生的素质，也训练学生的素质。之前学生有什么素质，学生和老师都不知道，学生进入考试状态，用心去想，凭借自身的喜好去推理和怀疑，都能有所发现，于是相应的练出不同素质，每一种都受到无限老师的肯定。

做有限题时老师和学生都看重答案，考生为凑出答案而无所不为，心无旁骛地推导公式和伪造解题步骤都能得到同样答案。做无限题时重视的是过程，无限老师时时监督，文不对题的推导和过于工整的算式都有作弊嫌疑，逃不出无限老师的法眼。最关键的，当考生将注意力放到考试过程上时，无限老师的着眼点已转向考生的心态，解不出题没关系，心态到位就成，这心态的正式称谓就是心魂！一张考卷画了抹，抹了画，心魂恰恰在疑难未决中显现，而这才是无限老师最珍视的，因此迷茫、困顿、探索和迟疑弥足珍贵，干净利落的推导反而无所观瞻。一场考试下来，结果是否符合答案，无限老师并不关心，本来就没有答案，何来符合之说？一定要问答案，那就是心魂，有心魂即有高分，如果没心魂，解答得再漂亮也没用。

读过史铁生的《幸运设计》，道理讲的挺明白，强调人生的过程远比结果重要，但是仙工想来，过程复杂的大有人在，如果净是坑蒙拐骗，难道也很珍贵？那篇文章应是先生早期作品，放到晚期，估计他不会信心十足地下结论。联系到无限老师及心魂，情况就清楚了些，心魂固然和过程相联，同时也和无限相联，没有无限（神）的参与，那过程就算不得心魂，而只能当赌博。

修行的唐僧特别忙（表现为孙悟空忙于对付妖魔），已找见的观点要样样照顾到，不管做得多好，任何一点点疏忽都可能导致功败垂成，不及格的压力比解不出无限题时反而更大。虽然享有取经人的名号，干的却是修行的活，通过智能工作求取标准答案（正果），简洁地说就是"金箍棒里成正果"，因而通篇所见都是"扫退"、"剪绝"、"扫净"的说法，分明是让考卷干干净净、工工整整。有限本来是注定了的，却偏偏以为自己能够获得正果，于是不得不在关注到的焦点上拼命转圈，而将尺寸以外的广阔世界搁置到视野之外。这样的忙碌只用得着智能和毅力，迷茫困惑什么的都派不上用场（玉帝式的修持只用上毅力，连智能都不必要）。要是缺少智能怎么办？对不起，就是无能，因为没有别的素质可以为你加分——咱们笨笨的唐僧师父原来是有限教育的牺牲品！

五十六　修行干吗和残酷结缘？

回顾一下，远离唐僧师徒之后已走了三站路，分别望见象征思维、心魂和无限三块站牌，同时为观音院布局图添上仙女观点，铁生观点也得到充实。接下来还有好些任务，添补观音院是件事，解读取经故事也是一桩，所以这就回来再看望唐僧师父等人，以表明话题没跑太远。

读《西游记》不得不面对一个事实，故事写得太邪气、场面太残酷——取经人一伙儿干的是文教事业，却满脑子敌情意识，手里不拿纸笔录音机，而是紧攥着棍棒和大刀片子，像群窜匪动不动跟妖魔干上一票，有时妖魔没惹到他们，也遭受血腥杀戮——拿这种故事灌输给小朋友，是标标准准的狼奶。

考虑到象征性，故事的残酷性就有了另类解读。电影《星球大战》里太空战机飞过时传出阵阵轰鸣，但是声音是空气振动造成的，太空里没空气，战机飞得再近，也别想听到半点声音，那些轰鸣只是故意制造的音响效果。取经故事里的水呀火的，还有孙悟空烧掉的魔窟、山林和楼台，都跟电影里的音响效果相仿，增加感官刺激而已。至于孙悟空对付妖魔时的残酷杀戮，包括拿刀子割鱼精的耳朵和下唇（63回），以及残杀刚刚还跟他好好说话的小妖有来有去（70回），都发生在象征世界，现实中没出伤亡事件，所以用不着叫孙悟空去公安局备案，观众也不必为虚拟的身体伤害太在意。

取经故事所表现的残酷不具有现实性，但是在象征世界里仍然有其特定意义，需要谨慎对待。把点题的诗文拿出来重读，就知道那些残酷在添加戏剧效果之外，还有更深的意味。

剪除六门趣，即赴大雷音。（31回）

六欲尘情皆剪绝，平安无阻拜莲台。（67回）

情欲原因总一般，有情有欲自如然。

沙门修炼纷纷士，断欲忘情即是禅。　（74回）

扫退万缘归寂灭，荡除千怪莫蹉跎。

管教跳出樊笼套，行满飞升上大罗。　（78回）

起念断然有爱，留情必定生灾。

灵明何事辨三台？行满自归元海。

不论成仙成佛，须从个里安排。

清清净净绝尘埃，果正飞升上界。　（93回）

　　七情六欲是人的正常情感，可以说是生活的基本情感内容，没了这些，无非是能动的植物人，活着等于没活。然而取经故事反复训导要戒除情和欲，用的是剪除、剪绝、扫退、荡除等词汇，形象地看，正是孙悟空擎着金箍棒胡抡乱砸——原来大圣对付的不是违法犯罪分子，而是咱们赖以生活的基本情愫和观念，他干这活儿好像没经过咱同意呀！

　　是谁允许他这么干的？或者问他凭什么这么干？答案很明显，修行呗。既然认定了人拥有良好本性，七情六欲像妖魔一样侵害本性，当然要把它们干掉。那么人怎么就拥有良好本性了？这话问孙悟空，他置之不理，因为他是智能的象征，在执行宿主的修行意志。那么就去问宿主和参修者唐僧，他可能反问，你不觉得你原本能过得更好，却叫那些情欲害得五迷三道、茶饭不香？我，我怎么了？论讲道理，仙工肯定讲不过唐僧，他参修了那么多年，巴不得有人跟他争论，才好充分展现他的傲人本领（他被骄傲那妖魔攫住了，离他远点）。

　　讲道理仙工不在行，还是去亲近对胃口的观点，现成的当然是铁生观点。

　　《病隙碎笔》里面有一句话，初读起来相当费解：

> 看见苦难的永恒，实在是神的垂怜。（4：7）

让人看见苦难的永恒，怎么就是神在怜爱人？一般来说，如果有人看见深重苦难，通常会选择沉默，自己独自承担心理压力，而让别人活得轻松些。意大利电影《美丽人生》讲了这么个故事，一对犹太人父子被德军关进集中营，父亲为了保护孩子的幼小心灵，故意把集中营生活讲成一场积分游戏，让小孩不失童心地度过那段苦难岁月。神处于无限位置，知道人的根本处境，不怜惜人的"幼小"心灵，反而把永恒苦难的真相指给人看，跟那位犹太父亲比，他老人家的心思可是很不慈爱呀。就算神不顾惜人的心智能力，想怎么做就怎么做，睿智如史铁生，何以认为神的这般"冷酷"是对人的垂怜呢？一定有某些因素使得史铁生做出如此判断，那就再对先生文字做些追踪。

> 大凡宗教，都相信人生是一次苦旅，但是，对苦难的原因则各说不一，因而对待苦难的态度也不相同。（4：2）

> 如何使众生不苦呢？强制地灭欲显然不行（这就否定了唐僧观点）……这个人间的特点是不可能没有矛盾，不可能没有差别和距离，因而是不可能没有苦和忧的。（4：4）（看来"均平物我与亲渊"不是解决之道）

> 以无苦无忧的世界为目标，依我看，会助长人们逃避苦难的心理，因而看不见人的真实处境，也看不见信仰的真意。（4：5）

> 逻辑太重要，方法太重要，倘信仰不能给出一个非同凡响的标度，神就要在俗流中做成权贵或巨贾了。（4：6）

（嘿嘿，仙工乐了，"逻辑"和"方法"，以及"非同凡响的标度"，不都指向非线性思维嘛！）

人即残缺，因而苦难是永恒的。这样的话不大招人喜欢，但却是事实。不过，要紧的还不在于这是事实，而在于因此信仰就可能有了非同凡响的方向。（4：7）

以上论述提示了三重意思：

1. 苦难永恒的原因在于人永远的残缺状态。

2. 人的永远残缺状态不是自然而然的结论，必须到神面前才能得到印证，即人的残缺是相对神而言的，是由现实限制而来而又脱离现实的象征状况，这么一来，增高鞋、生发水、减肥灵以及珠宝豪宅什么的都用不上，必须到神面前重新寻找对策。

3. 从神那儿获得的新对策指向"非同凡响的方向"，那才是神赐给人的珍贵礼物。

所以要把"看见苦难的永恒，实在是神的垂怜"一句理解完全，就得大加扩充：

"看见苦难的永恒，于是望见神的存在，来到神面前祈求，获得非同凡响的信仰方向，那实在是神的垂怜。"

说到信仰，情况就复杂了，仙工宁愿简化局面，把"非同凡响的方向"理解为象征思维，于是前前后后容易理解些。人天然只能做线性思考，即从长短、新旧、高低、贵贱、美丑等等相对比较中获得结论，因认识神而获得非线性思维能力，能够跳脱狭隘观念而看到更丰富的存在景象，这当然是神的恩赐。

取经故事的残酷，一个重要原因是只凭借线性思维想事，把眼里看得见、头脑想得着的东西当魔怪对待，却没料到在那之外，人还处于无法解脱的残缺状态，于是误把解脱当得救手段，正所谓饮鸩止渴。通过取经而得知"非同凡响的方向"，就有了新的前进去向，路还有的走，取经不能停。

五十七　非同凡响方向初探

为了摆脱修行的残酷，需要非同凡响的思考路径，任务似乎很艰巨，好在答案是现成的，已经蕴藏在象征思维中了。这里要对照取经故事，比较两种思考方式走过的路径：

线性思维，

1. 心猿从自然中来，相当于天马出自凡胎，血统不纯，象征性也先天不足，给将来的不幸命运埋下隐患，套用一句广告词，"输在了起跑线上"；

2. 带着七情六欲过现实生活，现实有太多荒谬、制约和烦恼，就跟现实对着干（闹天宫），斗不赢，才意识到现实太强大而个体太渺小，一颗心被整得更惨（压在五行山下）；

3. 那就回头修行，整饬自我，把七情六欲当魔怪一一消除，每减去一样，就消除一种烦恼源，多好！这回发现减法跟金箍棒一样非常好使。

4. 线性思维至此要发挥至关重要的作用——整饬自我能够得到美妙结果，那就把减法运用到极致，"清清净净绝尘埃"，和赴雷音、上大罗、拜莲台、升上界是一个意思，即能达到完满境界。完满其实是减到不能再减，彻底归零。

5. 目标有了，接下来没啥好想的，只管修持吧，形象的表现就是纵容孙悟空抡棍子，把迎面而来的情感、情绪、愿望、体会统统干掉，并且高声赞颂："大圣威武！"

象征思维，对照铁生观点，

1. 心魂从无限而来，无限是有关存在的消息，生命的宏大乐章，于是心魂保持了象征的起源，相当于天马出自天界，拥有纯正血统，必将始终在象征世界里行事；

2. 心魂需要在现实中落实自身，就像一个音符设计得再美妙，手总得按到琴键或琴弦上，让音符在颤响中显现。心魂的落实方式多种多样，如在诗、歌、舞中表达，或像七仙女那样，通过勤奋劳作获得自身眉目。

3. 现实有太多限制，制造了太多烦恼，在克服限制、消除烦恼过程中发现线性思维不够用，必须用上非线性思维，也就是眺望无限，相信神的永恒，通过对神的虔诚获得信心和希望，在信心中保持心魂不死；

4. 意识到神的永恒，反过来重新面对存在的有限，必须把握无法证实的东西，接近不可理解的东西，包括同情和悲悯、坚毅和智慧、正义和仁爱，让这些东西来参与实际中的判断。

5. 依托心魂，个体不能实现完满，但是能够被无限接纳，爱慕正义、相信美好、保持宽容心态等都是被无限接纳的表现。

对神的信是对现实生活的重要补充，执行的是加法，由此而带来一系列加法操作，包括信心和希望，接近无法证实的东西，以及被无限接纳。加法就是非同凡响思考方向的具体表现，通过加法将诸多不现实的东西加入到现实中来，生存的残酷受到有效克制。

残酷是存在本身包含的特质，例如咱们如今在思考着，自得其乐着，一百年以后管保这个"咱们"全换了面目；上网浏览是愉快的，一下网，又得面对各种麻烦——米袋子要扛，汽车喇叭太吵，家里领导为多花了几块钱唠叨个没完……而如果让这些麻烦统统消失，又个个坚决拒绝。取经故事为对付存在的残酷给出了解决方案，表现出来的是无尽的搏斗、无情的杀戮，用减法对抗一桩桩烦恼，结果必定是自我被越束越紧，从而导致自我禁毁。这种方案的设计根源在于线性思维，是在没有脱离现实限制的情况下考虑摆脱限制，心里既没存最高限制（不认识无限），又不做自我约束（想要自我完满），结果只知道用减法，并且提倡将减法贯彻到底。

打个比方，要是家里养了个过敏体质的小孩，一点灰尘沾不得，吃啥吐啥，非得把父母愁死。高唱"清清净净绝尘埃"的赞歌，相当于宣称"偶是过敏体质"，正常日子不能过，非得搬进地下盐洞（不是岩洞哦）才喘得过气来，正表明那种"心智身体"实在太不健壮。

"看见苦难的永恒，实在是神的垂怜"，神的垂怜不仅在于断绝臆想的希望（例如"见性明心返故乡"），也为凡俗生活带来意义保证，于是心思可以落到现实的土地上，踏踏实实过日子。

第十三章 拥抱心魂

五十八 取经人能力再考察

孙悟空是对付妖魔的专家，他师父刚好处于反面，在妖魔面前是笨瓜。假设唐僧师父重返人间，进剧院看一出西游的戏，一定对戏剧编排猛烈吐槽。旁人搞明白情况，多半都来劝，目前的编排挺好的，如果孙大圣本事没那么大，性格也加上点温良恭俭让，粉丝数量必将呈指数减少，到时候唐师父您哪怕当大侠，也留不住几个观众。唐僧仔细一琢磨，好像也是，只好另行考虑他自个儿的形象问题。

唐僧形象的主要问题是能耐太小，跟他的师父地位极不相称，他要怎么做才能挽回颓势？一个办法是也捞件兵器练起来，然而他是凡人，不能驾云（这也是佛祖要求的），机动性上差了一大截，拿坦克斗飞机，总归占不到便宜。要么就多练练脑筋，以智谋取胜？当初曹操对着好奇的观众说"吾非三头六臂，唯多智耳"，唐僧饱读经书，多用用心，应该不比他差吧？但是这一招千万使不得，智计和奇谋是孙悟空的专长，大圣形象就是冲着智慧设计的，唐师父要是胆敢表现出丁点谋划能力，马上被按到台子上再动手术……别介，哪怕装孙子也比再挨手术强。那么咋办呢？既然他是取经人，就该多考虑面向真经的人该怎么想事儿，方案或许就在其中。

妖魔是些象征形象，对应各种思想、观念、情绪、愿望，都属于不良习性，取经人求取真经，就是为了跟自己的不良习性做斗争。具体一点，不良习性包括偏激、促狭、贪婪、残忍、妒忌、傲慢、浮夸、谄媚、怠惰、自以为是、自高自大、灰心丧气、不思进取……，样样都张牙舞爪要吃人。退一万步说，被妖魔吃了又怎样？唐僧还是他唐僧，只不过不是他所希望的样子。那么他希望自己是什么样子？勤奋进取、敢做敢为、志存高远、心胸宽广？看着都挺提气，但是如果真经只带来这些素质，目标还是太现实，构造出来的境界顶多是天宫3.0。真经既然和无限相联，总该有点非线性的东西在里面。

有一句话很能道破取经人的根本忧虑，"活着，但不存在"（潘知常《失败的鲁迅和鲁迅的失败》），不存在就是被妖魔吃掉了，此时的存活只是身体活着，精神和灵魂都找不见。取经人想要真经，无非是跟自己的"不存在"做斗争，这么一想，境况和原先大不一样——

先前的取经人以为自己活得好好的（拥有元明本性），妖魔是半道杀出来的，只要赶走妖魔，还可以做个良好的"原来的我"；

跟自我的"不存在"做斗争，新版取经人已先行承认自己是个被吃掉的人，但是深藏在心底的自我意识催促他"再也不要这样活"，从而奋力打昏睡中挣脱出来，做个清醒而理智的自我。

这个2.0版的取经人拥有无限重自我，哪怕被吃得不成样子，只要想做自我，还是能大喊："我在这里！"只要自我存在着，就有绝地反击的机会，这么一想，心里有了底气，剩下的就是去找具体对付妖魔的办法。有三种办法可供选择：存在意志、精神力量和拥抱心魂。

1. 存在意志

当唐僧面对妖魔的血盆大口，只要勇敢地说"你吃不掉我"，果然能维护自我的存在。妖魔每一口下去好像啃着点东西，但是低头一看，那个自我仍然在说话，在思考，他就仍然存在着。这么一来被妖魔吃并不极端可怕，不雇佣孙悟空也不打紧，省下资金和心力可以投资点新项目（猴哥要下岗了，对的，谁叫他干的都是线性的活儿呢，取经人这会儿看上非线性了）。

然而自存只是个愿望，算不上本领，是个妖魔来就能吃他一顿，取经人的面子被剋得没地儿搁。有一首儿歌唱道"我们不怕大灰狼"，稚嫩的嗓音反复吟唱这么一句，然后来段长长的"啦啦啦啦"，却不去想大灰狼有可怕的尖牙，你凭什么就不害怕？靠存在意志过活的取经人也是这么个德性。

既已知道人都有心魂，而心魂背靠无限之在，那是取之不尽的宝藏，随便动点心思就能从那儿挖点宝，取经人干吗不做呢？况且挖"无限"之矿恰好是取经人的本职工作，他却一门心思倚赖孙猴子，或者干巴巴地念"你吃不掉我"的咒，实在是不务正业。

2. 精神力量

把妖魔还原到观念世界，取经人是不是能琢磨出点精神上的东西来护身？例如偏激是妖魔，我就不偏激，凡事有度，适可而止，不至于犯大错吧？贪婪是魔，我就告诫自己不贪，君子爱财，取之有道，走到哪儿都行得通，贪婪之魔其耐我何？这么一看好像挺像回事，很适合推广——对付残忍有仁心，促狭的反面是宽容，去傲慢而就谦逊，拒绝谄媚，不卑不亢——妖魔挨个被挡回去，正所谓兵来将挡，水来土掩，这样一个取经人热情、谦逊、上进、仁爱，哪儿还有半点唐僧的脓包形？嗯，好像可行，大笔一挥，"甚好甚慰，照此办理！"

别急着高兴，这里有陷阱。第一条，妖魔接踵而来，被挨个挡回去，这不就是大师兄干的活嘛，绕了个圈，师父还是离不开大师兄！

不跟那对师徒计较，单拿精神力量说事，其实质也不像看上去的那么高大上。打个比方，贪吃是多数人都有的毛病，有一位忽然不饕餮了，好酒好菜，怎么劝都不碰，是不是他回头是岸，精神突然上了档次？一问，哦，刚查出糖尿病。不管把自我约束说得如何了不起，难免还是出于身体顾虑。

自我控制的确是种精神力量，自我可分为身体的、精神的、灵魂的，此外还有无以计数说不出名字的自我深藏在后面，一排列对照，精神力量处于浅层，甚至仅仅是身体自我的附属品。拿精神力量是能对付妖魔，但是一方面像大师兄那样表演十足卖力，成效却微乎其微；另一方面，取经人面向的是真经，半道上被妖魔折腾得焦头烂额，对真经没产生半点印象，是既对妖魔也对真经的双重无能。

还有更不好听的，黑格尔说中国人不懂得精神（"凡属于精神的，一概离中国人很远"，参见刘小枫《圣灵降临的叙事》1：1），初看到时仙工惊得目瞪口呆，到现在都不愿意相信。那不是常说博大精深嘛，这位却说根本就没碰主题，简直是大嘴巴口无遮拦。要拍砖千万冲黑老去哈，仙工是有意维护咱们的文化自尊的。要论起来，仙工觉得填海的精卫挺有精神，七仙女也挺精神，取经故事有真经有象征，简直是精神大全，发掘起来没个完。不过不管这些故事怎么个精神法，精神力量的确不适合唐僧，他不仅要空手对付妖魔，还要帮咱寻见真经的影子，那是依赖线性思维的精神力量难以胜任的。

3. 拥抱心魂

"活着，但不存在"，顾虑的当然是心魂的不存在。心魂不可捉摸、不甘就范，取经人要是能拥抱心魂，等于从无限老师处学来通天本领，不愁把握不住自我，也不愁对付不了妖魔。

　　如何拥抱心魂，或者说如何使心魂显露出来？常见到一种说法，"哥抽的不是烟，抽的是寂寞"，是不是心魂在香烟缭绕中现形？没事就莫名惆怅，或者拿起话筒来一首卡拉OK就是让心魂说话？有点意思，但好像太平庸了些，唐僧要是满足于这些小伎俩，就不配当取经人。找点好听的说法，宏博的爱愿，同情和悲悯，用爱克服世间恶，足够动人吧？但是这些东西太抽象，唐僧需要更实在的方式。接下来准备先观摩心魂有哪些运动方式，象征思维又如何起作用，唐僧同学一定要注意观看，片子放完后将轮到你上台表演。

五十九 诗情描摹心魂

如果想知道灵魂长啥样，难度比较大，而若想让心魂现形，容易得出乎意料。前番提到过相思兔们写诗主要是在描摹精神自我，诗能很好地抒发情感，运用好象征思维，就能通过诗句直指心灵深处，让心魂无所遁形。由于相思兔们的诗太古旧了，我在《生命之杯·相思为谁？》也列举了不少，这里就不重复，而是选取余秀华的诗做例子，这些都是近年出现的，新鲜着呢。

> 我不适宜肝肠寸断（《我爱你》）

可"我"就是肝肠寸断了。撺掇着使肝肠寸断的正是心魂。如果觉得肝肠保不住，祝贺你，你的心魂保住了。

> 假如风能养活我，谁就不小心犯了错……
> 风不仅仅养活了我，谁一错再错（《石磨》）

身体依赖粮食，甚至是石磨这样冷冰冰硬邦邦的物件，心魂则依赖与风相像的幻想，这是个错误，然而我们无法纠正。

> 我一再控制花朵的诉说，和诗毒蔓延
> 如同抵挡身体的疾病和死亡的靠近
> （《就做一朵落败的花》）

心魂在倾诉与倾听中存在，倾诉的愿望就是心魂存在的证明，诉说引发激情宣泄，招致肝肠寸断，为了保护肝肠，难道要堵住自己的嘴？

心魂是生命的原动力。生命力是毒药，我们吸毒成瘾，但是不要妄想救治，任何救治都更毒，而且不可原谅（请参考"清清净净绝尘埃"）。

《我以疼痛取悦这个人世》

极好的标题。心魂在残缺、迷茫与无助中存在，感受疼痛就是在感受心魂的存在。为了让心魂展露真身，以这样的主题，一千位诗人各写上一千首诗也不嫌多。

我身体里的火车从来不会错轨
所以允许大雪，风暴，泥石流，和荒谬
（《我身体里也有一列火车》）

感觉得到荒谬，才能陈说荒谬。

世界的运行符合固有规律，心魂却不符合任何规律。透过现实的眼睛看心魂，他就是荒诞无稽；反过来透过心魂的眼睛看世界，到处都是荒谬，于是感受荒谬也是在感受心魂。

我请求成为天空的孩子
（《风从田野上吹过》）

哇喔，这不就是不甘就范的心魂嘛！

有时我是生活的一条狗
更多时，生活是我的一条狗
（《我只是死皮赖脸地活着》）

单纯以线性思维看问题，世界处于主体地位，自我是过客，总也登不了堂入不了室，充满无奈，令人绝望地渺小下去，活得"像条狗"（至尊宝名言），正所谓"我是生活的一条狗"。

换成象征思维，自我是当仁不让的主体，没有任何人任何事能够剥夺，生活则是展示自我的舞台，恰如炉子、水壶、金黄铜盘之类物品（

参见埃克苏佩里《要塞》），都是些道具，有哪幕戏让道具当主角的？在象征空间和生命舞台上，主角只有一个，就是心魂，只有他能感觉到痛苦，只有他才能诉说、倾听，他是独一的主人。将生活当成"我"的一条狗，就是明确心魂的主角地位，生活再凶暴，不过是无生命无情感的环境，心魂才是最值得牵挂的对象。

"生活是我的一条狗"是不是有点阿Q的味道？的确如此。要知道取经不是全部，而只是要把某些观念摆正，生活本身还是要凭借线性思维去执行、去争取。没有心魂，活得再滋润，不过是无所用心的动物或植物；没有现实生活，纯粹的心魂跟风花雪月相差无几，和阿Q式想法也离不了太远——取经是生活的一个组成部分，仅此而已。

摘抄就此打住，是不是该总结出点中心思想？不总结，看完就忘，瞎激动一场，浪费时间。可是真要总结，明摆着要犯错误，早说了心魂不可捉摸（还有古训，"道可道，非常道"），任何总结都是从树上砍下的枝子，看上去绿叶宛然，却已是死物。那就归纳一个印象吧，拿唐僧做例子一道说。

取经人要存有一个执着的念头，心魂才是象征舞台的主角，取经的一项重要任务是拨开灌木丛，铺就石子路，邀请心魂隆重出场。眺望真经和捉摸心魂几乎是同一件事，取经人足以为之付出全部努力。要是有妖魔挡道，就一脚踢开，埋怨道："滚一边去，丑怪丑怪的，还挡事……"

哎，刚才干吗了？妖魔张牙舞爪要吃人，为心魂而焦忧的取经人怎么一脚就把他踹开，没搞错？人家好歹是专职于吃人的妖魔，给点面子好不好？妖魔呢，还在旁边不是，半是羞恼半是狂躁，跟凸着眼球狂吠不已的齐娃娃一个样。取经人吃了什么药，竟然再不把妖魔放在眼里？答案是心魂，神奇的转变是由心魂带来的，把握住心魂很有凌绝顶而众山小的感觉，的确效果非同凡响。

早就说过，能够真正"消灭"取经人的只有真经，取经的最大困难是真经的极难认识，相对而言，妖魔是上不了档次的障碍，取经人一心一意面向真经，妖魔挡道真就不算回事了。

　　写诗发掘心魂，唱歌也是，不信去看各种各样的演唱会（记着戴上象征思维的眼镜），从激昂慷慨的歌声里很容易听出犹豫、孤独、苦闷、绝望，都是心魂在诉说。写作当然也是，《病隙碎笔》主要从写作角度捕捉心魂的身影，这里就不搬运证据了。除此之外还有很多，例如音乐，或磅礴或婉转的乐声很能勾魂；舞蹈是用多变的身姿描摩心魂；还有体育，奔跑、带球、灌蓝、扣杀，都是心魂领着身体共舞。心魂果真哪儿哪儿都是，可平常怎么从来没注意到他呢？什么地方搞错了？

六十　在祈祷中保守心魂

　　拜访完诗人，再来拜访劳作者，这次看看自愿下凡的七仙女如何在世俗生活中与她的心魂相处。首先要说明，不知不觉间七仙女形象已发生变化，身上包含了埃克苏佩里笔下获得自身眉目女人的影子。

　　劳作本身和心魂没有直接关联，中间一定要加入那位象征的创造者，所以七仙女不能独个儿承受生活，心里一定要容纳那位创造者，容纳的方式是信从，就是说她应信神。信徒总是要祈祷的，在开口之前还得再明确一下，信神的目的是什么。这个问题对于取经人也有意义，即求取真经的目的是什么，两个就当同一个问题来讨论，所以邀请唐僧来，大伙儿一道商量。选项很多，这里只看四个：

　　1. 求知。

　　唐僧肯定很有求知欲，取经有很大程度的求知成分。不过七仙女对求知多半不感兴趣，否则不会看中董永。这一条被七仙女否决掉了，毫不迟疑。

　　2. 解除苦难，获取福乐。

　　通常信教的目的是获取福乐，可是这回遭到唐僧和七仙女的联合反对。要是向往福乐，唐僧就不会出家，更不会大老远跑去取经。七仙女在天上时已经身处福乐，但是她乏味了，下凡来想要追求点儿福乐以外的东西。

　　要是仙工有投票权，当然也投一张反对票，因为福乐属于身体目标，考虑的是线性问题，跟仙工一向强调的象征思维不搭调，否它没商量。

　　3. 施行公义。

　　这一回唐僧左顾右盼，不给明确答复。七仙女莫名其妙，不知道公义跟她的下凡有啥关系。仙工也想打退堂鼓，但是没人发言，只好站出来勉强发表意见——公义嘛应该实行，而且早就该施行遍地，等到取经这会儿才来提，是不是有点晚？真经啥时候取到还不知道，难道施行公义就得一直延后？真经有啥特性来着，面向精神，面向个体，让个体的真经去给群体理论站台，是不是请错了神？不多说了，大家看着办……

4. 保守心魂。

为取经人唐僧设计了拥抱心魂的本事，要保守心魂他应该也赞同。七仙女稍有异议，她下凡来是为了让心魂落到实处，好像用不着保守。不过至少和她的目标不冲突，投赞同票未尝不可。信神是为了保守心魂，就这么定了。

信神和取经的目的都定下来，那就请唐僧暂时退场，由七仙女单独表演。这回七仙女进入角色，可称她为"你"，好像她在跟观众直接交流。

既然下凡来，你就不是仙女了，而是个土不拉儿的农妇……"什么，我是农妇？！"七仙女大吃一惊。嘘，小声点儿。没错啊，你哄骗董永之前自发换上农家妹子装束，一成婚当然是农妇啦。别迟疑了，进入角色，安下心来过你的日子吧。你那袖子里藏着什么，大姐送的难香？（七仙女下凡前，大姐赠她难香一枝，有困难时点燃，六位姐姐马上下来相助）拿出来扔掉吧，别想着找你仙姐拉扯关系，那玩意儿不符合你的农妇身份。如果喜欢织布，你就织吧，没别的想法了，你已经陷在这个叫做世界的地方了。当你织起来，世界成为生活，你身旁水壶尖啸，娃儿乱吵，扁豆叶子打蔫儿，母鸡咕咕叫，都需要你去抚慰一下，伺候一下。你也真就分身有术，把样样打理得井井有条，在这无休止的忙碌中，你的心魂获得了安慰。

时间一久，麻烦接踵而至，炉柴经常供应不上，娃儿老是病快快，冰雹陡然降临，而扁豆刚刚爬上架，母鸡不仅被你惦记着，也被黄鼠狼惦记着……等一样样糟糕事件过后，你的忙碌全都一场空，这么一来，你不免要问，这些忙碌有什么意义？

（打个响指，或者一拍大腿）得，你碰到铁板了，开始询问意义了，你那沉寂已久的心魂重又轰隆隆发动起来。答案找不到，对付办法却是现成的，你马上向神祈求。你求神什么呢？一颗牢固的心魂？扯嘛，既不真切也不打动人心，哄谁呢！你当然祈求柴火源源不绝；祈求冰雹不要再来，让新种的庄稼顺利开花灌浆；祈求孩子安康茁壮；祈求院墙牢靠，黄鼠狼打不着你家的主意……所有祈求都有着现实的名目，身体福乐的目的，线性思维的特征，可是祈求仍然发生了，并且受到神的肯定，原因何在？原因还是在耶稣那句话上，"认识你独一的真神，并你所差来的耶稣基督，这就是永远的生命"。神看重你和祂的关系，在你的信靠中，祂保守你的心魂。

　　首先要明白，这是句多余的话，指向多余的东西（心魂），本来没必要说出来，说了也不被理解，不予接受。其次，这句话的提出非常必要，直指核心，即信神的根本目的就是保守心魂，而人的心魂才是神的真正宠儿。有了心魂，然后要考虑落实，心魂与身体一道，活在现实的土地上，于是象征生命与现实生命融为一体，劳作和生活获得了意义支撑。现实生命受到象征生命的指引，在神言的光照中受到庇护，于是困苦中的倾诉受到倾听，满怀盼望的祈求得到首肯，祈求本身就是心魂存在的证明。总之，耶稣的这句话是神对人的担保，如果缺了这句，那些祈求只能停留在现实层面，受到线性思维的支配，继续在相对价值中流离失所。

　　回到七仙女的境遇，灾难一件件发生着，你的祈求看似无效，然而你从不退缩，从未想过一走了之。你有信心，相信神一定与你同在，你的坚持必能获得报偿；你有盼望，因为神已经许诺了，他不会抛下你；尽管饱受摧折，你仍然忠心不二，困苦越多，你的心魂反而越坚强。只要你的心魂在，你的盼望就在，你就继续祈求着，同时也继续努力着——炉火未熄，新柴已经砍来；冰雹过去，种下新苗；娃儿吃了一副药，下一副又熬上；黄鼠狼想来就来吧，它可以吃掉母鸡，但是吃不掉你对美好生活的信心……你接受苦难，但不屈服于苦难。

要明白你不是只知道干活的工蚁，心思没有停止工作，你是懂得祈告的，你能够向着你的来处——象征国度，祈求幸福。饱经忧患，仍然知道祈求，这就是心魂强固的表现，所以你是象征世界的仙女。

这下子情况又变了，和"你是仙女"相连的是"所以"，而不是"因为"，说明这是你新获得的身份！这一次你的仙女身份不是由父王恩赐的，而是在对神的信靠中争取到的，是心魂成就了你的仙女身份，心魂又受到神言的保证。耶稣说："人若不是从水和灵生的，就不能进神的国。从肉体生的，就是肉体；从那灵生的，就是灵。我说，你们必须重生，你不要以为稀奇。"（《约翰福音》3：5-7）耶稣简直是在对七仙女耳提面命。七仙女重新获得仙女身份就是一种重生。

总结一下，劳作和生活并非了无意义，保守心魂，使心魂在现实的土地上落到实处就是根本目的。劳作和生活受到现实限制的困扰，信靠神能够获得信心和希望，于是心魂得到神言的保证。耶稣说："认识你独一的真神，并你所差来的耶稣基督，这就是永远的生命"（《约翰福音》17：3），因着对神的信靠，心魂不死，这就是永远的生命。

六十一 用不完的邮票

有关面向神的祈祷还可以换一种方式理解。

假设有一位游子，出发前父亲送给他一份神奇的礼物，一枚邮票，并且叮嘱他，有困难的时候就给老爹写求助信，有这邮票为证，信件管保送达老爹手上。这是张自粘贴邮票，揭下一张，底版像没碰过似的，上面还有一张。要是游子不停地写信邮出，就能源源不绝地获得新邮票，所以不用担心邮票用一张少一张，尽管写吧，老爹候着呢。

这位游子牢记老爹的话，有困难就写信，果然邮票用不完，至于求助的效果如何，不好说。

在邮路的另一端，那位老爹身兼二职，一是信访办主任，二是集邮爱好者。先考虑第二项。邮票本是他送出的，也是他印制的，但是他癖好异常，特别喜爱回收邮票，乐此不疲地一边派发邮票，一边广泛收集。那么他的第一项职责呢？那些信他看了没有，如何响应？甚至要问，他到底拆信了没有？如果让教徒来回答，他们肯定说老爹有求必应，而在仙工来看，只能说不知道……

这事是个比喻，游子指任何一个人，老爹就是上帝，当然也对应神、无限、真经，邮票呢就是心魂。每一个游子都带有神赠予的心魂，游子能够运用心魂向神发消息，与神沟通。神接受心魂，赞赏心魂，将心魂当作最可他心意的宝贝，甚至他本身就是为心魂而存在的。将心魂比作邮票，是因为心魂本身不实在（象征世界的东西都不实在，实在的是现实中的东西，最实在的当然是钞票），只有附加到信件上才显示其明确作用，信件的内容当然要实在，所以信里写的都是有关福乐的祈求，然而神收到信，为又集到一枚邮票而满心喜悦。在神而言，他知道游子的品性，没有福乐需求，他们根本不会想到写信，没有信件，神和游子的关系就断了，那更糟糕。

心魂只要用上，就永远用不完，神赞赏这种作为。耶稣讲过一段故事，就是在证实神的旨趣。

有一位国王，出远门前召集奴仆，每人发放一锭银子，让他们妥善保管。他回来后查询奴仆保管银子的状况，有人拿银子做生意，赚了十锭银子，国王大为高兴，称赞他是良善的，不仅银子归他，还让他管十座城；有人赚了五锭，国王也很满意，银子归他，也让他管五座城；有人特别珍视主子的银子，小心保管，一厘未失，当然也一毫未赚，不料国王大怒，称他为恶仆，命令夺了他的银子交给赚了十锭的，还剥夺他的所有。

　　　主人说，我告诉你们，凡有的，还要给他；没有的，

　　连他所有的，也要从他夺去。（《路加福音》19：26）

耶稣够财迷的哈，要是有人帮他多赚银两，他一高兴就加倍赏赐，有人把他的银子当文物保管，他却连人家原有的财物一并夺走，没见过这么喜怒无常、蛮不讲理的主人。

当然这是在用线性思维说事，换作象征思维，还是得联系到心魂上。神给了你一颗心魂，你若善加运用，不管经历喜悦还是悲苦，都能得着特别丰盛的生命感觉，此时神就赞赏你，赐给你更多；你要是小心翼翼，一点烦恼不愿尝，一点愿望不敢想，神就把你当败笔，夺走你的一切生命感觉，把你当恶人撵走。

结论出来了，祈祷就是心魂在流动，虽然祈求的都是现实目标、身体福乐的内容，但是祈祷本身的意义在于强化心魂的活力。难怪耶稣鼓励信徒祈求，并且说"求，必得着"，只要开口，心魂就活跃起来，这正是神最欣赏的时刻。

六十二　心魂的温柔

心魂有迷茫、寻觅、奔突、祈告等特性，好像总是脚不着地，耽于胡思乱想。这回要观察一颗具体的心魂，他做了一次大胆决断，在决断中使心魂华丽现形。先听歌，赵传的成名曲，

……我很丑，可是我很温柔！

咔，听歌结束，心思运动起来。

还是先上线性思维。

"我很丑"，丑就丑了，还到处张扬，不嫌恶心人？一边儿安静地呆着很难吗？很温柔？温柔又怎样，又丑又温柔，不觉得恶心加倍吗？在耐心耗尽前再劝一句，丑不是你的错，拿丑出来显摆，并且扭捏做态地温柔，彻头彻尾都是你的错。好了，希望不要再有下一次，请闪开。

接下来有请象征思维现场讲评。

"我很丑"，是说我对我的状况不满意，后一个是身体的我，前一个是能感受的我，感受力来自心魂。这种不满意像瓷器上的裂纹，处置不当，足够毁掉整件物品。"我很丑"唱给自己听，也唱给世界听，"我"不仅对自己不满意，也对世界不满意，它为什么把我造成这样，然后扔我一脸白眼？就算不把白眼当回事，一拿起镜子我就心头发凉，我没傻到搞不清美丑的地步。

"我很温柔"是对外表现出温柔。我对这世界不满意，恨不得到处放火，但是几经感念，还是决定放弃执拗。心头的那道裂纹让它裂着吧，但是不能再给这个世界以及我的生活增加裂纹，我要用温柔来弥补裂痕，决心已定，就这么着！

从"我很丑"到"我很温柔"遵循了怎样的规律？没有规律，相反说"我很丑，所以我很刻毒"才符合规律，唐代名将郭子仪对此深有领会。老

郭年迈之时德高望重，有病在身，连皇帝都登门看望，平常来拜访的大小官员更络绎不绝，老郭也就随意了些，侍者女眷常陪左右。当朝宰相卢杞来访，老郭马上摒退左右，独个儿接待相爷。回头他说明原因，卢杞那人长得丑出了名，关键是他"貌丑心险"，脸相不行，心地也跟着坏掉了，要是家里有人忍不住表露嫌恶或嘲笑的意思，将来必遭报复。一个人因丑而与自我对立，并因一系列烦恼而与世界对立，是顺势而为事情，世界在这过程中没有任何变化，因为世界是遵循规律的存在，所有事情都符合"因为…所以…"的套路。在这歌里，由丑而至温柔，顺了什么势？应该说什么势都没顺，反而出现了个"可是"，那是心魂的独有特征。

"可是"是个转折，否定了前番，肯定来者。"我很丑"是现实，被一句"可是"给否定掉了，意味着我不接受这现实，而要用自己的决断重新面对现实，这决断就是"温柔"。现实只讲究从"因为"到"所以"的因果律，这个"可是"出现得缺乏来源和基础，但是它毕竟出现了，它就另有来头，那正是心魂——是心魂对自我不满，也是心魂在做转折和决断，这个"可是"正是心魂的华丽显现。

听这歌就动情，和看电影大不一样，看电影要求啥啥都显示清楚，包括怎么个丑法，后来又怎么个温柔法。听歌只要听到这么几句就够了，因为心魂从歌声里已经显现清晰，心魂与心魂碰撞，火花飞溅，欣赏达到目的。

"我很温柔"展现的是我这个人的温柔，包括表情、姿态以及待人方式，都还是现实的，身体的，"可是我很温柔"却处于另一层面，是心魂在展现温柔，是说我要做好我自己，并重新与世界相处。我用"可是"否定了现实，同时也用"温柔"接受了现实，前一个现实是原初的，我以自己的身体踏足进来，其中充满偶然性；后一个现实经过了调整，心魂参与了进来，于是充满象征意味，世界与我在心魂的温柔中弥合了裂痕。

写到这儿仙工忍不住要插一句，古人想要天人合一，仙工始终搞不明白，个人既然出现了，就从世界割裂出来，还合一回去干吗？耶稣说人要重生，听着像割裂了还要再割裂，个人和世界背道而驰，走上不归路，合一岂不是强扭的婚姻？

经过对"可是我很温柔"的一通解说，好像整明白点儿，世界已经割裂了，无可挽回，然而心魂出场，让个人与世界的弥合出现转机，心魂的温柔提供了零星胶水。"可是我很温柔"正是天人合一的一刻，也是个体被无限接纳的瞬间。

前番引用过《要塞》里的一段话，结尾是这样的，

> 我是那个使女人有自己眉目而存在的人，为了以后面对上帝时不是在风中懦弱地叹息，而是具有热忱、温柔、个人悲情……

八戒和七仙女的劳作展现了热忱，姚贝娜的歌表达了个人悲情，如今听完"我很丑，可是我很温柔"，也真感受到温柔。那个女人的眉目是心魂的眉目，借以获得眉目的热忱、温柔和悲情都属于心魂，所以是心魂的热忱、温柔和悲情。当八戒辛勤劳作的时候，咱只知道他有这样一些目的——挣工分，持家，让老婆孩子高兴。这些都是现实目的，其背后还有象征的目的，劳作的热忱源自心魂的热忱，他在劳作中实现自我，这么一来，他已跟猪一般的生活和思想分道扬镳，而接近了仙女，并向神明看齐。

心魂的特性包含迷茫、寻觅、奔突、祈告，热忱、温柔、悲情也都是，心魂无可像，同时也包罗万象。要接近那万象，依靠念经面壁做法是不行的，而必须贴近象征世界的自我、处境和决断。诗和歌的表达，寻常的劳作和生活，以及一个又一个温柔的决断，都在唱同一首凯歌，至于是什么的凯歌，还难猜吗？

再画一次心魂特性图，并为心魂的诸多特性隆重添上三样：热忱、温柔和悲情。

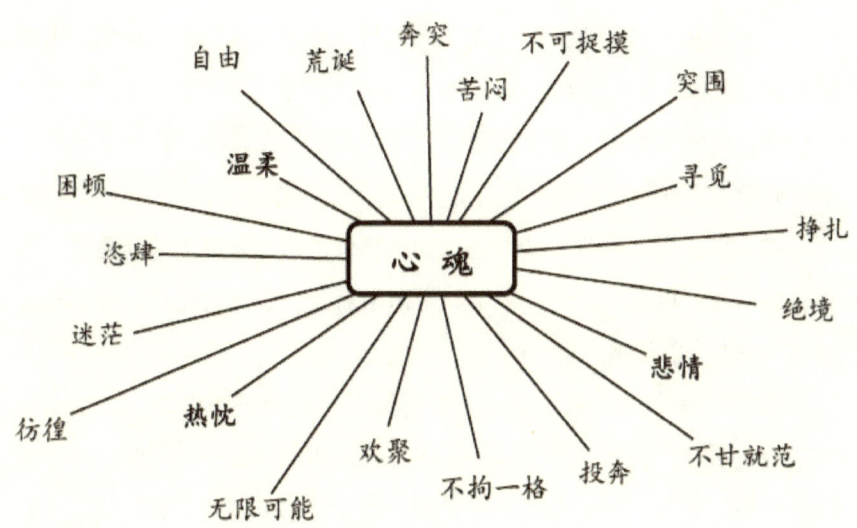

六十三 为二师兄修图

观摩了几个拥抱心魂的方式，感觉若有所悟，这就先打个岔，谈谈猪八戒的形象问题，至于取经人跟心魂的关系，得留待下两章再说。

《西游记》写了老多阴谋诡计，当然主要是妖魔如何抓唐僧，孙悟空又如何对付妖魔。这些故事跟"取经"基本上没啥关系，多一个少一个并不打紧。在仙工看来，原著隐藏了一个绝大的阴谋，不讲出来不痛快，阴谋的受害者就是故事的头号配角，二师兄猪八戒。

如今网上不断涌现公知精英，如果哪位挑明了说广大公众是猪，肯定要被骂死。可是古代精英就敢，说出来后公众还非常受用，而且至今有效——做个古代精英很爽的。

话说回来，二师兄形象为公众喜闻乐见，属于国之瑰宝，仙工站出来为他正名，反而是跟公众唱反调，有招致严厉批评的风险。可是取经进行到这一步，好话也替二师兄说了不少，感觉很有必要将新近发现的观点材料做个综合，应用到二师兄身上，算是替二师兄掸掸土，洗洗尘。打个比方，刚学了几招修图招术，拿二师兄的照片来帮他修修，一来试验效果，二来也表达一下自己的敬意，既不违法也不违背道德，应该不是坏事吧？

动手之前先做分析，把二师兄长成这样的原因弄清楚，修起图来才心里有数。

二师兄的长相和他的品性有关。象征世界有一条规则，所思即所见，想到什么就看到什么。反过来也成立，所见即所思，看到的就是想到的。一个例证发生在观音身上，她从未见过熊罴怪，只因那怪住在仙山，就有意聘他入伙，她的决定并不仓促，象征世界里不用担心见光死。二师兄是个象征人物，既然长得那么丑，肯定他的想法不符合主流标准。各家网上百科查一遍，二师兄有这么些性格特征：性情温和，憨厚单纯，贪图女色，贪婪自私，吃苦耐劳，好吃懒做，好打退堂鼓……停，"性情温和，憨厚单纯"都是好词儿啊，怎么就丑了呢？刚肯定他吃苦耐劳，怎么又说他好吃懒做，岂不矛盾百出？看来清谈很不够，还得从原著找材料，再当一回搬运工。

23回，大师兄显摆做佛徒的荣耀感，二师兄就诉苦："似这般许多行李，难为老猪一个逐日价担着走，偏你跟师父做徒弟，拿我做长工！"感觉行李多数时候都在二师兄肩上，而电视剧和图画书里多由沙僧挑着，不太对。

24回，歇息下来，师父分派任务，"沙僧看守行李，教八戒解包袱，取些米粮，借他锅灶，做顿饭吃……"合着二师兄路上挑担子，停下来还要管斋饭，任务够重的。

还是23回，二师兄向女庄主自我推销，"虽然人物丑，勤谨有些功。若言千顷地，不用使牛耕……"把勤谨当成自家招牌来炫耀，可见懒字应和他无缘。

32回，金角和银角摆下阵势准备跟取经人们大战一场，孙悟空得着消息，撺掇着让二师兄巡山，结果二师兄半道开溜，躲起来睡大觉。这下说他不懒可就难了。另外三番五次要分行李散伙都是他，也是他懒惰的证明。

同一个形象既勤劳又懒惰，都给人深刻印象，原因何在？这就得考虑到他的形象本源。他和孙悟空一样，都是妖仙，既然孙悟空是由唐僧心里抽离出来的，二师兄也是吗？然而这是用老经验对付新问题，会上当的。从二师兄的想法和作为看，他象征的对象和师父、大师兄相去甚远。师父虽然很笨，好在责任感强，对取经矢志不渝；大师兄不畏艰险，勇往直前，散发着英雄主义的迷人魅力，这对师徒珠连璧合，形成完整的参修者。二师兄和他们相比根本不是一类人，不求上进，贪图俗世生活，正像百科上总结的，是个"来自乡村的劳动人民的典型化身"。这么看好像挺对头——他扛的钯子是劳动工具，他的名字"八戒"是出家人对在家人的要求，都指明了他是个世俗中人。百科上还给他总结出几条结论，也都符合他的俗人身份："充满人欲的艺术形象"，"享乐主义的典型"，"深刻存在守着土地而养成的顽固的保守心理，和神、道、佛相对立，表现着普通劳动人民的生活愿望"。他这俗人身份看来是板上钉钉了。

把二师兄当作大俗人，就明白他的勤劳和懒惰各有所指。勤劳是生活方面的，种地、修房子、养鸡养猪、扫地、通阴沟、淘米烧菜，他干起来可带劲儿了，为弄顿好吃的不惜大费周章。懒惰则是精神方面的，要他多读书，动脑筋思考人生、宗教之类抽象问题，他马上打瞌睡。取经是件精神任务，触不到他的兴奋点，因而时不时提散伙；孙悟空让他巡山，探查妖怪踪迹，就是琢磨精神方面的难题，他当然中途溜号，去睡大觉。跟唐僧和孙悟空在思想精神方面的勤奋比，二师兄精神上没追求，被当懒虫也在情理之中。

原来二师兄是个精神上的大懒虫，他的糟糕外观算是找见了根源。但是精神上懒又如何跟丑建立必然联系？追踪还得继续。

历史上的唐僧一个人便能取经，故事里的唐僧需要带一帮徒弟、保镖和打手。孙悟空是从唐僧心里抽离出来的，还原回去，取经队伍就少了个角色。沙僧有可能也来自唐僧的内心，以后再说，这会儿先并回唐僧心里。这下队伍剩了唐僧和二师兄，再也无法合并。唐僧实际上在修行，当然越清净越好，偏偏拉进来一个志不同道不合的大俗人，为什么？想要热闹？有孙悟空已够热闹了；雇个小丑排忧解闷？怕寂寞就别伴装修行。庙里如果有和尚不守规矩，住持有权力递他一张迁单，叫他走人。唐僧师徒揪住个三心二意的俗人不放，难道不明白强扭的瓜不甜？

众多疑问要在唐僧和二师兄的真实关系中找答案。这两位都是典型代表，一个对应参修精英，另一个对应普罗大众。这里参修精英并不指某一特定群体，儒、释、道的都行，只要自认掌握了真经，甭管理念相差多远，他就是参修者。

大众天然对心性、本原之类的抽象道理不感兴趣，一门心思扑在世俗生活上，这是由人的本性决定的，属于社会运行的常态。参修精英则对抽象道理更神往，自个儿汲汲于此不算，还很乐于当大众师父，拉着大众一道修。

本来大家各忙各的，唐僧何必当个不顺心的师父，浪费时间教导个不上道的徒弟？这是由参修精英的处境决定的，他们掌握了真经，正在照着真经修行，也希望普罗大众都来修行。如果真经不那么真，或者已经蕴藏在世俗生活之中，那就没有参修精英啥事了，他们只能当气功或瑜珈师父，开个小门脸收些散碎银两。可是他们自认掌握的是真经，那可不得了，放之四海而皆准的道理啊，掌握者俨然是精神导师，负有带领大众渡过苦海劫波的责任，怎么能再对大众精神上的荒芜放任不管！就这么着，唐僧一边干着自己修行的活，一边揪住二师兄不放，强行做他的师父——是掌握了真经的骄傲意识使得参修精英对普罗大众放不了手。

有人主动做高端研究是好事，得出成果积极推广，为广大人民群众谋福利，本来应该表彰，但是研究是一回事，掌握真经是另一回事，不能把过程等同于结果。好比说某位物理学家详细比较了正物质和反物质的优劣，得出结论，世上所有烦恼都源于这个宇宙太依赖正物质，咱应毁了它，争取进入反物质世界。宇宙不是咱能毁得了的，那就自毁，办法很多……这是把广大群众往沟里带！参修者自认掌握了真经，又没从世俗生活找见意义，于是自个儿脱离世俗不算，还起劲儿要人们都断欲忘情，很有把人往沟里带的意思。

唐僧收了个不合格的徒弟，负有教导之责，是不是每天给他上几课，把主要经文讲解个遍？徒弟要是上课常打瞌睡，是不是也打他手心几板子？要知道唐僧和二师兄都不是特定的某个人，而是两个群体的形象代表，做起事来不能照常规办。既然是在讲故事，自然有故事的特定办法，那就是塑造形象，由形象的美和丑来自动完成教导工作，也就是发挥观念上所见即所思的效用。

二师兄外形的丑陋和唐僧外形的俊美并立存在，由他俩的形象反差来实现参修精英的宣导目的。唐僧是师父，身材是高大的，脸型是端正的，皮肤是白皙的，关键是他长了张静态面孔，不管过了多少年，经历过多少风霜雨雪，也不管遭受过多少惊魂恐怖，他的白脸依然稍不改色，皱纹啦，风霜和暗斑啦，沧桑感啦，莫想从那张脸上找见分毫。这张定格的面容不符合实际，但是符合观念，根本上这张脸就是真经的显现。是不是太夸张，把这张脸和真经联系到一起？顺着象征方法的思路，得出这一结论并不意外。往年的影视画报里面好人通常浓眉大眼，把朱时茂的肖像复制了又复制，脸相端正又庄严，再加上一脸正气，俨然就是正义和真理的化身。唐僧师父当然不例外，有张俊美的脸，才好给人直观印象，真经是好的，大家都向这儿看齐。

故事里真经还常称作三藏真经，唐僧还没出发，太宗皇帝就将唐僧命名为"三藏"，意味着唐僧形象不仅是参修者，也是真经，这么一来他的修行才有根本保证。唐僧形象对应着真经，所以他长的要多美有多美，而且不受风霜雨雪以及惊魂恐怖的影响，那张俊脸定格在观念中了。

有了唐僧师父的俊美做对照，二师兄必须丑陋无下限，这才反衬出真经之真和美，让人下意识地亲唐僧而远二师兄，同时也亲修行而远世俗。二师兄当了小丑，对他的嘲笑和对孔乙己的嘲笑含义不一样，嘲笑孔乙己是人的冷漠心理做怪，嘲笑二师兄则是真经正通过象征方法发挥宣传鼓动作用，笑声一起，参修精英斩获甚丰。所谓被人卖了还帮人数钱，大众跟着参修精英取笑二师兄，就是在替人家数钱。看来太乙的不是仙工一个。

二师兄长成这副模样的原因总算找到了，为他修图的路数也准备就绪，即是蕴含在七仙女事迹里的拥抱心魂，这就开工，开始修图，分三步操作：

1. 调整心态。

把二师兄写成猪相是参修者单方面作为，并没跟俗人们商量过。参修者自认掌握了真经，才真心实意认为俗人俗不可耐，丑得可以。修图是在取经框架下进行的，取经的关键点是尚未拿到真经，那就没有判断美丑的根本标准，于是到底一心修行的唐僧师父有多俊，安于世俗的二师兄有多丑，都很难说。取经人跟参修者的不同在于自动放弃唯我独尊，认为真经并不天然站在谁一边，说谁俊谁丑都是自说自话，算不得数。

2. 以心魂的名义为世俗生活添加意义。

唐僧和二师兄长相上的对立源于修行观念和世俗生活的对立。世俗生活没有丝毫真经的影子，因而需要彻底摒弃（23回，"出家立志本非常，推倒从前恩爱堂"），正因如此，二师兄才丑得失去依托，彻底畸形，给他副猪相已经是不错的待遇。

换上象征思维，世俗生活并没有远离真经。真经在人间的代理是心魂，心魂必须在日常生活中显现自身，正如《要塞》一书所说的，日常生活以炉子、水壶、金黄铜盘等具体物件为心魂建立起一道道边境线，由这些界限约束住心魂的奔突和不可捉摸，使其渐渐显出特定眉目，因此可以说心魂只能在世俗生活中展开，那也是真经试图显现自身。

既然真经离不开世俗生活，作为世俗大众化身的二师兄也就没那么丑了，甚而有了点俊美的意思，再看看他的脸相，巨型鼻子哪儿去了？扇风耳呢？都不见了，修图取得重要成果。

3. 将世俗生活和无限、真经、神联系到一起。

单单给世俗生活添色加彩是不够的，就好像一门心思念叨白杨礼赞、牡丹礼赞，意义上还是太单薄。必须跟无限、真经、神建立联络，并保持信息通畅，才能使生活的意义获得最终依托，至于如何做到，可以参照已经介绍过的方法，包括

• 拜无限为老师，将自己的心魂展示在迷茫、寻觅和奔突之中，有心魂必定有无限，心魂虽是无限的一块碎片，但仍然是无限的。

• 无论遇到多大困难，依然保持信心和希望，心魂就藏在信心和希望里面。心猿做过强销死籍的事情，意味着"只要不想死，就永远不死"，心魂同样能做到。只要体现出心神不死，他就美。

修图大约就做这么多，再给嘴角添上一抹微笑，是不是有仙女风范？……什么，恶心到了？忍忍，多理解取经也就习惯了。

第十四章　主观也是个事儿

六十四　追踪主观性

继了解了象征思维和心魂之后，接着来追踪取经人的主观表现，这是取经的又一项重要内容。主观性之成为问题，在通过诗文观察取经人的情绪状态时已经露了个苗头，那时提出真经如果是不能直视的太阳，取经人心头应该反映点真经的光，一通查找下来，只看见唐僧头皮反光，于是得出唐僧没在取经的结论。如今明确了心魂对于取经人的重要性，还是得拿主观性说事，好些理由排着队等待说明。

1. 象征世界的要求。

取经是件精神性工作，发生在象征世界里头，象征世界就是主观世界，取经人不能只管埋头搬砖（捣腾概念），心头还得对真经有所感念，也就是主观上表露出点意思。有几样表现被考虑过，向往、好奇、困惑、怀疑、偏激、叛逆和迟疑。在原著里面，这些情绪都被安上妖魔的面目，被金箍棒一一捶掉，但是搁在面向无限的取经人身上，这些都是宝贝，缺了他们，取经人不免于弄虚作假。

我曾经琢磨过亚伯拉罕拿独生儿子献祭事件（参见《生命之杯·被遗弃者》），认为此事的要点不在于亚伯拉罕无条件服从上帝的命令，而在于他是否因献出儿子而悲痛，如果有悲痛，献祭才算成功，然而原文（《圣经·创世纪》22）偏偏没有就亚伯拉罕的情感反应给出丁点提示。现在想来这种思考方式就是关注主人公的主观反应，有悲痛才有主观投入，因着主观的参与方显示确实来到上帝面前。

2. 主观现象。

一个疑虑浮出水面，强调主观，是不是为唯心主义摇旗呐喊？或许是吧。其实何止是唯心，有神论早就在取经过程中提出来了，都是取经闹的。也正因是取经，不必拘泥于唯物或唯心以及有神还是无神的顾虑，只要对认识真经有所帮助就行。

对取经的主观性放不下，还因为注意到一系列现象。先念一段千古名篇，

问君能有几多愁，恰似一江春水向东流。

没事愁个啥呀？寻求快乐是人的本性，干吗不多写点让人愉快的东西，比如今儿个吃了顿好的，我乐呀乐，打心底抑制不住高兴。真的，依照人的本性，广泛流传的应该是以快乐、幸福为主题的作品，哪怕有分离、愁苦，也应短暂、偶然，最终在团圆美满中予以化解。然而进入诗词构造的氛围，能记住的净是些宣扬负面情绪的东西，离愁、孤单、衰朽、绝望之类，啥玩意能让人断肠就吟咏什么，人好像跟自己的肝肠有仇。在这种事情上，人人都是神经病。

再就是唱歌。仙工觉着有一首歌倍儿好，《今天是个好日子》，贼合大众口味，无论怎么评，都该列为百年经典第一篇，大大小小的演

唱会上也应少不了这一首的旋律。但是实情呢？歌手们情真意切、声情并茂演唱的还是些难受的事情，思之不得啦，年华易逝啦，感情又掰了啦，仍旧瞅着肝肠不顺眼。例如说《橄榄树》，听着飘逸、开阔，回味无穷，听完恨不得打起背包漫无目的地飘游，控制不住地要犯神经病。

诗和歌都反应主观，而一进入主观，就别再想着阳光灿烂，那地方特别适合阴暗委屈惆怅的东西生长，不是仙工瞎掰，事实就是这样。要理解这些现象还是得联系到真经，所以取经必定要考虑主观性。

3. 主观的经。

偶然从网上读到一段文字，像见到奇特景象，赶紧拍照留念：

> 此行虽勉强涉世，乖其本图。近日静中，悟得心体原是妙明圆净，一毫无染，其有尘劳诸相，皆由是自触。识得此体，则一切可转识为智，无非本觉妙用。故不起净心，不起垢心，不起著心，不起厌心，包罗世界，非物所能碍。
>
> （摘自网文http://krsna.lamost.org/engine/node/1242）

"勉强涉世，乖其本图"，好像很赞同《西游记》中 "跳出樊笼套"之类说教；心体"妙明圆净"，典型的佛教语汇，在描述一种很抽象超然的感觉；"不起净心，不起垢心，不起著心，不起厌心"，就是"喜怒忧思须扫净"的别称，也很合《心经》所说的"无受想行识，无眼耳鼻舌身意……"，"不"就对应着"无"；"包罗世界，非物所能碍"，非物所能碍的只有主观意识了，到这程度，世界彻底成了手中牵着的一条狗。

不必多说，写出这段文字的即便不是佛门中人，也一定精修佛法。然而实际情况大出人意料，这位作者名叫张居正，没错，就是明朝万历初年首辅张居正。他可是个不折不扣的儒门人士，没听说过他心仪佛教，而且写这段时他正在谈论心学，所以这段文字跟佛教没太大关系（

不排除心学受到佛学的影响）。

读罢张居正的文字，再来读《论语》，会发现很难找到对个体精妙感受的描述——孔子说过"其为人也，发愤忘食，乐以忘忧，不知老之将至云尔"，是对他自己乐观心态的客观描述；"子在川上曰：'逝者如斯夫'"，是在冷静表达由自然现象引申出的道理；"知者乐水，仁者乐山"表达了对人生的深刻感悟，但基本上还是在讲述客观现象。跟张居正的文字一对照，如果说"妙明圆净"等句是打磨精致的钻石，"知者乐水"之类需要一再注释才能领会内涵，只能算原石。

4. 取经成果。

针对取经还能提出一个基本问题，取经人历经千辛万苦搬回来几本经书，工作就算完成了吗？在现实中的确如此，也只能如此，但是在象征故事里成功标准就要高很多。如果取经成功仅仅表明写有真经的书拿到手了，带回来准备给别人看，那么取经就是为了别人，和自己没有更深关系，这种取经依然停留在客观行为和客观认识上，无异于做戏给别人看。取经本是一段精神历程，当然不能满足于客观努力，而要在精神上深入进去，达到对真经的客观认识和主观感受完全合一，因此取经的过程也是个体成为真经的过程。

对取经人提出了主观客观合一的要求，马上引来新问题。客观认识和主观感受的前提是拿到了结果，即既获得了真经，也理解了真经，在主观上与真经宣讲的内容产生共鸣。但是取经的一个重要限制是真经没有拿到手，换一种说法是个体永远处于有限和残缺状态，不可能因掌握真经而成就无限，既然等不到看见最终结果的那一天，那么又如何让他既从客观上认识真经，又从主观上感受真经？

一个可能的解释是取经人虽然不能最终拿到真经的全部，但可以看到部分，通过那一部分而获得主客观合一的效果。这种解释很有道理，但也隐含着陷阱。取经人确实能够认识部分真经，但是为了那一隅之见而兴奋会使人忘乎所以，以为已经找见了真经的全部而就此停止取经，从而转入修行。以"人牛不见时，碧天光皎洁"为例（《西游记》20回），能够发现"碧天光皎洁"的境界的确是思想的一大进步，但若以为这就是最终目标，就阻碍了人前进的通路，反而重新坠入思维黑洞。

要是谦虚一点，承认"碧天光皎洁"是很好的感受，但是还想看看能否找见更妙的感觉，总该符合取经没有终点的要求了吧？谦虚的态度是好的，一个常听到的说法是在上帝面前要谦卑，但是对于取经，谦虚（谦卑）会在主观上保持个体与真经（上帝）之间的距离，就好像客气会使客人与主人之间保持一段距离，如此一来个体就很难从主观上深入感受真经。

骄傲不好，谦虚也不好，还要人怎么办？这不是在提出问题嘛，马上就来关心取经的主观性，远离唐僧师徒之后，下一站就奔那儿去。

曾经提到过，取经也是为了寻找合个人胃口的真经，这话其实大谬，合个人胃口，岂不是用个人喜好判断真经？考虑到主观性，谬误顿时消失，所谓"合个人胃口"，是说个人想要找到合适途径从主观上接受真经，这符合取经的基本要求。

从多个角度看，主观感受都是不可忽视的方面，取经人试图通过认识真经，让自身更深地融入经过思想调整所感受到的世界中去。这就把主观性当作矿藏，不挖点东西出来不罢休。

六十五 一颗圆光涵万象

先前摘录过好些《西游记》里的诗句，包括"六欲尘情皆剪绝，平安无阻拜莲台"、"沙门修炼纷纷士，断欲忘情即是禅"和"清清净净绝尘埃"等，从中得出唐僧在修行的重要结论。其实除此之外还有好些更精妙的诗文没引用，留到这儿再来讲，因为这些诗文跟主观性大有关系，应算是唐僧参修所到达的顶峰。

佛即心兮心即佛，心佛从来皆要物。

若知无物又无心，便是真如法身佛。

法身佛，没模样，一颗圆光涵万象。

无体之体即真体，无相之相即实相。 （14回）

人牛不见时，碧天光皎洁。

秋月一般圆，彼此难分别。 （20回）

妄想不复强灭，真如何必希求？

本原自性佛前修，迷悟岂居前后？

悟即刹那成正，迷而万劫沉流。

若能一念合真修，灭尽恒沙罪垢。 （29回）

善恶一时忘念，荣枯都不关心。

晦明隐现任浮沉，随分饥餐渴饮。

神静湛然常寂，昏冥便有魔侵。

五行蹭蹬破禅林，风动必然寒凛。 （41回）

这些诗文不纯为宣扬戒除情思爱欲等教条，而是在解说佛法之外，还描摹参修到一定程度后获得的玄妙感受，如"一颗圆光涵万象"，"人牛不见时，碧天光皎洁"，"神静湛然常寂"。平常人旦暮忧思，无非是操心于利害得失，修行者参透了利害心的空洞，从修行理论找到更真切的道理，同时也望见非凡景致。关心利害得失时看到的都是差别，修行却可以通过"均平物我与亲冤"来超越差别，从而获得"秋月一般圆，彼此难分别"的玄妙感受，通过类似感受而进入修行所预期的圆满境界。一旦达到，和圆满境界的美妙感觉相对照，现实利害的计较（也称作分别心）给人带来的净是忧思恐惧，确实符合修行理论给出的"风动必然寒凛"的判断，因此进一步肯定着修行道路的正确。

参修者一直在主观世界游弋，这会儿进入巅峰状态了，相当于好梦方到酣处。这梦做得极其甜美，咱旁观者不能等闲视之，得试着解析一下，不过得请来某位高人临场指教，高人可能是弗洛伊德，也可能是另外某位大仙。这次向雅斯贝尔斯的《哲学思维讲堂》请来神签数枝，一把撒开，看看上面给了哪些警示。

> 我们不仅是意识，而且是自我意识。不仅是存在者显示出来，而且这个显现的东西本身也显示出来。（3：1）

> 我们每次思考时，我们就作为自我指向对象，作为主观指向客观。（3：2）

> 对象通过实实在在地与我们相遇而到达我们，即通过我们原原本本地理解它而到达我们，通过我们把它创造为思想形态而到达我们。（3：2）

> 没有某一对象，就没有任何自我。换言之，没有无主观的客观，没有无客观的主观。（3：2）

> 我们完成了一次飞跃：从对象性认识向着我们在那里

所实行和体验的非对象性的自我意识的飞跃。（3：1）

我们的世界绝不是与另一种现实世界相对立的一个表面世界，只存在一个世界。……（但是）主观——客观——分裂是我们意识的根本结构。（3：3）

生命是一种源自内在世界和环境世界的全体。（3：4）

读下来产生几个印象：

- 我们生活在主观和客观分裂的意识结构里，很像是同时生活在多重世界里；
- 从认识对象到认识自我是一次意识的飞跃，值得庆贺；
- 自我和世界不仅在身体方面割裂开来，在主观和客观方面也割裂开来，同时双方在身体和意识方面均构成一个更大的整体。

不得不说读神签太费劲，还是自个儿捣鼓实例来得痛快，哪怕实例不伦不类。

王小波有一篇文章，介绍一只特立独行的猪。王本人很会动脑筋，由他的慧眼发现那么头猪，算是恰当的对象遇到恰当的意识。放在仙工这等俗人身上，只能看见浑身是宝的猪。参修者唐僧不是俗人，当然也对凡俗意识嗤之以鼻，在他来说，猪就是猪，别的都是废话。一个体面人当然要注意自己的形象，不能靠鼻子吸嗅来感知事物，也不能用舌尖来为事物评定等级，更不能口涎横生，抹得到处都是，还拍着手夸耀光泽鲜美。在唐僧眼里，俗人的审美观就是这般白痴，把自己的身体感觉深印到周围的每样事物上，包括那头猪身上，于是猪成了宝而不是猪。因此，应该说把猪当猪是种很高级的意识，相当于从意识里去掉姜蒜味，拿开酱醋瓶，也制止哈拉子乱流，让客体显现为纯粹的客体。客体成为客体，主体也将成为主体，于是主体为自己赢得了尊严。凭借着主体的尊严，身体也将体面起来，不再因单眼皮、塌鼻梁、粉刺、秃头以及斑、疤、矮、丑、肥而无穷烦恼。到这一步，身体与自我和谐了，"人牛不见时，碧天光皎洁"，自我意识赢得了最终胜利，这一刻的畅快心情，跟七仙女欢唱"从此不再受那奴役苦"有的一拼。

"一颗圆光涵万象"是参修的顶点，但是（凡事就怕但是）取经人毕竟在面向无限，越过"人牛不见时"的和谐和"随分饥餐渴饮"的适意，他面前仍有无穷无尽的路可走，下一步要往哪儿迈？雅斯贝尔斯老哥谈完了人的主观、客观分裂处境，很快讲到超越者，所谓超越者，当然也是对无限的另一种称呼。很明显，不管人把自己的主观和客观怎么拧，还是不能忽略无限，对取经人来说意思更直白，真经还没拿到手，取经未有尽头。

考虑主观性和心魂的关系，仙工马上想到自家的第一台电视机。那时候全国人民都在为拥有一台电视机而奋斗、而欣喜，自家也搬来一台，简直跟请进一尊神一样兴奋。可是那台电视太令人失望，本地电压很低，机器又是个杂牌，放映效果糟糕透顶——屏幕本来就小，还向里收缩了一大块；雪花点不断，声音滋滋啦啦；最让人受不了的是图像不稳定，老是翻滚，安定不下来。后来搞来一台稳压器，总算把翻滚对付过去，能够定定心心地看电视，真是大喜过望。

一台电视机的任务是接受电视台发来的信号，持续稳定地播放声音图像，这应该是基本要求。拿取经人和电视机做对比，取经人通过重新认识世界和自我，而将两者有机地融合到一起，从而充分领略生命的欢欣与幸福，相当于电视机原原本本地接受到电视信号，播放的图像不走形，不夹杂雪花点，声音也清晰，说明这台电视机是个合格产品。为电视机工作正常而得意一下是可以的，但要得意忘形就过头了，因为买电视回来是为了欣赏电视节目，电视机本身在节目播放过程中是一定要被忽略掉的。节目播放着,观众为人物的命运而揪心,一道体会着悲欢离合,要是电视机时不时蹦出点消息,询问自个儿是不是很了不起,这机器早晚得扔。

悲欢离合在客观上是故事情节,在主观上就是心魂的显现。一个人不再老是拿自己的身体想事,等于电视机工作正常,接下来就要深深地沉浸到对生存处境的感受中去。可是在参修者那里,信号的接受和显现成了最高目标,满足于把自己当成一台电视机。要是他在表情上显现着悲欢,心里头无动于衷,甚或还特得意,这人肯定神经不正常,生命感觉不是一般的扭曲(参考鸡汤名句"宠辱不惊,看庭前花开花落;去留无意,望天上云卷云舒",也参考耶稣关于仆人保存银子的比喻)。

参修者特别注重断欲忘情,从正面看,欲和情相当于噪声,干扰了参修者体会生命,把他们当妖魔搞掉也就在情理之中;从反面看,欲和情是心魂显现的必要途径,缺了他们心魂要不起来。两相对照,可见对欲和情的理解处于两种层次,

1. 信号层次,干扰了生命信号,必须当作妖魔除掉;

2. 节目层次,生命节目播放的就是这些内容,不但要完整保留,还要善加体会。

很明显参修者唐僧选择了第一种,于是指使孙悟空降起妖来毫不手软,一点也不想那些苍蝇一样的黑点可能是蜜蜂。

"一颗圆光涵万象"算是参修者主观体验的顶点,但不是终点,仙工认为终点藏在这么一首诗里,

> 本体常清净,方可论元初。
>
> 性烛须挑剔,曹溪任呼吸,勿令猿马气声粗。
>
> 昼夜绵绵息,方显是功夫。 (50回)

"曹溪任呼吸"，"昼夜绵绵息"，瞅着怎么像气功呢？的确如此，本意是要追寻信念，好像找着了什么，也体会到什么，最终心情平复了，感觉跟练了场功相仿，而当初的怀疑、偏激、叛逆，以及好奇、困惑、向往，全都忘到爪哇国。沉沦的根源当然在于心魂，将欲和情当噪声予以消除，同时也除掉了心魂，抽走了心魂，结果只能是台机器。没了魂，主观感受再神奇，剩给人的也只是心体修炼功夫，直白说就是气功。现实中也经常这样，每每把个气功无限抬高，搞得人分不清什么是正道，什么是邪途，撮起一帮人就练起来，还以为挺有信念。

至此再来回顾谢文郁的《失魂与还魂》一书，所失的和所要还的都应是指心魂，然而先人一上来就断欲忘情，不小心把心魂弄丢了，留给咱博大精深的气功，这功还要不要练？

至此心猿抛物线又有了更完整的版本，加入对应现实的"日精月华"和"猿马气声粗"，心猿就是凭借心魂的动力从现实翻进象征世界，然后依赖理性推导，顺着"修身切记寸边而"等训诫步步下降，最终回到现实，彻底失去生命活力。

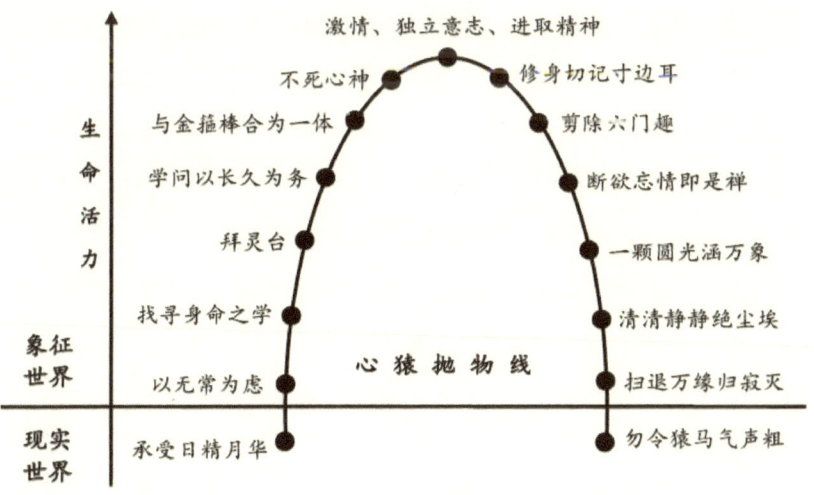

六十六　真经不是真理

说"真经不是真理"，好像说"小王不是小王"，其实俺的意思是"小王不是老王"，即真经和真理是两样"东西"，不好混为一谈。最初拿唐僧的取经当回事，借用真理的无底洞难题来质疑其判断标准，一路走下来，感到真经和真理也不是一码事，有必要专门考虑一下。

为了把真经和真理区别开来，还是先找实例。

螳螂是种相当古老的昆虫，拥有非常残暴的习性——配对完毕，雄螳螂被雌螳螂吃掉。有一次法布尔见到一对恩爱中的螳螂看似激情正盛，雌的却已经在啃食孩子它爸的脑袋，让见多识广的博物学家大呼受不了。人受不了的事情，螳螂受得了，一代又一代就是这么过来的。退一步说，即便如意螂君被放过，它也蹦哒不了几天，与其如此，不如给孩子它妈当点心更有价值。无论怎么解释，螳螂都这么过，与人无关，与其他螳螂无关，也与某种更高的价值无关。此外螳螂的奇异恩爱并非孤例，蜘蛛、蝎子等也有类似习惯，见多了，是不是要见惯不怪，从此心安理得？

自然界的事情有一个基本准则，只要能够繁衍就是可行的策略，甚至是好的策略，至于个体得到怎样的命运，不必在意（参见理查德·道金斯《自私的基因》）。可是在人这儿，一样事情在可行与否之外，还常计较好不好，所以人经常碰到两种判断标准。例如贩毒很赚钱，政府要不要开放毒品市场？真经和真理的区别就在这不同的标准里面，行不行是真理的事，好不好是真经的事。拿繁衍后代来说，自然界只管能否行得通，如果是的，剩下的事情交给概率和博弈。而在人类还要用上道德词汇，生生给螳螂那事儿贴上残杀的标签，如果发生在人与人之间，绝不能视若无睹，无动于衷。

真经和真理都带有"真"字，涉及的内容却有极大差异。勉强用"事实"

来表达，真理是指"客观事实"，发生了的总有原因，所以必定是合理的（康德老爷子说过类似的话）；真经是指"主观事实"，属于主观上的判断，凡事询问合不合适，恰不恰当，对不对，好不好，喜欢不喜欢？因有这般主观上的判断，事情的合理性就常受到质疑。

假设有人中了大奖，几千万，几个亿，多多益善。他可以马上离婚，然后悄悄领钱一个人去逍遥。这种做法虽然不像话，但是并不违法，而且符合利益最大化要求，别人不能拿他怎样。根本上这种做法不仅不违背真理，还很有符合真理的意思。如果他希望子孙繁多，马上去做，胜利的希望就在眼前。然而真经呢？真经将怎么评价？真经是观念的东西，当然会有不同评判，到底是个什么评价，恐怕用不着多说。

人活在现实和观念两重世界，每一重都有独特逻辑和判断标准，真理和真经就分别是这两重世界的至终标准。耶稣说"凯撒的归凯撒，上帝的归上帝"，算是明确了这两重世界的区别，甭管信不信耶稣，道理就是这样的。

取经，是取的观念的真经。如果要取现实的真理，应该拿起烧杯、表尺，或者凑近显微镜，做调查和计算，一句话，去搞科研。真理是客观的，当然要用客观标准去判断。然而真经面向社会和人生，情况不一样。寻找真理，走的是"因为…所以…"的路线，寻找真经，却要依循"因为…可是…"的思路，更多时候需要凭借象征方法做思维跳跃。求经很难，但远非无路可走，有时候容易得超乎想象，例如找本诗集先念起来就是个不错的途径。如果嫌诗太费解，那就哼歌儿吧，十有六七会碰到与深层自我、无限、上帝、真经相关的歌，基本上只要开口，就是心魂在展示自我，躲都躲不开。

人们常说"科学证明了上帝不存在"，这是混淆了真经和真理的区别。有神论者把上帝当真理，把生活中的一切都归为上帝的操纵，然而很可惜，上帝是真经，跟真理没毛关系，生活的操纵者是规则和概率。

无神论者把上帝和真理给分开了，可是没有动用象征思维去找寻真正的上帝，也就自动放弃了对真经和上帝的解释权，随后还得放弃很多东西，包括道德高地，甚至意识形态。

很多大海里的鱼类都来自淡水河，大马哈鱼，鲟鱼，鲑鱼。一到某个时候，它们纷纷启程，向出生的地方回溯。逆着激流溯河而上，跳上悬崖，逃过熊的利齿，穿越激流，经过数不尽的艰险，终于到达目的地。然后产卵，再昏昏然死去。是不是要为这类鱼的卓绝行为叫好，打扮成朝圣行动？礼赞之前还是先问一声，这些鱼是怎么想的？去问吧，没有回答的，它们根本就没想过！它们只是在执行基因赋予的任务，基因叫它们生，它们就生，基因叫它们死，它们就死，它们没有心魂，没有自我，呈现不出自我，也就无所谓朝圣。

但是人早就不接受这种既无意义也不可自主的命运了，而是执着地追寻属于自己的生命。以父母对子女之爱为例，自然界父母爱子女是个普遍现象，然而追根溯源，仍然是基因催动的结果，有父母之爱，子女方有更大概率存活下去，相应基因也得以传续。于人而言，如果孩子有毛病，不能传宗接代，是不是要放弃这个基因载体，赶紧去培育新娃？多数情况下这都不是选项！在人这里，父母之爱已从自然界脱离出来，成为人生的重要组成部分。同样，人生也从自然界和真理所规定的世界脱离出来，追寻属于自己的意义境界，因此即便明白人是从自然中演化来的，上帝造人说仍然有意义，坚持这种说法本身即是对意义的追求。中国神话里有女娲造人说，女娲捏好人形后还给人吹了口气，这口气吹得实在妙不可言，具有高超象征价值。正因有从自然界的脱离，才有了真经与真理的分野，让人在现实之外还作为观念的存在，最终获得有意义的生命。

真理要求人执行一桩世界和基因赋予的任务，说不好听的，就是为别人做嫁衣裳。真经却要求人活出自己，作为一个"我"而生活、经历和感受，作为一个思维和情感主体而活着。同样是远游，鱼类的一切目标是产卵，然后永远睡去，人却有朝圣的意味，受到内在不安的推动，找寻某种东西，在远游过程中观察、判断、感受，在对真经的远离和接近中体会幸运和不幸，这样的找寻就是取经。

先辈曾有过"大闹"，有过"火烧"，我们来到生存现场，面临的并不全然是废墟，仔细找找，的确有很多好东西存留下来，"取经"当然是其中非常宝贵的一样。取经的凭借是个体内在的心魂，那正是女娲娘娘吹给咱的那口气息，那气息多么珍贵！

第十五章 取经人是啥眉目？

六十七 取经人难题一箩筐

别人拥抱心魂的方式观摩过了，主观性对于取经的重要性也了解了，现在终于回到唐僧这里，看看取经人如何拥抱心魂。

原著中唐僧长了张俊美脸庞，但那主要是真经的，不是唐僧自个儿的，因为他在凭借他所认定的真经修行。唐僧要想获得自己的真实眉目，就得承认真经没拿到手，老老实实做个取经人。面向无限的取经人如何获得自己的眉目已成为问题，真经不在手上，取经人没有依据以资思考，没有标准以做判断，也就无法在观念中为自我刻画眉目，这是意外出现的一桩麻烦事。

除了眉目，取经人还面临诸多主观上的困扰，都跟面向真经而又没拿到真经有关。

1. 取经人如何拥抱心魂？

参修者严重依赖智能的象征孙大圣，取经人则须千方百计跟自个儿的心魂搞好关系。现实生活中搞关系有完整套路，绕来绕去少不了饭局、麻将、夜总会、明的暗的送礼，而在象征世界里那些能耐全派不上用场，必须重新考虑。前番已经介绍过两种，诗、歌和写作是其一，把心魂交付到抒发中去；另一种是直接到神前求，虽然求的很实际，但是神很体谅人，收纳了一颗颗心魂。

这些方式，取经人唐僧都可以试试，但是他总觉得别扭，感到不是很适合自己。拿诗歌来说，如果单靠写诗来显露心魂，唐僧将做个诗人，然而他是取经人，不想把取经人等同于诗人。对唱歌和写作他也都保持相同的态度。到神前祈求于唐僧更难。先前观察过七仙女，她能求的无非是娃儿、炉子、扁豆和一窝鸡，可是唐僧全都看不上，让他开口也是言不由衷，不如不求。那么求他自己想要的呢，豪宅、兰博基尼？哼哼，即便求了也不告诉咱。

真是奇了怪了，人人想找一尊最神的神，唐僧感到能找见，却不愿意去找，找见了也开不了口，迟疑个啥呢？原因还是在于他的身份，他是取经人，不想跟顶着仙女头衔的农妇为伍。七仙女对求知不感兴趣，而唐僧的取经有很大程度是在求知，怎么会和七仙女保持一致呢！凭着取经人头衔，他有了独特的使命感和傲气，不愿意随便被说成仙人、诗人、歌者或作家，那些名头再好听他也要保持距离，取经人才是他的第一身份。这么一来，他就需要找到一种拥抱心魂的方法，独特到专属于取经人。

2. 取经人心头如何反射真经的光？

反光那事还没说完。单靠头皮反光是远远不够的，心里头仍然要对真经起些反应，也就是主观上保持某种姿态，表明真经对他确实产生了作用。这一判断存在悖论，既然是取经人，就还没拿到真经，不知道真经，怎么在心头起反应？如果真经是篝火，他眼里必飘忽不定，真经要是圣诞夜彩灯，他眼里也就闪闪烁烁。有什么样的真经，他心头才能反映怎样的光，道理应该是这样的吧？真经根本就没瞅见，你让他心头反光，反的是鬼火？

这里的确有疑难，但是取经人不能因为没拿到真经就不去想（不去想就没在取经），主观上也不能无动于衷，他必须表现出点什么情绪，以和他的取经状态相符。

如果说取经的过程就是成为真经的过程，唐僧也必须在路途中显现出真经的面貌，他的主观面貌就是真经的面貌，等真经完全展现的时候（假设有那么一天），他也将完全融入真经。看上去这更不可思议，真经和无限相关，无限没有属性，取经人难道也使自己丢掉所有的属性？这比反光悖论更严重，但是唐僧仍然要迎难而上，他是取经人嘛，这项头衔有多光荣，他就得承担多重大的责任。

3. 取经人如何争取自己的名分？

名分从来都是个重要问题，不正其名，不成其事，孔夫子有过郑重教导。唐僧是取经人，咱们一向这么认为，但若真计较起来，又成了一桩难题。历史上的唐僧因单身西行而成为取经人，但他那事里外都很现实，跟这里谈论的观念中的取经关系不大。进入西游故事，唐僧如何获得取经人头衔同样成为问题，解决办法是由佛祖发动取经活动，观音菩萨执行，于暗地里鼓捣了不少事情；最终大唐皇帝接受指令，将取经任务交代给唐僧，一并交给他政府文件，唐僧这才合理合法地成为取经人，所合的是佛祖的理，当地政府的法。然而追根究底，这一整套做法既不合理，也无需合法。唐僧后来的作为都是在观念世界里行事，别说走出大唐国境，只怕连庙门都迈出过，那个劳什子政府文件纯属多余。他既然在观念世界里取经（实则修行），也不需要佛祖发布指令，所有作为都是他自个儿愿意的，就这么简单，所以根本上取经人（参修者）身份是他自己争取到的。

撒开参修者唐僧，只谈取经人唐僧，他的头衔看上去是自己争取来的，想安就给自己安上，有这么容易吗？有人平时看着没啥特别，有一天忽然说自己是老总，别人要问了，哪家公司聘你了，那公司有多大财力，你凭什么被聘上？凡事都讲标准，没有标准就没有判断，自说自话有精神出位的嫌疑。取经是件观念的事情，取经人也主要是主观上的头衔，要找判断标准就更难，然而这是件必须搞定的事情，不能让随便什么人冒充取经人，然后拿不知真伪的经文糊弄人。

曾经提到过七仙女的例子，她在人间辛勤操劳，遇到难题就找神，根本上是将生存意义托付给神，在祈求中重新获得仙女身份。延用同样思路，唐僧能不能也拿自己的问题到神前求，然后在祈求中获得取经人身份？要说吧这事在七仙女可以，他唐僧却不行，原因不在于人家仙女更有魅力（仙女对凡人有魅力，神可没凡心），而是唐僧要求的头衔太不一般，神不答应。这事在唐僧和神两方面都有难处。唐僧要求的是取经人，那么他必须先认定自己没拿到真经，隐含的意思是他不信神（信了不就拿到了嘛），所以开口祈求他就办不到。他本来就不想和仙女同路嘛，开不了口就不开口。反方面，让神答应唐僧的要求，神一定昏了头——唐僧要取经，意味着他不相信你这尊神，而想另找更合他口味的神，这位神搞不好怒火万丈，即便不把他变成盐柱，也要命天使乱棍打走。此路不通。

唐僧想当取经人，凡间政府首脑没资格颁给他认证，传言中的神又不认同他的举动，于是唐僧无处可以获得认证，只能凭自己。靠自己又得有标准有判断，可是他能接受的最终标准和判断都在真经那儿，真经没到手，当前无从判断起，于是他陷入想当取经人而不能的困境。

谈论取经到现在，连取经如何发动都成问题，真够呛的。然而取经一直被谈论着，一定有某种情况促使取经发生了，好好想想，一定能找到原因和对付办法。

六十八 取经定义

取经人无法为自己命名，仔细一琢磨，才发现忽略了一个很重要的问题，什么是取经？已有的取经，一个在历史和现实的道路上走了一遭，另一个恰如其分地进入观念世界，可惜陈仓暗渡，缩回庙里修行去了。取经话题讲到现在，一直在强调象征，而且面向陌生的真经，太多新奇事物有待认识，目标、路线和方法全变了，所以取经需要重新定义。如果获得明确定义，取经人的命名等问题或许将迎刃而解。先前已经介绍了象征道路上取经的主要成果，包括象征思维、心魂、神、主观性，以及仙女、铁生诸观点，材料基本齐备了，就差往正门上贴块匾，这活儿相对来说反而容易。

不排除取经有多种定义，仙工这就抬出自己的，不怕丢人。

取经定义——怀着不安，寻找生命的真实意义。

几个关键词需要逐一澄清：

1. 怀着不安。

取经的出发点是不安。为什么会有不安？这得问取经人。没啥理由，他何至于想起来取经？他心里肯定想到了什么，抛不开，放不下，非得采取点行动才成。拿孙悟空做例子，他在花果山吃喝不愁，众猴子待他特尊敬，完全实现了农家乐女老总描绘的舒适生活，照理他应该当一辈子猴王。可是一旦无常捉住他的心思，他马上猴腔发痒，宁愿抛下一切，踏上艰辛、孤单而又前途难测的求学之旅。由无常而引致的内心骚动就是不安。取经人不经历点彷徨是不会上路取经的，彷徨如果转瞬即逝，也不会费大力气去找寻完全陌生的真经，彷徨便是不安，经历不安是取经人在主观上走出的第一步。

2. **寻找**。

"取经"中的"取"就是寻找的意思。如果有了明确目标，目不斜视地奔着去，那不是取经，而是当搬运工。要是搬运过程中顺便赚点差价，那是做商贩（唐僧听到这儿说不定脸一红，马上坚决否认）。寻找是要奔向陌生的地方，找点陌生的东西，两眼一抹黑，找起来才有意思。

3. 生命的。

"生命的"等同于精神的、观念的、思想的、心灵的、象征的，而且主观要参与进来，指向的就不是别人的生命，而实实在在是自己的生命，因而这个"生命"指向自我的存在，想弄清这种存在意味着什么，有哪些内容，能发掘出啥价值，将得到怎样的安顿。

既然是"生命的"，就和"现实的"区别开来，找现实的东西得依靠科学技术、逻辑推理和实证方法，现如今还包括计算机的快速计算能力和互联网的强大搜索能力。找生命的东西，那些条件都得靠后，主要的依赖将是自己的生存感觉，这又回到主观上头。

4. 真实意义。

既然是生命的，所能叩问的只能是意义，黄金钻石或任何有形有价的东西都排不上号，就连健康长寿也不行，那东西能用时间衡量，用血压、体重判断，属于身体而远离精神，跟象征更搭不上界。

要找生命的意义，就得找最真实的，实质上是找无限真实的、终极的意义，那就是寻找无限。如果不加上"真实的"，基本上不用找，现实生活早已提供了无以计数的现成理论，古人也有，哪怕史前时代也不缺。拥抱现成的理论，哪儿还用得着取经，照着修就得了，这就又回到修行的窠臼（修行真是个绕不过去的陷阱，难怪唐僧师徒掉了进去）。取经和修行遥遥相对，中间隔着一道真实意义的界限，于是想要取经，就得坚决清算修行意识，把自己拽回到尚未取得真实意义的界限之前。

定义完成后，马上面临新的结论，仍然是不安。既然要找的是无限真实的意义，显而易见前景不妙，寻找将无果而终。要是找相对真实的意义，总该能得到点儿结论，更可能的是根本不用找，直接回到修行的老路上。如果标准不降低，要找就找最真最好的，那么对不起，等着失败吧，凭有限之身而想成就无限，明摆着要撞墙。可见取经人一旦上路，就把自己置于高不成低不就的尴尬境地，真经摸不着边，不安又催使他停不下来，除了不安，他还能收获什么？他跟不安牢牢绑定了。

取经人很像个走霉运的渔夫，用不安编织了一张网，撒下去，好像捞着些什么，捞起来一看，还是那张网，只是更沉重了，咋回事呢？其实结果早在出发时就确定了，他懂得无限意味着什么，心向往之，不自量力地撒出网去，想网住无限，结果当然要落空。可是你让他去打捞有限他不愿意呀，他是取经人，有他的求知欲、使命感和傲气，怎么可能再安于有限地位呢！他完蛋了，一头栽进无限布下的泥沼，再也拔不出来。

无以自拔是很糟糕，但也不是全没好处，先前罗列了取经人面临的困扰，这会儿因定义而遭遇不安，回头想想，那些困扰顿时显得不那么难了：

3. 取经人如何争取自己的名分？

因不安而取经，由于取经而收获不安，内心里不安着，能说他不是取经人吗？这名分是他自己争取来的，而且的确是出于主观上的努力和成就。不安简直是一份认证书，谁不安了，去求知，并且收获不安，他就能获得取经人资质认证，这太容易了，不是吗？这回再也不用皇帝恩准，不劳菩萨费神，连那位容易动怒的上帝也不用求，取经人独立自主解决了一大疑难，说来难以置信，但是情况就是这样。

话说回来，维持不安容易吗？心里不存无限，不安将无处立足，所以取经人是心里扛起了无限的千斤，才轻松拨开资质认证这四两。

2. 取经人心头如何反射真经的光？

没有照见太阳，而想反射阳光，现实中确实办不到。然而面向真经，唯有没望见真经，心头才能因不安而反射真经的光，象征世界的逻辑就是如此。不安是主观上针对得不到真经的有动于衷，也是取经人的主观面貌，透过不安的眼神，方能一窥真经的实质。

1. 取经人如何拥抱心魂？

这更容易，不安即是心魂的显现。诗人在诗作中展示心魂，仙女在祈求中呈现心魂，取经人有他的独特面目，他在他的不安中拥抱心魂。

参修者的智能可以被剥离，取经人的不安如何解脱？只要他想不安，他就一直不安着，任何高明的象征手术都剔不干净。不安和心魂捆绑在一起，永永远远属于取经人，于是他获得了独属于自己的能力。

事情就这么定了，不安是取经人的资质认证，也是他的护身符。不安是属于思想上的，符合面向个体、面向精神的要求；不安完全可以自发产生，用不着别人签字盖章，也无需神来认定，外界条件一概免掉；没拿到真经才有不安，这也完全符合取经的要求，没什么标准和判断上的困难，所以内在限制也被轻易突破。由不安还能产生无数附属产品，下文书再说，这会儿反正是认定，取经人跟不安心理飚上了，有不安才有取经，取经又造成不安，里外里就是它，不安就是象征世界里取经人的主要眉目。

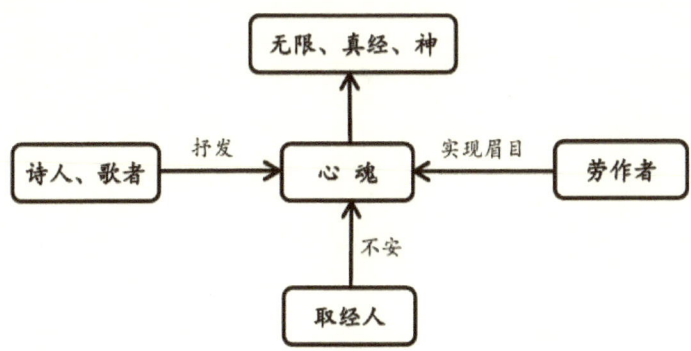

诗人与歌者，七仙女和八戒这样的劳作者以及唐僧这样的取经人分别通过抒发、祈告和不安，经由心魂流动而与神沟通。

六十九　心弦扣响，余音袅袅

不安成了取经人的心理特质，因着不安，无数相关论题列队而来，姑且一一招待。

1. 原初的不安来得自然而然。

为什么会有不安？每个人都来到预设的世界上：父母等亲人和周边环境都预先给定了，个人不能选择；语言、文化、技术设施都是现成的，能做任何改变之前得花很长时间学习和适应；出生以前发生过无数事情，也就是拥有历史，一笔既是财富也是包袱的账目；历史没有无所作为，一定凝结出一种或多种理论，产生了优良传统，有待新来者去继承；另外还拥有现实，包括社会政治制度、经济结构、思想理论、道德观念。人们在预定的环境里出生、成长、生活、死亡，如果一切顺遂，这一生就在被规定好了的轨道上驶向终点。但是只要动点脑筋，即既虔诚相信过，也注意观察过，并用心体会过，就知道环境并非如宣传的那样完美无缺，总是有太多需要改变观念加以适应的地方，总是存在潜规则，总是遇见既不合情也不合理的事情……继续用心，就会想想哪里出了问题，是观念还是现实？这种想想就是出于不安。世界不完美，人生也不完美，各种不理想的事物遭遇每日每时都在折磨人的神经，因而感到不安是自然而然的事情。

2. 原初的不安是种破坏性因素。

当孙悟空发现自己没有在灵霄殿占据核心位置，顿时怒了，跟天宫大闹一番；鲁迅深感中国传统文化缺乏对个体的关怀，第一篇小说就说那是吃人，把传统一棍子打翻——取经人受原初的不安推动，很容易做出激烈举动，给现实造成严重破坏。

搞破坏并非全然坏事，而是一种文化生长发展的重要组成部分，不破坏就难于实现突破性建树，正所谓不破不立。

3. 由取经而来的不安是种建设性力量。

取经人脱离不开不安心情了，取经持续着，所感受到的不安悄然转变。原初的不安多半是眼睛看见的，取经的不安则是内心体会到的；前者属于世界、群体和身体，后者则属于个人、内心和灵魂。前者很容易发生，却不容易转化为后者，中间必须经历锤炼，里面少不了对真经的认识、对心魂的体会以及对象征思维的运用。一旦转化完成，外在的不安成为内在的不安，于是像燃起一团火，促使人去做点建设性的事情。应该找些实例来印证这一判断，然而目前还没特别好的例子，只好暂时从缺。

4. 不安是取经人独有的情绪。

心魂具有不可捉摸、困顿、迷茫、苦闷、寻觅、突围、彷徨等特征，后来加入了热忱、温柔和悲情，现在要隆重加入另一项——不安。取经人通过取经而获得不安，经由不安而触摸到心魂，甚至可以说不安就是取经人的心魂，于是只要取经人不安着，他的心魂就显现着，他也恰如其分地履行着取经职责。不安是取经的原因和结果，执行取经的主要情绪方式。

综观各种宗教思想，有哪种鼓励人不安的？差不多共同路径是向人指出没有注意到的现象，制造不安，然后马上端出结论，让人立即皈依或采取行动，迅速消灭不安。大概独有取经才如此重视不安，将这一情绪维持始终。

5. 不安是最轻度的受难。

耶稣说："若有人要跟从我，就当否认自己，天天背起他的十字架，并跟从我。"（《路加福音》9：23）人与真经之间存在无限的距离，取经人向往真经，但是意识到真经与人相距遥远，不仅此生此世见不着，十世取经也不行，永生永世都没有实现目标的可能。出路被彻底堵死了，取经人应该感到绝望，这绝望就是对自我的否定，由此可以理解耶稣所说的"否认自己"。怀有绝望，就是背起了自己的十字架，走在受难的征途上。

耶稣受难是真就被挂到十字架上，其痛苦、惨烈可以想见，然而要让每个人于每时每刻都经受这般痛苦和惨烈，要求实在太高。幸好取经人有他独特的"受难"方式，仍然是不安。心魂被置于无限和现实之间，从任何一方断然撤退都不可接受，他必须同时承担来自两方面的压力，主观上就有受难的感觉，不安就是最轻度的受难。

取经人响应了耶稣背起十字架跟我来的号召，只是执行起来偷工减料，用可持续承受的不安替代激烈的受难，走在自己的取经道路上。偷工减料是作弊，但是取经人没什么可羞愧的，能做到这般已很不容易。

6. 不安是为神在心中保留一个位子。

取经不等于信神，取经人也和神保持一种微妙的关系，既信也不信。信神者真心相信存在神，信到深处，把样样可预期和不可预期的事物都和神牵扯上关系，于是精神生活和身体生活完全笼罩在神的阴影下。取经人只以观念的方式理解神，将神和真经、无限、绝对、终极价值等联系在一起，至于身体生活，仍然处在无神的状态，因而他仍是个无神论者。这么一来，虽然他也说信神，神在其心中到底占多大位置很成疑问。

取经人心怀不安，就在心中开辟出一个空间，为神留了个位子，他的生活又不能算完全的无神。只留个位子而不是全心敬拜，他和神的关系只能这样了。

7. 不安是个人与自我相处的方式。

与取经相对的是修行，修行是个人与自我相处的一种方式，即已然确认了真经，心思和行动完全遵照真经的要求而行，将心中的枝枝叶叶全都打理得井井有条。一个人爱整洁是好事，但是把自己的内心整饬得太洁净，就会将很多东西排除到视野之外。修行中的心态是彻底平静，一切都在真经的把握之中，自我无需担心。要是哪天经历异动，像朱夫子那样突感此心把握不住，可得怎么办？多半还是忘掉，此我已然确定，再没什么可旁骛的了，一条道上走到底。

与修行中的平静相对，取经中的不安是种开放的心态，对陌生事物和情绪能够坦然接受，也不会像参修者那样拿残酷当有趣，转而认清自己的有限处境，温和地对待自己。

8. 不安是个人与世界相处的一种姿态。

直观来说，个人是环境的一部分，环境规定了个人的全部，包括身份地位种族语言观念，也包括个人能想到什么、做到什么，归根结底，不好听的说法是个人是环境的一条狗。然而换上象征的眼镜，情形又得反过来，环境无非是布景，个人，最终是心魂，才是舞台上的主角，于是环境是个人的一条狗。

耶稣说"凯撒的归凯撒，上帝的归上帝"，就是将现实和生命归入两个世界，个人在身体方面从属于世界，但在心魂方面世界为个人提供条件。个人不再完全听世界使唤，而是反过来使唤世界，当然依据的不是权力和财富，而是源自神言的力量。

世界与个人到底谁是谁的狗，并没有因神言的加入而获得定论，双方的征战不会有终期，所以耶稣说：

> 你们以为我来，是给地上和平么？我告诉你们，不
> 是，乃是带给人纷争。（《路加福音》12：51）

这话太不政治正确了，然而其中包含着真知。争的不是物质利益或孰是孰非，而是个人与神以及世界间的亲疏关系，当然也包括个人与世界之间难以确定的主从地位。

对于耶稣的话，取经人又有独特响应，他心中的不安就是个人与世界主观上征战的反应。不要期望两重世界及两种世界观和谐存在，如果和谐了就回归为一重世界、一种世界观，与有限和无限的截然分野不符。两重世界、两种世界观势必鲜明对立，相互征战，征战的战场就在人的内心里，而人毕竟只有一个，却要承受永无休止的征战，处境之艰困可想而知。因取经而产生的不安就是这种艰困处境的反应，取经人在不安中重新面对世界和自我。

不安当然并非全是好处，也会带来不利因素，最关键的一条就是缺乏激情。激情是绝对相信某种观点，从而全心全意投入其中，做出一番事业。不安却会败坏激情，使得做事不专心，结果成就的事业也不够大。要想样样都好本来就是不可能的，对此有所警惕就可以了，既然认同取经，就别想着事事如意。

第十六章 取经余韵

七十 长话短说

取经这事儿永远干不完，但本书总得有个结束，好让人歇歇。这就准备收工，好些话题还没讲透，没办法了，简单添几句吧，算是尽力了。

1. 取经是否必要？

讲了这么久，取经是否必要似乎早不成问题，然而多说几句没错，毕竟所有话题都是由这个引出来的。

忙着忙着，眼前出现重影，唐僧分身了，一个是参修者，另一个才是取经人。对于参修者，取经确实没必要，真经早已在手，只管照着做，何来"取经"之说？然而同时取经人是个尊贵头衔，要颁仍要首先颁给唐僧，他拥有专利权，于是西游故事里唐僧顶着"取经人"的头衔，干着参修者的活儿。唐僧有多个形象，历史上的，《西游记》里的，这里为面向无限而取经，不得不再添加一个。历史上的唐僧有画像，很容易搜到；《西游记》里唐僧长得又白又俊，基本上人人皆知；那么这个真正的取经人唐僧是个什么形象，又有哪些重要言论？尚不清楚，看来只能留白，等着人们重新传讲，重新塑造。

取经十分必要，然而真经对应无限，人又永远处于有限之中，因而取经不可能完成。由此得出结论，也可算作取经第一原理——人取不到真经。这一原理包含着悖论，取不到真经，又催促人去取，好像在拿人开玩乐。说来命运常跟人开玩乐，无数感慨为此而发，借着取经不妨再确认一次。

取经不可能成功，带来一条坏消息，取经确认了生存的残酷，这一点史铁生讲得明白——"看见苦难的永恒，实在是神的垂怜"，苦难都永恒了，生存当然要多残酷有多残酷。我在《生命之杯》一书的《受难之夜》和《生存》两章也反复论述了这个事。同时一条好消息也等着签收，既然取经不可能成功，这事就没有人能包揽，于是每个新人都有参与的机会。就拿历史上的唐僧取经来说，他搬了好些经书回来，别人就没必要再搬同样的书，如果想取经，就得去天竺犄角旯旮儿里搜唐僧没搬来的。观念中的取经同样有类似问题。人类已在精神领域成就斐然，一应书籍个个厚比砖头，晦涩赛天书，我等庸人要弄清个大概儿无可能，更莫说另起高楼。本应彻底绝望的，然而正因取经不可能成功，等于说前人没把活儿干完，甚至整错了方向，新来者就仍然有事可做，这当然是天大的好消息。

取经跟科学研究对人的要求不一样，拿物理学来说，没掌握好高等数学，没领会量子力学的精髓，想搞前沿研究是做梦。相对而言取经的门槛极低，只要你对某一首诗或歌产生共鸣（《今天是个好日子》那种不算），你就来到象征世界；要是心里保持不安，神的大门已悄悄为你敞开，你基本上可算作取经人了。传统可以古老，人却永远是新的，新来者总是可以有所怀疑，有所彷徨，有所寻觅，有所突破，一切都以取经为名，取经永远不过时。

取经的必要也在主观方面。取经需要主观的投入，个人必须在自身的迷茫和追寻中接近真经，体会真经。主观体验无人可以替代，取经任务对于个人也就责无旁贷。

2. 见魔必除，除掉的是什么？

见魔必除是孙悟空的基本工作准则，受到观音和师父的首肯。名义上要除的是一个又一个魔，但还有很多东西被一道除掉了，应当警惕。

魔对应人心里的东西，喜怒忧思是魔，好奇怀疑感动执拗也都是魔，统统被大圣抡棍子搞掉，生活和生命不知道还能剩下什么。当然这都是直观上看到的，具体执行时能不能做到还得另说。

见魔必除还对应一种拒绝的心态。取经讲究不安，因处境不佳而感受到不安，想要寻找，又因找不到而分外不安，在不安中分外感受到生存的艰难。见魔必除同样起于心思运动，然而很快下了结论，并滑到心思的行动，即扫除妖魔上，在降妖除怪的同时，也把不安心态一并清除掉了，这才是更要紧的地方。留不安有吗用？由取经定义引申出不安的七八条好处，这里不重复，反正不安是生存的必要心态。一心一意消除不安，引来的是心地的冷酷，显示出精神体质太过敏，对待自我特别娇气也特别残酷，明摆着是跟自我过不去。

不安的根源是面向无限，面向神，消除不安便是拒绝神，也拒绝处于有限与无限夹缝中的生存，于是引导出极端结论——扫退万缘归寂灭，我彻底不活了（这里的"我"是象征的我，心魂的我）。

活着就是有限的，活着又必须找寻无限（真经、神），见魔必除所体现的修行原则却只在有限与无限中二选一，既然有限那么不好，我就放弃有限，一心一意追求无限，如此一来既体现我目标的崇高、意志的坚定，也为自身争取极其美妙的未来。但是这般放弃不止是丢弃了客观身份（有限）和主观内容（情感、欲望），也在丧失不安的同时丧失对神的敬畏，结果什么也捞不着，真就只有寂灭一途。

3. "齐天大圣"的是与非

心猿最终成了斗战胜佛，又是斗又是胜的，似乎挺好，但要考虑到斗和战的对象始终是自我，这一胜便意味着彻底把握了自我，也彻底消除了自我，好在哪儿就难说了。拿二师兄来说，他本来适合参加农艺互助促进会，不料却加入了西游四杰侠客行，只好勉为其难，拿手里的劳动工具当兵器使，武斗干得不利索，还常挨批评。没搞准方向，天才早晚折腾成废料，心猿也经历了类似命运。

心猿出道没多久，给自个儿戴了顶"齐天大圣"的帽子，广大人民群众，包括天地间众神佛全认可了。这帽子用料考究，做工也算上乘，可就是形状瞅着别扭，怎么看都像拉坏分子游街时给戴的高帽。大圣他戴上这顶帽子还挺得意，对其可能含有的讽刺意味浑然不觉，这帽子和"斗战胜佛"头衔一样，设计时融合了杯具和洗具风格。

"斗战胜佛"是故事临近末尾才出现的，从原著的角度看应算褒义词，心猿忙活了一百回，挣得这么个头衔，也算功德圆满。"齐天大圣"很早就出现，往后心猿还有的是苦头要吃，所以这应算贬义词。首现这词的第4回，标题是"官封弼马心何足，名注齐天意未宁"，嫌官小源于心高气傲，"名注齐天"起因于心意不宁，可见这顶帽子连通着虚荣，观察时应带上批评眼神。

如今以象征思维来说道这名头，又有案可翻。心猿他不是有位孪生兄弟心魂嘛，他的命可好多啦，一来就处于铁生观点的核心，铁生观点又处于新观音院上首，他简直是含着金钥匙出生的。就这样仍不够，心魂还是神的宠儿，手里时刻攥着只话筒，和神通话都无需拨号的；那位神还亲自下界，唠叨话说了一箩筐，承诺的核心仍然直指心魂，挑明了他是给心魂站台打气来的。要是给心魂安上"齐天大圣"的帽子，心魂不带半点谦虚加愧疚的，他是神最得意的造物，也是神的最爱，他想谦虚神都不让。然而"齐天大圣"那帽子是给心猿戴的，设计思路不对，所以还是别把它往心魂头上扣。

嫌官小那事当然结论也出来了，他想的没错。原著认为他"官封弼马心何足"，不应该嫌官小，可是瞅瞅孪生兄弟，一来就处于核心地位，天命所归，连神都甘当陪衬，心猿当然有资格争取同等待遇。一座灵霄殿，不把和"灵"对应的"心"供在正当中，却去供个不知怎么来的苦修意识，供错对象了嘛。心猿应该当"大官"，不能再大的那种，从来都是，永远都是，哪座庙不是，那庙就该烧了重建。

心猿的处境及结局跟心魂迥然异途，一方面由于心猿投奔的方向不对，另一方面他和心魂的确有差别。心猿出生前承受了"日精月华"，有个现实的出身，虽然跑进象征世界晃荡一番，结局不是寂灭，就是压在五行山下遭受永生永世的苦刑，没有别的出路。说他和心魂是孪生兄弟言过其实，或许把他们看作人的不同层次的自我更恰当。唐僧只剩下身体自我；心猿是精神自我，离身体很近，离神太远；心魂是非常深层的自我，离神最近。

4. 将错就错

《西游记》讲的是取经，实际是修行，而从活动名目里重又读出取经，整个过程一错再错，错上加错。错得太多，仙工也就习惯了，甚至认为不犯错是怪事，将错就错才是取经的正道。

还是用例子说话。

如何让你遇见我

在我最美丽的时刻

为这

我已在佛前求了五百年

求他让我们结一段尘缘

（席慕容《七里香·一棵开花的树》）

大姐，那边要求断绝尘缘的，你却跑去求一段尘缘，是不是病急乱投医？然而不得不承认，这首诗非常好，是标准的发自心魂的声音。意识到心魂的重要，咱就只管求，把心声说出来，让心魂在无止境的愿望中起舞（象征生命的愿望，别老想着现实愿望），于是虽然拜的是佛，此佛非彼佛，更接近于神，又一个将错就错。

在神那儿事情也透着怪异。神鼓励人开口，人就开口了，求出入平安，求天降好运，求金元宝砸进口袋。而神一一点头，答应赐予的却是生命，明摆着货不对板，双方却银货两讫，皆大欢喜。这也是将错就错。

依靠错误难以接近真理，但是取经有其特殊之处，就是取经引致不安，不安是良好的护身符，能帮助取经人从歧途上找见转机。实际上如果没有不安才是不可原谅的大错，其他都是小错，是取经的必要途径，把握住不安方是正途。想要求只管求，求完如果心里还存不安，那就对了，说明心魂完好，并且的确存着神。

七十一 对原著再评价

绕了一大圈才给出取经的定义，紧接而来的结论仅仅是不安，怎么看都不炫目，没法配以辉煌嘹亮的音乐，实在抱歉。话题是从解读《西游记》开始的，还是拿它说事，结束之前给个评价。取经讲到后来，书里的东西基本上都拿来做反面材料，可以想见仙工不会给出好评价。不过情况没那么糟，仙工准备给两个评分，一负一正，绝对值都很高。

1. 裹脑布

俺们传统里有裹脚和裹胸习俗，却不知思想上也严重自废武功，称之为裹脑（潘知常说的，参见《王国维——独上高楼》1：3），表现在划地为牢、故步自封、妄自尊大、清净无为等等思想倾向上。这类想法都是易燃物，为观音院的火灾造了不少声势。而今那场火早没了气势，但是俺们仍然在承受不良后果，表现在什么都不信，什么也信不起来。

假如哪个展览馆陈列一条裹脚布，哪怕几经洗涮，喷上香水，观众见了还是不免要皱眉。要是配上照片，显示小脚的残陋样子，观感还要恶劣。《西游记》就是这么一条长长的裹脑布，一面是那些散发着冬烘气息的诗文，一再宣扬忍耐、苦修、断欲忘情，另一面是孙悟空挥棍子胡抡，把人的正常情感因素扫个精光。即便如此，那位最终指使者唐僧还是以人畜无害状示人，无辜得像只小白兔。撇开思想内容不谈，这条裹脑布本身倒是精品——用料上乘，做工考究，图案绚丽，内容精彩，整幅展开，文物价值绝对赛过《清明上河图》——要让观众看见它起不良反应，实在比将小白兔想象成癞蛤蟆还难。

仙工小时候从广播里听孙敬修爷爷讲西游故事，记得孙悟空常对妖魔喊："哎，妖怪！……"但是从来没听到说"断欲忘情即是禅！"，老爷爷帮咱裁剪过这条布，只欣赏零星片段上的图案。小人书、电视剧和各式戏剧也都不自觉地做了同样工作，尽情渲染布条上的零碎花纹，而把裹脑成分全过滤掉了，感谢孙敬修爷爷，也感谢诸位不辞辛劳、删剪有当的编辑、导演和演播者们！

《西游记》出现的时候，佛教在中国已经传播了接近一千五百年，佛祖早已不是外人，所以谈论取经时要再面向陌生的东西，思想上接受不了，相反以修行为主线来写才得心应手，这应是原著明写取经实写修行的思想根源。整个环境都把修行奉为圭臬，你让他想着去取陌生的经，就跟劝古人用电脑打字更方便，想法和实际对不上榫。而在仙工来说，传统观念的大院已被毁掉了，一场壮观的大火延烧了七十多年，至今余烟袅袅，再要仙工接受修行观，无异于痴人说梦。在一片思想观念的废墟上，当然取经观更容易接受，似乎生来就等着这一刻，一见到"取经"，跟吃了药似的，顿时五迷三道，欲罢不能。

2. 旧约圣经

取经不免要跟"信仰"、"思想"等概念打交道，提到这些，又不能不扯上"传统"和"文化"的大旗，仙工是外行，实在不想说些和自己身份不相符的话，然而仙工也是"文化"中的一员，好和歹都与我有关，不说不行。

假设有一座葡萄园，葡萄长得枝繁叶茂，果实累累。仙工来游玩，不经意间找见两粒种子，仔细一瞅，竟然是葡萄种子。再四处观瞧，疯长的哪里是葡萄，分明是些蓝莓！这座打着葡萄园旗号的蓝莓园就是《西游记》，那两粒葡萄种子分别叫做象征思维和真经。这座园子的土壤还特别适合葡萄生长，这土壤就叫做取经。仙工忙了这一通，就是希望这些种子长成葡萄树。

要是一长串故事既用到象征方法，又涉及上帝，这是写《圣经》的节奏，那就应该当作《圣经》来读。《西游记》是故事书，同时也是论文，把传统文化的精髓几乎包圆了，本来就有《圣经》的范儿，再考虑到象征思维和真经，不把它当《圣经》就说不过去。当然这部所谓的"圣经"，观点相当陈旧，而且与上帝对应的真经处于缺位状态，只好给它加上个"旧"的标签，勉强称作咱们的"旧约圣经"。这经太奇特，道理虽讲得明白，却被极富趣味的故事掩盖了，因而向来只被认作娱乐总汇。然而仙工的确是把它当《圣经》来琢磨的，并时常对照《论语》和西方的《圣经》，果然颇有收获。

教徒的《圣经》，不管《新约》还是《旧约》，都是宝贝，一个字不能改，甚至一句谬误也没有。然而仙工不会用那种态度对待《西游记》，一来故事本身就涉及怀疑和反抗，二来现实中的打倒和推翻发生过太多，仙工是瞅着观音院浓烟长大的，想把这本书里的样样东西当宝贝，实在办不到。

七十二　玻璃盏怎样了?

写《生命之杯》时拧着劲儿探寻"获罪",对罪认识越多,越感到生存的艰难,连带着使生命、激情、上帝、信仰、生活、乐趣等等都四分五裂,光彩全无,基本落入悲观绝望的泥沼。此时又想到沙僧形象,无意间自个儿已跟他靠得很近。沙僧在天宫打碎了玻璃盏(生命、激情、信仰四分五裂),下凡后每七日遭飞剑刺胸(内心经受责问),长着张晦气色脸(悲观绝望),桩桩件件都表明他仍沉浸在前九次取经失败的阴影中(杀了九个路过的取经人)。非常幸运,本书的写作带来了转机,通过心魂和象征思维,不仅将玻璃盏碎片凑拢到一起,还将现实中很多原本看似无关的东西结合到一块儿:

诗与生活——

生活讲究有付出有回报,更有美满的希望,王国维所说的"世间的也,乐天的也"(《红楼梦评论》),恰好反应这种意识。诗(专指存在的歌唱那种诗)则专注于绝望,通过咀嚼分离破碎感受来印证至深幸福的存在,进而显明自我与至深幸福的永久隔绝。总的来说,诗是神经病,生活是大俗人,似乎分处不同的世界。如今借助象征思维,这两种精神面貌回到同一个世界,原来双方拥有相同的内核,都是心魂鼓动的结果,也都面向真经和神,只不过各是心魂无限多样性的一种表现,各执一端,自得其乐。

祈祷与奋争——

祈祷是为了获得原本几乎得不到的幸福,情愿将选择权交给至高存在者,一并放弃独立意志;奋争则处于另一端,牢牢把握存在意志,依靠自身努力以接近幸福。有了心魂作为精神生命的根本,这二位同样殊途同归，无非是以不同方式显示心魂的存在。

相对价值与终极价值——

我们活在现实之中，面对的一切都是相对的，可观可感，可比较可判断。然而与此同时，我们遭遇的主要磨难也都来自这个相对性。如今知道了存在终极价值，并且明白思想观念应与之关联起来，马上却面临不知所从、无路可走的困境，因为从相对只能走向相对，而终极永远处于终极，两方面难以建立联系。考虑到心魂和象征思维，联系的一种可能性出现了：

心魂本来就是终极价值的一部分，或者说是无限的一个碎片，但仍然是无限的。说它是"无可像者"，是因为现实中找不到可与之相像的东西，而它本属于终极境界。生命是心魂进入现实并获取自身眉目的过程，不论眉目如何，心魂的根源仍在无限那里，对心魂的判断也只能依据终极价值。

无限和终极要在现实中显现自身，只能采用象征方式，即以各种具体事物来对应本来不可呈现的东西。对心魂的眉目也要以象征的方式理解。如果说象征是联系有限与无限、相对价值与终极价值的桥梁，心魂则是桥基。

神与无神论者——

承认神的存在，个人就是有神论者；与之相反，无神论者不承认任何神。象征思维却匠心独运，将二者各做一番改造，然后化解对立，使双方从此融洽相处。以象征的方式看，神已不再是身体的神，或者理性的神，而就是终极价值和真经的代称，这样的神早已与传统观念中的神分道扬镳。个人之成为无神论者，在于信赖理性，然而只要看到理性的缺陷，以及超越理性的可能，就必须承认神的存在，由此无神论者完成了自身的转化。个体都要感受自己的心魂，经由心魂接近无限，无限就是神，因此无神论者同样能够崇拜神。

虽说玻璃盏又凑拢了，但取经这个事儿并没完，毕竟存在是现实的、具体的，而真经对应着无限，两者永远没有合而为一的时候。真经对人很重要，就需要考虑个体如何获得真经，换种说法是个体如何被无限接纳，然而至今尚未触及。讫今为止考虑过的是个体处于怎样的状态（获罪状态），为什么需要真经（要求救赎），个体如何成为个体（拥抱心魂）。个体是从至深幸福（也对应无限、神和真经）割裂出来的，因其有限性而处境愈发孤立，不仅与神对立，也与世界对立，并与自我对立。虽然通过取经而注意到心魂和象征性，仙工感到对立状况并没有自然而然消失，个体如何被无限接纳的问题反而显得愈加迫切。个体被无限接纳方能获得救赎，个体又需要成为个体以彰显生命，这就造成悖论，使得就彼必舍此，两个目标无法同时实现。在此悖论下，玻璃盏上裂纹纵横，处置不当，或不予处置，随时可能再次碎裂。然而要获得答案远非轻而易举，需要能力，也需要机缘，不是强求所可得，取经依然笼罩在失败的阴影下。

结束语　关于太阳系前生今世的感想

宇宙创生之初只有氢和氦这样的轻质元素，当星云汇聚成星系，最初的恒星比太阳巨大百倍，同时在元素构成上也极其单纯。恒星是座依靠核聚变升火的炼丹炉，将氢、氦锻造成碳、氧之类的较重元素。恒星越大，燃料消耗越快，最终来一次超新星大爆发，将大量物质抛入广大空间。

虽然炼成不少较重元素，轻质元素仍占超新星残骸的大部分，再与原始星云混合，仍然是极富养料的新恒星摇篮。因受其他超新星爆发造成的激波冲击，或者偶然出现的高密度区域吸引，星云再次汇集，新一代恒星诞生了。在前代物质的基础上，新恒星体积较小，寿命较长，而且能够产生更重元素，直至铁这种聚变反应的终极产物。等待这些恒星的最终命运仍然是大爆发，而在爆发过程中还能将能量转化为物质，产生超重元素，弥漫空间的物质种类更丰富了。

经过恒星的这般一代代毁灭和新生，等到太阳系诞生的时候，已经能产生地球这样的岩质行星，其中不仅富含铁，还包含钨、镍、金、铀等超重元素，能够比较稳定保存的元素地球上全都有，地球真是生来便拥有丰富财产的幸运儿。

当上一代恒星毁灭之后，周遭一定异常空寂，光明失去了，温暖也没有了，举目所见皆是废弃物。恒星遗骸的核心缩成了白矮星或中子星，矮小丑陋，放射着可怜的电波，基本上没什么用。如果核心聚为黑洞，那更糟糕，它不让你看见，却吞噬一切偶然靠近的物质，是个贪婪偏狭的怪物。恒星残骸的外围高速远去，带走所有关于过去生活的记忆。想来那一定是极度阴冷灰暗的时期，耶稣基督受难后的三天也不过如此。

然而希望并没有永远消失，残骸中不仅包含聚变燃料，还包含创造鲜活生命的材质，那意味着无限可能性。就像耶稣复活了一样，新的恒星还是诞生了，它一样光辉灿烂，不仅更加持久，而且带来一整套复杂规整的行星，其中一颗上面还孕育着纷繁多样的生物。在太阳内部，光明和温暖的源头，暴烈的核聚变一如既往地进行，时时刻刻，不眠不休。在光照的另一端，生物世界里同样充满冲突，无休无止，同样将生命锻造得日趋复杂，愈加精彩。

回头再看，恒星走向末日固然值得痛惜，爆发后的荒废残败更令人灰心，然而没必要悲观绝望，新一轮太阳尚有诞生的机会。星云自有其好处，均衡，持久，与世无争，然而只要确认自己属于恒星遗存，只要对太阳的事业念念不忘，就不会自甘平庸，而要找些事做。用心去找，将看到前代恒星的灰烬中包含宝贵的资源，原生燃料更广布空间俯拾皆是，所要做的只是将它们收拢到一起，完成新一轮汇聚。奇迹不会凭空出现，不能单纯依靠别处超新星爆发传来的激波，还要寻找引力强大的高密度区域，如果没有，就进行一些不安宁的碰撞。

当然这里说的还是思想上的事情，不安不仅源于身体欲念，更源自内心盼望。

需要一些不安……

www.ingramcontent.com/pod-product-compliance
Lightning Source LLC
Chambersburg PA
CBHW021309250626
47155CB00002B/447